TESA

당신의 초능력

들어가는 말

나는 멘탈혁신이라는 사명과 목표를 실현하기 위해 10년 넘게 오로지 멘탈에 대한 공부와 연구에 매달리며 멘탈 관련 책을 출판하고 멘탈상담과 교육, 강연을 진행하고 있다. 내가 그동안 멘탈에 대한 공부와 연구를 계속하며 얻은 분명한 교훈이 있다면 위대한 성취를 이룬 사람들은 모두가 자신만의 분명한 목표를 이루기 위한 핵심적인 신념체계를 가지고 있었다는 사실이다.

성공에 대한 꿈을 현실로 실현시키기 위한 신념체계를 만드는 답은 뇌에서 찾아야 한다. 우리 뇌에는 천억 개가 넘는 뉴런이 있으며 하나의 뉴런이 수만 개 이상의 다른 뉴런들과 전기화학적인 시냅스 연결을 만들어 신경회로를 형성하고 있다. 이러한 시냅스 연결이 만든 신경회로가 반복적으로 자극을 받게 되면 신경화학적인 작용에 의해 더 굵은 전용신경회로가 구축되면서 개인의 확고한 신념체계를 만들어 개성있는 존재와 정체성을 만들게 된다.

우리는 자신의 전용신경회로가 만든 신념체계에 의해 삶의 성취결과를 얻게 되는 것이다. 즉 우리의 삶은 어떠한 학습과 경험을 반복하여 전용신경회로를 구축하는가에 따라 만들어진 신념체계에 의해 창조되는 결과물이라고 할 수 있다. 우리 뇌에 전용신경회로를 구축하여 신념체계를 강화하는 지름길이 바로 일상생활 속에서 'TESA(Thinking Emotion Speech Action)'를 활용하는 것이며 TESA는 간절히 원하는 목표에 생각과 정서, 말, 행동을 일치시켜 숨겨진 초능력을 사용할 수 있게 해주는 탁월한 성공전략이다.

이러한 성공전략이 삶의 결과를 창조하게 되는 것은 간절히 원하는 목표에 TESA의 생각과 정서, 말, 행동을 일치시키고 반복하게 되면 그와 관련된 전용신경회로가 구축되어 자신만의 독특한 신념체계가 만들어지기 때문이다. 결국 우리의 존재와 정체성은 어떤 생각과 정서, 말, 행동을 반복하여 어떤 전용신경회로를 구축하고 신념체계를 형성하는가에 따라 결정되는 것이라고 할 수 있다.

삶의 새로운 변화와 성취를 간절히 원한다면 그것에 대한 생각과 정서, 말, 행동을 일치시키고 반복할 수 있는 성공전략을 사용해야 한다. 지식을 많이 가지거나 현실적인 성취를 이룬 사람들이 자신의 성공 이론이나 경험에 대해 이야기를 전해주지만 그것이 모든 사람들에게 그대로 적용되는 성공의 도깨비방망이가 될 수는 없다. 자기 안에 잠재되어 있는 성취자원을 찾아내고 그 자원을 활용할 수 있는 주체는 오로지 자기 자신뿐이기 때문이다.

다른 사람의 이론이나 이야기는 자신의 삶에서 참고가 될 뿐 그것이 자신의 변화와 성취를 직접 실현시켜주지는 않는다. 이처럼 현실에서의 새로운 변화와 성취의 실현이 쉽지 않은 이유가 많은 사람들이 외부에서 그 답을 찾으려 하기 때문이다. 그러나 답은 외부에 있는 것이 아니라 자신의 신념체계와 전용신경회로에 있다.

과거에 잘못 고정된 전용신경회로의 연결을 끊고 새로운 전용신경회로를 구축하기 위해 필요한 것이 바로 자기 안에 숨겨진 초능력을 활용할 수 있는 'TESA'의 선택과 반복이다.

일반적으로 초능력은 정상적인 사람이 가진 능력을 뛰어넘기 때문에 과학적으로 설명할 수 없는 능력이라고 정의한다. 하지만 TESA의 초능력에 대한 정의는 원하는 것을 이루기 위하여 생각과 정서, 말, 행동을 목표에 일치시켜 잠재된 자원과 에너지를 활용하는 것이기 때문에 누구나 자신의 삶에서 초능력을 발휘할 수가 있다. 다만 많은 사람들이 자신의 초능력을 사용할 수 없도록 하는 잘못 형성된 전용신경회로의 영향으로 부정적 자기 제한 신념에 통제당하고 있을 뿐이다.

누군가 할 수 있다면 나도 할 수 있다. 그 방법만 알고 실천한다면 누군가의 성취가 곧 나의 성취로 재창조될 수 있기 때문이다.

이 책과의 소중한 만남을 통해 성공을 위한 초능력을 활용하여 건강한 삶, 성취하는 삶, 행복한 삶의 주인공이 되기를 간절히 바라며 끝으로 이 책이 독자 여러분과 만날 수 있도록 도와준 박영곤 박사 멘탈코칭센터 가족과 도서출판 벗 관계자, 전국의 멘탈마스터 회원 여러분에게 고마운 마음을 전한다.

Chapter 7

멘탈

TESA

생각 Thinking

정서 Emotion

말 Speech

행동 Action

전용신경회로 → 신념

T 생각

E 정서

S 말

A 행동

초점모으기

 목표 초능력 성취

반복하기

양자적 세계

CR+NCR

CR(consensus reality)

일상적 실재로서 현실적이고 물질적인 것이며 입자의 형태를 띠고 있다.
CR은 유한자원이며 대부분 누군가의 소유로 존재한다.

> 공간, 나이, 신체, 돈, 직위, 건물, 땅, 나무, 자동차 등과 같이 눈으로 볼 수 있고 만질 수 있는 일상에서 사실로 존재하는 것이다.
> CR은 항상성을 유지하려는 고정된 패턴을 가지고 있다.

NCR(non-consensus reality)

비일상적 실재로서 가상적이고 비물질적이며 파동의 형태를 띠고 있다.
NCR은 무한자원이기 때문에 선택을 통해 자신의 소유로 만들 수 있는 것이다.

> 사명, 꿈꾸기, 느낌, 목표, 신념, 감정, 희망, 자신감 등과 같이 눈에 보이지 않고 만질 수는 없지만 비일상적 사실로 분명히 존재하는 것이다.
> NCR은 끊임없이 팽창하려는 확장성과 강력한 끌어당김의 자성을 가지고 있다.

CR + NCR = 성취 · 행복

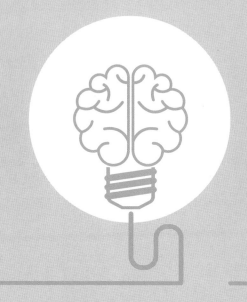

Chapter 1

TESA

우리의 삶에서 탁월한 성취를 위한 초능력을 활용하기 위해서는 자신의 생각(Thinking), 정서(Emotion), 말(Speech), 행동(Action)이라는 네 가지 열쇠를 사용하는 방법을 알고 있어야 한다.

이 네 가지 열쇠는 상관성을 가지고 순환하는 관계에 있기 때문에 어느 하나를 바꾸면 나머지도 함께 바뀌는 비국소성으로 연결되어 있다. 그래서 생각을 바꾸어도 정서와 말, 행동이 바뀌고 정서를 바꾸어도 생각과 말, 행동이 바뀐다. 말이 바뀌어도 생각과 정서, 행동이 바뀌고 행동이 바뀌어도 생각과 정서, 말이 바뀐다. 네 가지 중 한 가지에 나머지 세 가지가 함께 연결되어 있기 때문에 전체성을 가지고 있다.

성공을 위한 멘탈전략이 생각의 열쇠이든 정서의 열쇠이든 말의 열쇠이든 행동의 열쇠이든 중요하지 않다. 어차피 초능력 사용법인 TESA의 네 가지 열쇠는 뇌의 신경회로에 함께 연결되어 있어 그중 어느 하나를 바꾼다는 것은 비국소성에 의해 전체를 바꾸는 것과 같은 결과를 만들기 때문이다.

우리는 자신이 간절히 바라는 것이 무엇인지를 알아야 한다.

그래야만 그것을 이루기 위해 네 가지 열쇠 중에서 무엇을 먼저 선택하여 초점을 일치시켜야 할지를 알 수 있기 때문이다. 자신이 원하는 변화와 성취를 위한 초능력을 얻기 위해서는 네 가지 열쇠를 선택하여 목표라는 열쇠구멍에 초점을 일치시킬 수 있는 능력이 필요하다.

첫째, 생각(T)의 열쇠를 선택하여 원하는 목표에 초점을 맞추고 반복적으로 사용하게 되면 생각과 관련된 신경회로가 강하게 형성되어 정서와 말, 행동을 함께 연결시킨다. 반복적인 생각에 의해 정서와 말, 행동이 하나로 일치되어 강력한 전용신경회로가 만들어진다. 즉 생각을 바꾸면 전용신경회로가 바뀌면서 관련된 정서와 말, 행동까지 함께 바뀌게 되는 것이다.

예를 들어 자기 확신 트레이닝을 통해 '할 수 있다'는 긍정적인 생각을 반복하게 되면 할 수 있다는 생각과 관련된 전용신경회로가 활성화되고 정서와 말, 행동의 할 수 있다는 신경회로와 연결이 강화되거나 합쳐진다. 이렇게 되면 의식차원에서의 반복적인 생각이 잠재의식과 일치되면서 초점이 모아지고 무엇이든 할 수 있을 것 같은 자신감이 충만해진다. 자신감이 충만한 정서상태에서 하는 말과 행동이 바뀌게 되는 것은 당연한 결과이다. 생각을 바꾸는 것만으로도 정서와 말, 행동까지 통합적으로 함께 바뀌게 되는 것이다.

둘째, 정서(E)의 열쇠를 선택하여 원하는 목표에 초점을 맞추고 반복적으로 사용하게 되면 정서와 관련된 신경회로가 강하게 형성되어 생각과 말, 행동이 함께 연결된다. 정서와 관련된 전용신경회로가 반복적으로 활성화되어 생각과 말, 행동의 신경회로와 일치되는 것이다.

우리의 정서는 오랜 기간 동안 학습과 경험, 피드백에 의해 만들어진 전용신경회로에 넓게 묻어있다. 그래서 생각과 말, 행동은 우리가 어떤 정서를 가지고 있느냐에 따라 영향을 받게 된다. 생각과 말, 행동은 그 순간에 어떠한 정서적 상태에 있느냐에 의해 달라지게 되는 것이다.

같은 말이라도 자신이 좋아하는 정서를 가진 사람이 하는 말은 긍정적으로 들리고 자신이 싫어하는 정서를 가진 사람이 하는 말은 부정적으로 들려 불편하다. 이것은 실제로 그 말 자체가 긍정적이고 부정적인 힘을 가진 것이 아니라 우리의 정서가 생각과 판단을 왜곡시키기 때문에 나타나는 현상일 뿐이다. 그렇기 때문에 정서를 바꾸면 생각뿐만 아니라 말과 행동까지도 바뀌게 된다. 네 가지 열쇠는 상호 순환하는 하나의 통합된 전용신경회로를 구축하기 때문에 그 사람의 생각과 말, 행동을 관찰하고 이해할 수 있다면 정서도 알 수 있는 것이다.

셋째, 말(S)의 열쇠를 선택하여 원하는 목표에 초점을 맞추고 반복적으로 사용하게 되면 말과 관련된 신경회로가 강하게 형성된다.

그리고 반복적인 말에 의하여 생각과 정서, 행동의 신경회로와 일치되면서 통합된 전용신경회로가 만들어진다. 말은 생각과 정서에 뿌리를 두고 있기 때문에 말을 바꾸면 말의 뿌리인 생각과 정서뿐만 아니라 행동까지도 모두 변하게 되는 것이다.

말다툼을 할 때 화가 머리끝까지 치솟을 수 있는 상황에서 '당신이 미워죽겠어'라는 말보다 '내가 지금 기분이 살짝 나빠지려고 해'라는 말로 바꾸면 화가 진정되는 느낌이 든다. 또 운전 중에 깜빡이도 켜지 않고 갑작스럽게 끼어들기를 하는 운전자에게 '저분이 많이 급하셨나보다'라는 말 한마디만으로도 부정적인 상황에서 자신의 생각과 정서, 행동이 긍정적으로 통제되는 힘을 느낄 수 있게 된다.

넷째, 행동(A)의 열쇠를 선택하여 원하는 목표에 초점을 맞추고 반복적으로 사용하게 되면 행동과 관련된 신경회로가 강하게 형성된다. 반복적인 행동에 의하여 생각과 정서, 말과 관련된 신경회로가 일치되어 통합된 전용신경회로가 활성화되는 것이다. 이처럼 행동을 바꾸면 생각과 정서, 말이 함께 바뀌게 된다. 생각과 정서, 말은 행동에 의해 좌우되기 때문에 행동을 바꾸면 나머지는 함께 바뀔 수밖에 없는 상관성을 가지고 있는 것이다.

가슴을 잔뜩 움츠린 자세에서 고개를 푹 숙이고 의기소침하게 길을 걸을 때와 가슴을 활짝 핀 자세에서 고개를 들고 앞을 보며 당당하게 걸을 때 생각과 정서, 말이 완전히 달라지게 된다. 우리의 똑똑한 뇌는 신체의 변화나 상태에 대한 모든 정보를 실시간으로 피드백 받기 때문에 행동이 바뀌면 뇌의 신경회로가 새롭게 재배열될 수밖에 없다. 그래서 목소리, 표정, 태도, 자세, 움직임, 눈빛, 호흡을 바꾸는 것만으로도 생각과 정서, 말이 함께 바뀌게 되는 것이다.

예를 들어 불안한 생각과 정서상태에서 말을 더듬고 있다면 그 상태를 바꾸기 위해 심호흡을 천천히 12회 하는 것만으로 부정적인 상태를 완화하거나 벗어날 수 있다. 만약 체계적인 호흡훈련을 통해 편안함과 안정감을 조건형성시킬 수 있다면 호흡과 관련된 안정된 생각과 정서, 말을 언제든지 이끌어낼 수가 있게 된다.

몸과 마음은 심신상관성에 의해 하나의 시스템으로 작동되기 때문에 어느 하나를 바꾸면 나머지도 함께 변화하는 비국소성을 가지고 있다. 그래서 마음을 바꾸면 몸이 바뀌고 몸을 바꾸어도 마음이 바뀌게 되는 것이다. 결국 우리의 존재와 정체성을 바꾸기 위한 초능력 사용법인 TESA의 생각과 정서, 말, 행동이라는 네 가지 열쇠를 어떻게 활용하는가에 따라 삶의 성취결과가 달라진다.

　우리가 초점을 맞추는 것이 생각의 열쇠이든 정서의 열쇠이든 말의 열쇠이든 행동의 열쇠이든 상관없이 초점을 맞추는 순간 그것은 현실이 된다. '구하라 그러면 얻을 것이요, 찾아라 그러면 찾을 것이요, 두드려라 그러면 열릴 것이다.' 자신이 무엇을 원하는지 모르는 사람은 구하지 못하고 찾지 못하며 두드리지 못하기 때문에 그 어떤 열쇠도 얻지 못한다. 우리의 삶은 어떤 열쇠를 선택하여 초점을 일치시켜야 하는지 모르는 사람에게는 그 어떤 성취의 문도 열어주지 않기 때문이다.

　하지만 TESA의 네 가지 열쇠를 선택하여 목표에 초점을 일치시킬 수만 있다면 그 누구든 초능력을 사용할 수 있는 성취의 주인공이 될 수 있다. 왜냐하면 초능력 사용법인 TESA의 네 가지 열쇠를 가지고 있지 않은 사람은 아무도 없기 때문이다. 다만 그것을 선택하지 못하고 사용하지 못하는 우리의 상태만 존재할 뿐이다.

반복의 힘

　우리는 흔히 목표를 반복해서 상상하면 그것이 이루어진다고 말을 하면서도 이 말에 대한 일관성 있는 확고한 신념체계를 가지고 있지 못한 경우가 많다. 많은 사람들이 뇌가 가진 초능력적인 멘탈의 힘을 알지 못하기 때문에 이러한 제한적인 신념을 갖고 있는 것이다.

　우리의 순진한 뇌는 그 무엇이든 반복하면 그것을 사실로 받아들이고 믿음을 만들어 스스로 그 믿음에 통제당하는 착각의 챔피언이다. 그 어떤 것이라도 선명한 감각을 동원하여 실제 경험한 것처럼 반복해서 상상할 수만 있다면 뇌는 그와 관련된 믿음을 만들고 그것을 현실화시키기 위한 의지가 작동되면서 강력한 신념체계를 형성하게 된다. 그래서 생생한 감각을 동원하여 목표에 초점을 일치시키고 반복적으로 상상하게 되면 뇌에 선명하게 프로그래밍되어 반드시 현실적인 성취결과를 창조할 수밖에 없는 것이다.

　성취결과의 크기와 시기가 다를 뿐 원하는 성취결과는 반드시 나타날 수밖에 없다. 목표에 대한 현실적인 모든 성취는 먼저 우리 마음속에서 목표가 선명하게 시각화되어 초점을 일치시킬 수 있을 때 실현될 수 있다. 이러한 현실적인 성취결과를 창조하는 원리는 우리의 뇌가 생생하게 상상한 것과 현실에서의 실제 경험을 구분하지 못하는 착각의 챔피언이기 때문이다.

뇌는 그것이 사실이든 아니든 상관없이 반복하면 그것을 사실이라고 믿고 행동하기 때문에 그와 같은 결과를 얻을 가능성이 높아진다.

이처럼 반복에 의해 강한 믿음이 만들어지면 그 믿음이 모든 것을 통제하여 믿음을 현실적인 성취로 바꾸기 위한 완벽한 시스템이 가동된다. 현실에서 실제로 그런 일이 없다 하더라도 반복적으로 감정을 연합한 상태에서 상상을 하면 그것을 사실로 느끼고 믿게 되어 스스로 그 믿음에 통제당하게 되는 것이다.

그래서 진정으로 간절히 원하는 것이 있다면 먼저 그것을 이루지 못하게 하는 자기 마음의 경계부터 없애야 한다. 그리고 그 빈자리에 원하는 것을 이미 성취한 자신의 모습을 반복해서 상상하게 되면 뇌는 그것을 사실로 받아들이고 믿음을 만들어 현실적인 성취결과를 얻게된다. 우리의 똑똑한 뇌는 그것이 옳은 것이든 옳지 않은 것이든 현실적인 경험이든 가상적인 경험이든 가리지 않고 무엇이든 반복하면 그것을 사실로 받아들이고 믿음을 만들어 스스로 그 믿음에 통제당하게되면서 강한 신념체계를 형성한다.

우리의 생각과 정서, 말, 행동을 원하는 목표에 일치시키고 반복하게되면 목표 성취와 관련된 특정 뉴런과의 상호연결을 강화하여 굵은 전용신경회로를 만들게 되고 그 회로가 성공신념이 되어 성공을 위한 초능력을 활용할 수 있게 된다. 그래서 무엇이든 원하는 것에 초점을 일치시켜 반복해서 상상하면 그것은 고차원적인 뇌의 작동원리에 의해 반드시 현실로 이루어지게 되는 것이다.

그런데도 사람들은 이런 평범한 초능력에 대해 의심하며 쉽게 믿으려 하지 않는다. 사람들이 이러한 불신과 부정적인 신념을 가지고 있는 이유가 성공경험에서 축적된 자기효능감을 만드는 긍정적인 전용신경회로보다 실패와 좌절, 고통의 경험이 축적된 자기 제한 신념을 만드는 부정적인 전용신경회로가 더 많이 활성화되어 있기 때문이다.

만약 반복적인 실패경험에 의해 부정적 자기 제한 신념이 강하게 자리 잡고 있으면 새로운 변화와 도전은 불편하고 고통스러운 것으로 받아들여 저항하게 된다. 이렇게 되면 실패에 대한 두려움 때문에 더 나은 상태로의 변화와 새로운 성취로 연결되는 마음의 문을 닫아버리고 현실적인 제한에만 관심의 초점을 일치시키게 되면서 새로운 변화와 도전을 포기해버린다.

뇌에 의심과 두려움의 전용신경회로가 굵게 형성되면 지나치게 논리적인 사고 프로세스를 반복하게 되면서 생각만 많을 뿐 새로운 성취를 위한 아무런 실험과 도전을 하지 못하게 된다. 결국 성공을 위한 새로운 실험과 도전에 자신의 초점을 일치시키지 못하는 이유가 과거에 성공했던 경험과 긍정적인 피드백이 부족하기 때문이다.

뇌에 성공과 관련된 전용신경회로가 약하거나 없다면 새로운 실험과 도전을 할 수 없다. 그것은 실패경험으로 인하여 현실에 안주하려는 고정된 전용신경회로가 주도적인 역할을 하게 되면서 현재 상태를 그대로 유지하려는 관성을 가지기 때문이다. 현재의 부정적인 상태에 머물러있으려는 항상성과 무력감에 빠지게 되면서 현재의 상태를 일반화시켜 스스로를 현실의 좁은 경계에 구속시킬 수밖에 없어지는 것이다.

이러한 부정적 자기 제한 신념과 학습된 무기력 상태에서 벗어나기 위해서는 뇌에 새로운 전용신경회로를 만들어야 한다. 목표를 반복해서 생각하고 반복해서 느끼고 반복해서 말하며 반복해서 행동하게 되면 뇌에 목표 성취를 위한 새로운 전용신경회로가 만들어진다.
자신이 가진 모든 자원과 에너지를 목표에 일치시키고 목표에 대해 반복해서 생각하고 느끼며 말하고 행동한다면 누구나 목표 성취를 위한 탁월한 초능력을 사용할 수 있게 된다.

초능력 사용법인 TESA를 활용하여 목표 성취에 대한 강력한 전용신경회로를 구축하고 성공신념체계를 만들기만 한다면 주변에서 입력되는 모든 정보를 성공신념에 맞게 여과해서 신념의 근거를 찾아내는 작업을 계속 진행할 수 있다. 우리 삶의 모든 성취결과는 신념체계에 의해 창조되기 때문에 원하는 목표를 반복적으로 생각하고 느끼며 말하고 행동하여 전용신경회로를 구축하여야 한다. 전용신경회로에 의해 성공신념을 활성화시키고 숨겨진 초능력을 사용할 수 있게 된다면 원하는 성취결과를 얻을 수밖에 없는 것이다.

TESA의 생각

우리의 존재와 정체성은 생각과 정서, 말, 행동이라는 TESA의 네 가지 요인을 자신이 원하는 목표에 초점을 맞추고 그것을 얼마나 반복하는가에 의해 만들어진다. TESA의 네 가지 요인에 따라 신경회로가 활성화되고 화학물질의 분비가 달라지기 때문이다. 이처럼 우리의 존재와 정체성은 일상생활 속에서 반복적으로 사용하는 성공의 네 가지 열쇠인 TESA의 특정한 생각과 정서, 말, 행동과 관련된 신경화학적 구조와 반응의 반복에 의해 만들어지는 것으로 볼 수 있다.

생각(Thinking), 정서(Emotion), 말(Speech), 행동(Action)의 초점 맞추기와 반복에 의해 만들어진 순환고리를 활용하여 긍정적인 변화와 원하는 성취를 실현하는 초능력 사용법을 'TESA'라고 한다.

이와 같이 TESA는 뇌에 전용신경회로를 구축하여 우리의 존재와 정체성을 만들 뿐만 아니라 원하는 모든 것을 현실로 실현시켜주는 초능력의 핵심 원리이자 구체적인 기법이라고 할 수 있다. 그것이 긍정적인 상태든 부정적인 상태든 상관없이 뇌에 전용신경회로를 만들게 되면 자신의 의지와 상관없이 습관의 순환고리에 갇히게 만든다.

TESA의 첫 번째 열쇠는 생각이다. 생각이란 우리가 어떤 경험이나 기억, 사고, 판단, 이해 등을 글이나 언어로 표현하기 전에 마음속에 추상적으로 남아있는 것이라고 할 수 있다. 우리의 존재와 정체성을 만드는 시작이 생각에서부터 일어나며 말과 행동은 우리의 생각이 밖으로 드러난 것이다. 그래서 반복적인 생각이 정서와 말, 행동을 일치시켜 초능력이 발휘될 수 있는 상태를 만들게 된다. 이것은 우리의 생각이 곧 삶의 결과를 창조하는 시작이 된다는 의미를 가지고 있다.

생각은 뇌신경회로에서 만들어지며 신경회로에서 만들어진 특정한 생각에 초점을 모으고 반복하게 되면 뇌에 굵은 전용신경회로를 구축하게 된다. 원하는 상태에 생각의 초점을 모으는 순간 우리 뇌가 그 생각과 관련된 신경회로를 활성화시키고 화학물질을 분비하여 생각을 현실화시킬 수 있는 에너지를 만든다. 우리의 반복적인 생각이 강력한 성취 에너지와 현실을 창조하는 힘을 갖고 있는 것이다.

우리가 원하는 목표에 초점을 일치시켜 생각을 반복하게 되면 그 생각은 더 이상 생각으로만 멈추어 있지 않고 현실에서의 성취를 이룰 수 있는 조건을 만들어가게 된다. 자신의 꿈과 목표에 초점을 모으고 반복해서 생각을 하게 되면 설렘과 활력, 동기, 자신감, 열정이 생기게 되면서 긍정적인 상태를 유지시키는 전용신경회로가 만들어진다.
단지 꿈과 목표의 성취에 대해 반복적으로 생각하는 것만으로도 뇌에 굵은 전용신경회로를 구축하여 현실적인 성취를 이룰 수 있는 초능력을 갖게 되는 것이다.

성취에 대한 조건이나 상황이 아니라 성취에 대한 반복적인 생각이 성취할 수 있는 조건과 상황을 만든다. 이 상태에서 대뇌신피질 깊숙한 곳에 형성되어 있는 특정한 신경회로가 반복적인 생각과 관련된 사고과정을 지원하며 활성화된다. 반복적인 생각은 특정한 패턴의 시냅스 연결을 활성화시키고 몸은 이러한 생각과 관련된 화학물질을 더 많이 만들어내면서 전용신경회로를 더 굳건히 구축한다. 이렇게 몸속으로 방출된 특정한 화학물질들로 인해 특정한 전용신경회로를 더 단단하게 구축하게 되면서 생각이 믿음으로 강화되고 그 믿음에 의해 신념체계가 형성되어 스스로를 완전히 통제하게 되는 것이다.

삶의 모든 성취결과는 신념체계에서 만들어지며 신념체계를 만드는 시작이 바로 반복된 생각이다. 이와 같이 자신의 특정한 경험을 반복적으로 생각하게 되면 그와 관련된 전용신경회로를 활성화하여 생각하는 그대로 느끼고 느끼는 그대로 생각하는 순환고리를 만든다.

뇌는 지금 감지되는 것이 어떤 느낌인지 알아보기 위해서 이미 존재하는 관련된 신경회로를 활성화하게 되고 이렇게 특정한 신경회로가 활성화되면 자연스럽게 그것과 관련된 생각을 더 많이 하게 된다. 이때 뇌에서는 더 많은 화학물질을 만들어 우리 몸이 느끼고 있는 것을 강화시킨다. 뇌는 우리가 느끼고 있는 것을 확인하기 위해서 과거의 생각을 활성화하고 과거의 생각이 다시 우리의 느낌을 강화하게 되면서 강력한 믿음과 신념체계를 형성하는 것이다.

우리가 그것을 반복해서 생각하고 느낄 수 있다면 그것은 현실에서 진짜가 된다. 뇌는 반복적인 생각과 관련된 신경회로를 활성화하기 위해 몸과 뇌에 순환고리를 형성하기 때문에 몸의 느낌에 반응하여 느끼는 그대로 생각하며 그 느낌을 강화하는 더 많은 화학물질을 만들어낸다. 이것이 우리 뇌가 현재 상태를 유지하는 방법이다

이와 같이 반복적인 생각과 느낌은 우리의 현재 상태를 만들어낸다. 그 생각이 행복이나 희망, 즐거움, 목표일 수도 있고 슬픔, 혼란, 무기력감, 우울일 수도 있다. 반복된 생각이 특정한 정서를 지속적으로 느끼는 상태가 되었다는 것은 뇌와 몸의 순환고리가 완성되었다는 것을 의미한다. 순환고리가 완성되었다는 것은 생각이 이미 특정한 심리적인 상태를 유지하는 중독된 패턴을 만들었다고 볼 수 있는 것이다.

그것이 긍정적인 것일 수도 있고 부정적인 것일 수도 있다.

어떤 것이든 상관없이 반복적인 생각으로 습관의 순환고리를 만들어 뇌와 몸의 화학적 상태를 유지할 때 완전한 중독상태가 된다. 이 모든 것의 시작에는 우리의 생각이 있다. 반복적인 생각이 우리의 신념체계를 만드는 전용신경회로를 구축하기 때문에 생각을 바꾼다는 것은 우리의 존재와 정체성을 바꾸는 것과 같은 것이다.

인간을 감정의 동물이라고 말한다. 이 말은 우리의 모든 기억에는 그와 관련된 정서적인 요소가 함께 연합되어 있다는 뜻을 포함하고 있다. 그렇기 때문에 우리가 지금 현재에서 특정한 기억을 떠올릴 때 과거 경험 당시에 느낀 정서를 현재 상태에서 다시 느끼게 되는 것이다.

시간적, 공간적으로 다양한 관계 속에서 경험했던 과거의 기억을 다시 떠올린다는 것은 그 기억이 걸쳐져 있는 특정한 신경회로가 다시 활성화된다는 뜻이다. 이렇게 현재 상태에서 과거의 기억에 대한 미세한 자극만 주어져도 특정 신경회로가 활성화되면서 과거 경험 당시의 강렬한 정서를 재연시키는 화학물질을 생산하게 되어 지금 여기에서 과거를 그대로 생생하게 재경험할 수 있게 되는 것이다.

이러한 특별한 감정을 느끼는 재연이 반복되면 과거에 대한 작은 생각만으로도 과거의 상황으로 돌아가서 그러한 정서에 중독되어 버리는 상태가 된다. 예를 들어 외상 후 스트레스 장애로 고통받게 되면 아주 오랜 시간이 흐른 뒤에도 위험을 암시하는 미세한 자극이나 단서만 주어져도 과거의 부정적인 정서가 다시 활성화되고 뇌 회로를 혼란에 빠뜨리며 방대한 양의 스트레스 호르몬을 분비시킨다. 이로 인해 부정적이고 불쾌한 감정은 신체감각을 민감하게 만들어 충동적이고 공격적인 행동을 촉발시키거나 무기력한 상태를 만들어버린다.

모든 기억 하나하나에 각각의 정서가 묻어있기 때문에 그 기억을 재연하는 생각과 말, 행동을 반복하는 것만으로도 각각의 특정한 느낌이 함께 불려 나온다. 이처럼 특정한 생각뿐만 아니라 일상적으로 사용하는 모든 말과 행동에도 그와 관련된 특정한 정서가 묻어 있다. 그래서 지금 여기에서 특정한 생각과 말, 행동을 반복하게 되면 과거 경험 당시에 느꼈던 특정한 정서가 함께 불려나올 수밖에 없는 것이다.

우리가 어떤 일을 경험하여 기억화시킬 때 그 경험을 언어로 부호화시켜 뇌에 저장한다. 이때 경험이 언어로 부호화될 때 반복된 경험이나 정서적으로 의미가 있는 경험에 대해서는 그 경험을 오랫동안 기억하기 위해 강한 정서를 느끼게 만드는 특정한 화학물질을 분비하여 기억을 강화시키게 된다. 특히 생존과 관련된 싸움-도주 반응의 경험이나 강렬한 정서적인 의미가 있는 경험에 대해서는 단 한 번만에도 내현기억화시켜 뇌에 저장해버린다. 그러한 경험에서 얻은 기억은 그것이 자신의 생존에 매우 중요한 자극이기 때문에 그 경험과 관련된 굵은 전용 신경회로를 구축하여 이후에 그와 유사한 작은 자극에도 빠르게 반응할 수 있는 민감한 신경시스템을 만든다.

이처럼 우리의 기억시스템은 특정한 생각이나 정서, 말, 행동에 의해 자극을 받게 되면 특정한 신경적 반응을 일으키도록 세팅되어 있다.

우리의 생각과 말, 일상적인 모든 행동에는 정서가 묻어있기 때문에 어떤 행동을 한다는 것은 특정한 신경적 반응을 일으키는 것이며 이 상태에서 관련된 여러 가지 화학물질을 분비하는 것이다. 행동을 바꾸면 정서가 바뀌는 이유가 모든 특정한 행동에는 특정한 정서를 일으키는 관련된 화학물질이 분비되기 때문이다.

우리가 무엇인가를 느끼고 있다는 것은 이미 관련된 신경회로가 활성화되고 화학물질이 분비된 상태이기 때문에 자기 자신에게는 그것이 절대적으로 사실이 된다. 정서가 긍정적인 것이든 부정적인 것이든 상관없이 특정한 정서가 생기면 더 강한 정서를 불러내는 신경화학적 반응을 일으켜 그 정서를 더 키우게 되는 것이다. 이것은 뇌에서 느낌과 관련된 전용신경회로를 활성화시키고 그 느낌을 유지하기 위해 화학적 중독상태를 만들어 습관적인 순환고리를 형성하기 때문이다.

뇌와 몸은 정서에 우선적으로 반응하여 느낌대로 생각하고 느낌대로 말하며 느낌대로 행동한다. 그리고 정서를 강화하는 신경회로를 더 활성화시키고 더 많은 화학물질을 분비시켜 우리의 상태를 느낌대로 만들어 유지시킨다. 반복적인 느낌은 우리의 상태를 만들어 유지시키며 그것이 긍정적인 것이든 부정적인 것이든 가리지 않고 강한 신념체계를 만들어 스스로를 통제하게 되는 것이다.

그것이 활력 있고 설렘이 있는 정서일 수도 있고 무기력하고 우울한 정서일 수도 있지만 그것이 어떤 정서이든지 반복에 의해 순환고리가 완성되면 자신의 의지와 상관없이 그 상태를 유지하는 순환고리가 끊임없이 반복되면서 우리를 화학적인 중독상태에 빠지게 만든다.

예를 들어 심리적 장애를 일으키는 우울한 정서나 불안감이 반복되면 그것과 관련된 전용신경회로에 의한 부정적인 자기 제한 신념체계가 만들어지고 그 상태를 유지하기 위한 화학적인 중독상태를 만들게 된다. 그래서 우울증과 불안장애를 반복해서 겪게 되는 것이다.

반복적인 정서가 우리의 상태를 만들어 통제하기 때문에 그 정서가 자신의 존재와 정체성을 결정짓는 요인이 된다. 우리의 존재는 이 모든 전체성 속에서 특정한 신경학적 구조를 형성하고 있다.

만약에 우리가 새로운 변화를 원한다면 기존의 고정된 신경학적 구조를 바꿀 수 있을 정도의 학습과 경험을 반복하여 새로운 정서를 느낄 수 있도록 하는 과정이 필요하다. 새로운 변화란 반복적인 자극을 통해 그동안 굵게 구축해둔 전용신경회로를 끊고 새로운 전용신경회로를 굵게 구축하는 과정이기 때문에 더 많은 화학물질을 분비시켜주는 반복적인 정서가 필요한 것이다.

정서란 화학물질에 의해 특정한 신경적 반응을 일으키는 것으로 볼 수 있다. 그래서 목표에 대한 긍정적인 정서를 반복해서 느끼게 되면 뇌에 그와 관련된 전용신경회로가 구축되면서 새로운 신념체계를 형성하여 목표 성취를 위한 에너지를 얻을 수 있게 되는 것이다.

TESA의 말

인간은 다양한 단어를 자유롭게 조합하여 표출할 수 있는 탁월한 언어능력을 가지고 있다. 모든 학습과 경험은 언어로 부호화하여 뇌에 저장되어 특정한 기억시스템을 만들기 때문에 우리는 현재뿐만 아니라 이미 지나간 과거에 존재했던 수많은 기억들과 미래의 가상현실 같은 사물이나 사건에 대해서도 자유롭게 말로 표현할 수 있는 것이다.

'어제 그 사람을 만났다. 시간이 되면 내일 또 만날 것이다'와 같이 시간적, 공간적으로 자유롭게 복잡한 문장을 만들어낼 수 있는 것은 오직 인간만이 지니고 있는 고유한 언어능력이 있기 때문에 가능하다.

말은 다양한 학습과 경험이 반복되는 과정에서 뇌세포에 저장된 정보가 시냅스 연결에 의해 구조화된 신경회로에서 만들어진다. 표출된 말은 현재의 상황과 맥락, 대상에 가장 알맞은 신경회로가 활성화되어 상호작용하면서 조합된 것이다.

말은 뇌세포에 저장된 단순한 정보의 합이 아니라 신경회로의 다양하고 복잡한 연결과 융합에 의해 좀 더 큰 전체성으로 표출된다.

그래서 말은 항상 고정되어 있는 것이 아니라 신경회로의 활성화에 따라 무한한 변화와 창조를 할 수 있는 가소성을 가지고 있는 것이다.

말이 각인력과 견인력, 창조력, 치유력, 소통력, 실행력 등의 힘을 가지고 있는 것은 말이 뇌신경회로와 연결되어 있기 때문이다. 우리가 하는 말이 뇌신경회로와 연결되어 있기 때문에 말을 바꾼다는 것은 곧 뇌구조를 바꾸는 것과 같은 것이며 뇌구조가 바뀌면 우리의 존재와 정체성까지도 함께 바뀌게 되어 특정한 힘을 갖게 된다.

우리는 각자 자신만의 유전과 학습, 경험에 의해 수많은 정보가 뇌세포에 저장되어 있으며 하나의 뇌세포가 다른 뇌세포와의 병렬적 연결을 만들어 밤하늘에 보이는 별보다 더 많은 시냅스 연결을 짓고 있다. 뇌에는 천억 개가 넘는 뉴런이 있으며 하나의 뉴런이 수만 개 이상의 다른 뉴런들과 전기화학적인 연결을 짓고 있는데 이것을 시냅스 연결이라고 부르며 뉴런의 시냅스 연결이 곧 신경회로이다.

시냅스 연결이 강화된 것이 기억이며 우리가 하는 말은 시냅스 연결로 형성된 기억시스템에서 그 상황에 가장 알맞은 문장으로 조합되어 표출되는 것이다. 이렇게 신경회로에서 표출된 말을 또다시 반복해서 사용하게 되면 그와 관련된 전용신경회로가 더 굵게 구축된다.

표출된 특정한 말을 반복해서 사용하게 되면 관련된 화학물질이 더 많이 분비되고 더 굵은 전용신경회로가 구축되면서 개인의 존재와 정체성이 형성되는 것이다.

말이 뇌신경과 연결되어 있기 때문에 원하는 것에 초점을 일치시켜 그것을 이루기 위한 특정한 말을 반복해서 사용하게 되면 그 말과 관

련된 전용신경회로를 새롭게 구축할 수 있다. 그렇게 형성된 전용신경
회로가 강력한 믿음과 신념체계를 만들어 자기 자신을 통제하게 된다.
반복적으로 사용하는 말이 곧 뇌의 신경학적인 구조와 기능을 바꾸고
개인의 존재와 정체성까지 바꾸는 힘을 가지고 있는 것이다.

　우리가 어떤 말을 사용하게 되면 그 순간 관련된 신경회로가 활성화
되고 화학물질이 순식간에 분비된다. 그래서 그 말이 긍정적이든 부정
적이든 상관없이 표출된 말은 반드시 말과 관련된 현실적인 변화와 창
조의 힘을 가지게 되는 것이다. 그것은 신경학적 차원에서 어떠한 말을
반복해서 선택하고 사용하는가에 의해 전용신경회로가 구축되고 말과
관련된 마음과 신체상태를 만들기 때문이다.

　우리가 주의를 기울이고 말을 하는 모든 것이 현실이 되고 조금 전까
지 존재하지 않았던 것이 말에 의해 현실이 된다. 반복적으로 사용하
는 말이 우리의 생각을 만들고 정서를 불러내며 행동에 영향을 미칠
뿐만 아니라 믿음과 신념을 강화시키는 전용신경회로를 활성화시킨다.
반복적인 생각과 정서, 행동이 뇌세포의 시냅스 연결인 신경회로에 뿌
리를 두고 있기 때문에 반복적으로 사용하는 말에 의해 나머지 요인들
이 함께 변화하고 뇌의 신경학적 구조까지 바뀌게 되는 것이다.

　뇌세포 간의 다양한 시냅스 연결은 끊임없이 변화하는 가소성을 가
지고 있기 때문에 우리가 자주 사용하는 말에 의해 계속적으로 재구
성된다. 짧은 몇 마디의 말만으로 뇌의 신경학적 구조를 바꿀 수 있다
면 우리의 존재를 바꾸는 것이 불가능한 것이 아니라 반복적으로 사용
하는 말에 의해 얼마든지 가능하다는 결론이 나온다.

인간은 동물들과 달리 언어를 사용할 수 있는 탁월한 능력을 가지고 있으며 전두엽의 자유의지로 스스로를 변화시킬 수 있는 가소성을 가지고 있다. 삶에서 변화라는 것은 기존의 반복적인 패턴과 전용신경회로에 의해 중독된 상태를 끊어버리고 새로운 전용신경회로를 구축하는 과정이다. 변화는 우리의 자유의지에 의한 선택된 행위이며 그것은 우리가 사용하는 말을 바꾸는 것에서부터 시작된다.

인간의 뇌가 가진 탁월한 능력인 신경가소성은 반복적으로 사용하는 말에 의해 신경회로를 재배열하고 조합하기 때문에 일상적으로 사용하는 말을 바꾼다는 것은 곧 신경학적 구조를 바꿀 뿐 아니라 존재까지도 바꾸게 되는 힘을 가지고 있는 것이다. 반복적인 새로운 생각과 정서, 말, 행동에 의해 뇌가 습관적인 연결에서 해방되어 새로운 전용신경회로를 구축할 수 있을 때 변화가 일어난다. 결국 말을 반복한다는 것은 그와 관련된 새로운 전용신경회로를 활성화시키고 화학물질에 중독된 상태를 만들기 때문에 생각과 정서, 행동이 통합되어 변화를 위한 초능력을 사용할 수 있는 상태를 만들게 된다.

독일의 실존주의 철학자 하이데거는 '언어는 존재의 집이다'라고 했다. 일상생활 속에서 사용하는 말이 곧 우리의 존재와 정체성을 만든다는 뜻이다. 우리가 사용하는 말 1%만 바꾸어도 우리의 삶이 99% 바뀌는 원리가 말이 곧 우리의 존재를 만들고 그 존재로서 삶을 살아가기 때문이다. 그래서 말을 바꾸면 삶이 바뀌게 되는 것이다.

TESA의 행동

　우리의 모든 행동은 특정한 생각이나 느낌, 말에 영향을 미치고 있으며 반대로 영향을 받기도 한다. 또한 신경화학적인 작용과 반응에 의해서도 특정한 행동이 나타난다. 이와 같이 신경화학적인 작용에 의해 나타난 특정한 행동을 반복하게 되면 뇌에 그 행동과 관련된 굵은 전용신경회로를 구축하게 된다.

　호흡이나 신체의 각성과 이완, 특정한 태도나 움직임, 동작 등의 반복적인 행동이 특정한 신경회로를 활성화시키고 화학물질을 분비하여 우리의 상태를 변화시키거나 유지시킨다. 예를 들어 우리는 생존을 위해 잠시라도 호흡이라는 행동을 하지 않고 생존할 수 없다. 호흡은 뇌의 원활한 활동 및 건강, 생명유지에 필수적인 행동이며 우리의 모든 움직임과 활동에 관련되어 있다.

　호흡에서 '호'는 숨을 내쉬는 과정으로 이때 부교감신경이 활성화되어 이완상태를 만든다. '흡'은 숨을 마시는 과정으로 이때 교감신경이 활성화되어 각성상태를 만든다. '호'와 '흡'의 시간을 인위적으로 조절한다면 부교감신경과 교감신경의 자율신경계를 원하는 상태로 통제할 수 있으며 호흡이라는 특정한 행동만으로도 이완상태와 각성상태를 인위적으로 만들 수도 있다.

호흡을 통해 대기 중 산소가 폐로 이동하고 폐로 이동한 산소는 혈액에 실려 신체 구석구석 모든 세포에 전달된다. 세포는 호흡에 의한 산소가 충분히 공급될 수 있을 때 적절하고 건강한 활동을 정상적으로 할 수 있다. 또한 호흡을 통해 이산화탄소와 같은 노폐물을 밖으로 배출함으로써 몸의 내부환경을 보다 건강한 상태로 유지할 수 있게 된다. 이러한 호흡이 얕거나 불규칙하여 몸안에 있는 이산화탄소가 제대로 배출되지 못하고 몸속에 쌓이게 되면 부조화로 인해 주의가 산만해지고 공황상태에 빠지기도 한다.

특히 뇌세포는 산소에 아주 민감하다. 정상적인 호흡을 하지 못해 뇌에 산소가 공급되지 못하면 4분 안에 뇌세포가 죽기 시작할 정도로 호흡이 건강과 생명유지에 중요한 것이다. 호흡에 이상이 있어 산소와 이산화탄소의 균형이 깨져 뇌 속 산소농도가 약간이라도 변화하면 정서나 행동이 예민해지고 충동적이 되며 혼란과 판단력이 흐려지게 된다. 이와 같이 호흡이라는 반복적인 행동이 신경회로의 활성화와 화학물질의 분비 및 신경적 반응을 결정짓고 생각과 정서, 말에도 직접적인 영향을 미치게 되는 것이다.

건강운동인 요가나 합기도와 같은 무술수련을 반복하게 되면 그와 관련된 전용신경회로가 구축되고 다양한 화학물질이 분비되어 몸의 기능과 상태를 변화시킨다. 운동수행 과정에서 호흡, 명상, 스트레칭,

특정한 자세나 움직임 등이 관련된 몸의 근육과 신경을 활성화시키고 그 상태를 유지시켜주는 화학물질을 분비하기 때문에 변화가 일어나는 것이다. 이처럼 특정한 신체의 움직임은 감각적인 느낌을 가지게 만들어 자기 자신을 좀 더 많이 만날 수 있게 해준다.

운동은 신체활동을 통한 말초신경의 자극과 변화가 중추신경인 뇌에 전달되는 상향식 접근법으로서 뇌의 신경화학적 작용에 영향을 미친다. 뿐만 아니라 운동을 통한 자극과 변화가 일어날 때 그것을 생각하고 느끼기 때문에 자기 자신과의 접촉이 일어나게 된다.

우리는 자기 자신을 온전히 만나지 못할 때 여러 가지 심리적 병인이 생기기 때문에 움직임에 대한 감각을 느끼는 것은 매우 중요하다.

그것은 상향식 접근법인 운동이 건강한 자기 자신을 회복시켜 다른 사람들과 세상에 대한 유연하고 건강한 관계능력을 가지는 전체성을 만들어 주기 때문이다. 이처럼 우리의 모든 행동에는 느낌이 있기 때문에 행동에 초점을 일치시킬 수 있다면 그 느낌을 알아차릴 수 있다.

결국 행동이 바뀐다는 것은 뇌의 신경회로가 바뀌는 것이고 분비되는 화학물질도 바뀌게 되면서 신경화학적인 변화를 일으켜 생각과 정서, 말에도 영향을 미치게 되는 것이다.

생각과 정서, 말, 행동은 모두 신경화학적인 작용에 의해 창조되며 반대로 우리의 생각과 정서, 말, 행동을 반복하게 되면 신경화학적인 변화가 일어난다. 원하는 변화와 성취를 이루기 위해서는 생각과 정서, 말, 행동 중에서 그 어느 것을 바꾸어도 나머지는 함께 바뀌기 때문에 하나를 바꾼다는 것은 전체를 바꾸는 것이 된다.

성격

일상생활 속에서 사용하는 말을 바꾸면 생각이 바뀌고 생각이 바뀌면 마음이 바뀌고 마음이 바뀌면 행동이 바뀐다. 그리고 행동이 반복되면 습관이 바뀌고 습관이 바뀌면 신념과 성격이 바뀐다.

우리의 삶은 이렇게 형성된 신념과 성격에 의해 창조되는 결과물이다. 이러한 변화는 순서가 있는 것이 아니라 어느 것이든 한 가지가 바뀌면 나머지도 모두 바뀌는 상관적 관계에 있다.

부모로부터 유전적 영향을 받아 타고난 성격을 천성이라고 하며 성장과정에서 후천적으로 학습하여 습관이 된 성격을 제2의 천성이라고 부른다. 타고난 성격인 천성은 그대로 발현되는 것이 아니라 후천적으로 어떤 학습과 경험을 반복하느냐에 따라 형성된 습관에 의해 선택적으로 발현되며 때로는 변형되어 발현되기도 한다. 이처럼 성격은 제2의 천성이라고 부르는 습관에 의해 영향을 받기 때문에 후천적인 학습과 경험, 피드백이 매우 중요하다.

성격은 어떤 환경에서 어떤 학습과 경험을 반복하고 피드백을 받으며 어떠한 인간관계를 맺느냐에 따라 후천적으로 영향을 많이 받는다. 이렇게 형성된 신념과 성격에 의해 우리 삶의 모든 결과물이 창조되기 때문에 어떠한 신념과 성격을 갖고 있느냐가 중요한 것이다.

인간은 사회적 관계 속에서 자신만의 존재가치와 사회적 정체성을 형성한다. 사회적 관계 속에서 자신의 존재와 정체성을 형성하는데 가장 중요한 것이 바로 성격이다. 이처럼 성격이 개인의 정체성과 사회적 관계능력에 중요한 비중을 차지하는 것은 특정한 성격이 형성되면 그 성격에 의해 생각과 정서, 말, 행동이 달라지고 모든 인간관계의 폭과 깊이가 결정되기 때문이다. 그래서 성격이 자신의 존재와 정체성을 결정짓는 핵심이 되며 그것을 바탕으로 사회적 관계를 형성하게 된다. 어떻게 보면 성격 자체가 그 사람이라고도 할 수 있으며 성격이 그 사람의 운명을 결정짓게 되는 핵심이라고 할 수 있는 것이다.

대인관계에서 흔히 '조급하다', '신경질적이다', '분노조절이 안 된다', '의심이 심하다', '불평불만이 많다', '까다롭다' 등으로 표현되는 성격의 소유자는 부정적 이미지를 담고 있다. 부정적 이미지가 강한 성격의 소유자는 다른 사람들과의 원만한 관계능력이 떨어지기 때문에 사소한 문제로 갈등과 다툼을 쉽게 일으키면서 건강한 사회적 관계능력에 걸림돌을 갖기 쉽다.

성공은 건강한 사회적 관계 속에서 증명되는데 부정적인 성격 때문에 사회적 관계능력이 떨어진다는 것은 원하는 성공과 거리가 생기는 것을 의미한다. 성격이 원만하지 못하거나 편협된 사람은 다른 사람들과 갈등이 많아지기 때문에 건강한 사회적 관계를 형성하기가 어렵다.

그래서 좋은 성격이 성공을 위한 최고의 자산이 된다.

성격의 기본은 천성적인 것이다. 하지만 천성이 완전한 개인의 성격으로 자리 잡기 위해서는 후천적인 환경과의 상호작용이 필요하다. 사람의 타고난 성격을 구성하고 있는 심리적인 핵은 쉽게 변화하지 않지만 사회화 과정에서 전형적인 반응과 역할행동에 의해 형성되는 후천적인 성격은 환경적 자극에 의해 얼마든지 변화가 가능하다. 성격은 뉴런간의 시냅스 연결이 반복적으로 강화된 전용신경회로에 의해 만들어지기 때문에 어떠한 학습과 경험, 피드백, 인간관계를 반복하는가에 따라 변화할 수 있는 가소성을 가지고 있다.

성격이 변화할 수 있다는 것은 우리의 운명을 원하는 대로 바꿀 수 있는 선택권을 가지고 있다는 것을 의미한다. 우리가 성공할 수 있는 성격을 갖고 싶다면 성공에 대한 생각과 정서, 말, 행동을 선택하는 것이 필요하다. 수많은 반복에 의해 뇌가 성공과 관련된 TESA의 전용신경회로를 구축하게 되면 성격이 바뀌게 되고 습관과 행동까지 달라지게 된다. 뿐만 아니라 생각과 정서, 말도 달라져 성격이 바뀌면서 삶의 결과물이 바뀌게 되는 것이다.

성격에 의해 생각, 정서, 말, 행동이 바뀌기도 하지만 우리의 반복적인 생각과 정서, 말, 행동에 의해 형성된 전용신경회로의 영향을 받아 우리의 성격이 바뀌기도 한다. 이 두 가지는 어떤 것이 먼저 바뀌든 서로가 함께 변화할 수밖에 없는 상관성을 가지고 있다.

신경생리학적 관점에서 마음은 뇌라는 공장에서 생산된 제품이라고 할 수 있으며 뇌는 천억 개가 넘는 뇌세포의 복잡한 시냅스 연결과 전기화학적인 작용에 의해 특정한 마음을 만들어낸다. 이러한 관점에서 보면 마음을 만들어내는 것은 신경회로의 선택이며 선택은 확률이라고 볼 수 있는 것이다.

양자적 관점에서 접근하면 우리의 존재는 고정된 실재가 아닌 가변성을 가진 양자 확률로 이루어져 있다고 볼 수 있다. 마음의 다양한 구조를 양자적 관점에서 보면 입자와 파동, 의식과 잠재의식, 전경과 배경, 표면의식과 심층의식, 일상적 실재인 CR과 비일상적 실재인 NCR로 이해할 수 있으며 이 모든 것이 고정된 상태가 아닌 선택에 의한 확률로 존재한다는 결론이 나온다.

우리의 존재는 현재 상태에 따라 특정 신경회로를 선택하고 그 선택에 의해 확률로 결정되는 것으로 볼 수 있다. 그 결정을 위한 선택의 힘이 바로 인간만이 가진 고유한 능력인 전두엽의 '자유의지'이다. 전두엽의 역할은 뇌를 통합하여 자신의 신념에 맞는 이성적이고 합리적인 선택과 행동을 통제할 수 있는 자유의지를 실행하는 것이다.

나는 누구인가의 원초적 질문에 대한 답을 우리는 다양하게 찾을 수 있다. 나는 누구인가의 존재에 대해 한마디로 정의하는 것이 쉽지 않다는 것을 잘 알고 있으면서도 자신의 존재에 대해 어떻게든 적절한 정의를 내리는 것이 나의 존재에 대한 답을 찾는데 도움이 되기 때문에 나름의 정의를 하는 것일 뿐이다.

다양한 관점에서 나의 존재에 대한 답을 찾을 수 있지만 가장 쉽고 빠르면서도 합리적인 정의가 뇌과학적인 관점에서의 접근이다.

뇌과학적인 관점에서 나의 존재는 먼 조상의 장기유전형질과 가까운 조상의 단기유전형질을 이어받은 유전적 신경회로를 갖고 태어난다.

수많은 유전적 신경회로를 가지고 태어난 상태에서 새로운 학습과 경험을 통해 특정한 신경회로를 선택하여 강화하거나 연결을 확장하여 자신만의 개성을 만드는 것이라고 할 수 있다. 즉 유전적 요인과 환경적 요인이 복합적으로 우리의 존재에 영향을 미치고 있는 것이다.

천억 개가 넘는 뇌세포 간의 병렬적 연결은 밤하늘에 보이는 별의 숫자보다 더 많으며 그 연결은 새로운 학습 및 경험을 통해 끊임없이 변화하는 가소성을 가지고 있다. 특히 의미있는 정서적 사건이나 반복적인 학습과 경험에 의해 선택된 특정 신경회로가 더 굵어지게 되면 전용신경회로를 구축한다. 이렇게 광케이블처럼 굵어진 전용신경회로는 헵의 모델에 의해 가까이 있거나 유사한 신경회로의 연결을 더 강화하고 멀리 있거나 관계없는 신경회로는 차단하거나 약하게 만들어 자신의 존재와 정체성을 만드는 신경망을 구축하게 되는 것이다.

하나의 뉴런은 관계있는 다른 뉴런들과 시냅스 연결을 확장하여 정보를 서로 교류하면서 비국소성으로 강한 연대를 형성하고 있다.

뇌는 주의의 초점을 살짝만 바꾸어도 복잡하게 얽혀있는 뇌신경망에 새로운 전기적 신호를 활성화시키고 화학물질을 분비하여 변화를 위한 연쇄작용을 일으킨다. 어디에 얼마나 주의의 초점을 일치시키는가에 따라 자신의 상태를 원하는 대로 바꿀 수가 있는 것이다.

이와 같이 언제, 어디에, 어떻게, 얼마나 주의의 초점을 오랫동안 일치시키는가에 따라 우리의 존재가 규정된다. 즉 선택된 것에 주의의 초점을 일치시키고 반복적인 생각과 정서, 말, 행동의 지속시간을 얼마나 오랫동안 가지는가에 따라 전용신경회로가 구축되면서 우리의 존재와 정체성이 결정되기 때문에 우리의 존재는 고정된 것이 아니라 가변성을 가진 확률적인 존재가 되는 것이다.

우리의 똑똑한 뇌는 무엇이든 반복하거나 오랫동안 지속하게 되면 그것을 사실로 받아들이고 사실로 받아들인 것에 대해서 믿음을 만들어 스스로 그 믿음에 통제당하게 된다. 생생한 생각과 정서, 말, 행동이 반복되거나 오랫동안 지속되면 그것이 특정 신경회로를 활성화시켜 개인의 신경학적 구조를 결정짓고 화학물질에 중독된 상태를 만든다.

이렇게 되면 고속도로와 같은 자신만의 강력한 전용신경회로를 형성하여 다른 신경회로보다 우선적으로 반응하고 활성화된 상태에서 강력한 에너지를 사용할 수 있게 된다. 새로운 학습과 경험, 피드백을 통해 지금 현재의 생각과 정서, 말, 행동을 어디에, 어떻게, 얼마나 주의의 초점을 일치시키는가의 선택과 확률이 나의 존재가 되는 것이다.

나의 존재는 전두엽의 고유한 기능인 자유의지에 의해 언제든 더 나은 선택을 할 수 있으며 새로운 선택을 통해 얼마든지 변화할 수가 있다. 이와 같이 선택과 확률에 의해 나 자신이 얼마든지 변화할 수 있는 존재라면 다른 사람과 세상도 얼마든지 변화시킬 수 있다는 결론을 얻을 수 있게 된다. 중요한 것은 자신의 변화에 대한 이해와 믿음이 먼저 전제될 때 다른 사람과 환경의 변화를 이끌 수 있다는 사실이다.

신경회로를 구성하는 뇌세포의 다양한 연결은 새로운 배움과 정서, 기억, 경험에 의해 끊임없이 변화한다. 지금 글을 읽고 있는 이 시간에도 우리의 신경회로는 끊임없이 새로운 연결에 의해 재구성된다. 이와 같이 뇌는 새로운 자극과 정보에 의해 기존의 고정된 신경회로의 배열을 새롭게 변화시킨다. 그렇기 때문에 새로운 변화를 바란다면 뇌 신경회로의 배열을 새롭게 바꿀 수 있는 반복적인 자극과 정보가 필요하다. 이것이 바로 목표 성취를 위한 생각과 정서, 말, 행동을 끊임없이 반복해야 하는 중요한 이유이다. 나의 존재는 언제든지 변화할 수 있는 가변성을 가지고 있으면서도 반복적인 생각과 정서, 말, 행동에 의해 전용신경회로가 구축되면 쉽게 변화하지 않는 일관성을 가진 이중적인 존재가 되는 것이다.

삶의 기적

매일 아침 아프리카에서는 가젤이 눈을 뜬다. 가젤은 사자보다 더 빨리 달리지 않으면 잡아먹힐 것임을 알고 있다. 매일 아침 사자 또한 눈을 뜬다. 사자는 가장 느리게 달리는 가젤보다 빨리 달리지 않으면 굶어 죽게 될 것임을 알고 있다. 우리가 사자이건 가젤이건 상관없이 아침에 눈을 뜨면 우리는 질주해야 한다. 치열한 경쟁사회에서 생존을 위해 살아가는 현대인들에게 너무나 잘 어울리는 비유이다.

세상에는 변화가 필요하지만 변화를 위한 새로운 선택을 하지 못하는 사람들이 많다. 그것은 자신의 변화가 우선인데도 불구하고 다른 사람과 환경을 변화시키기 위해 자신의 초점을 잘못 맞추고 있기 때문이다. 모든 변화의 시작은 자기 자신부터이며 자신의 변화가 먼저 일어날 때 다른 사람과 환경도 변화가 일어날 수 있다.

우리가 변화해야 한다는 것을 모르는 사람은 아무도 없다.
다만 그 변화가 나로부터의 변화가 먼저라는 것을 잘 알지 못할 뿐이다. 어제와 같은 오늘을 반복하고 어제와 다른 내일을 기대한다면 그것은 우물가에서 숭늉을 찾는 어리석음이거나 아무런 노력없이 기적을 바라는 요행심일 수밖에 없다. 삶에서 더 나은 변화와 성공을 이룰 수 있는 기적을 바란다면 먼저 자기 안에서 그 기적을 이룰 수 있어야 한 다. 자기 안에 기적을 창조하는 능력은 모두가 가지고 있지만 많은 사 람들이 그것을 사용하는 방법을 알지 못하는 상태에 머물러있다.

사람들이 변화의 대상이나 초점을 외부로 잘못 맞추기 때문에 자신 의 에너지를 헛되이 낭비하며 변화와 멀어지게 된다. 내부적인 초점은 자신이 통제할 수 있지만 외부적인 초점은 자신이 통제할 수 없다. 그래서 많은 사람들이 원하는 변화와 성공을 이루지 못하고 쉽게 좌절 하거나 포기하게 되는 것이다. 통제할 수 없는 외부적 연결에서 좌절과 실패가 누적되면 나쁜 습관의 순환고리를 만들어 부정적인 상태에 빠 져 허우적거리게 된다.

자신이 가진 소중한 성취자원과 에너지를 극대화시키기 위해서는 자 신의 자원을 사용할 수 있는 방법을 아는 것이 중요하다. 우리의 삶에 서 그 무엇을 이루고자 한다면 먼저 우리 내면에 그 무엇을 만들어야 하는 이유가 모든 변화의 시작은 내 안에서부터 일어나기 때문이다. 내 삶의 기적적인 성취는 지금 여기에서 목표에 초점이 일치된 생각과 정서, 말, 행동이 반복될 때 생기는 초능력에 의해 창조된다. 즉 삶의 성공전략인 TESA에 우리가 원하는 기적적인 성취결과를 이루게 해주 는 초능력의 놀라운 비밀이 숨어있는 것이다.

변화의 선택

멘탈코칭센터에서 멘탈상담을 진행하는 과정에서 내담자들이 가지고 있는 마음의 걸림돌이나 심리적 장애의 대부분이 성장과정에서 부모와의 건강한 애착관계와 라포를 제대로 형성하지 못해 나타나는 트라우마와 같은 것이라는 사실을 알 수 있다. 이러한 트라우마는 일반적으로 성장과정에서의 학대나 폭력, 무시 등 겪지 않아야 할 것을 경험할 때 생기지만 부모로부터 당연히 받아야 할 따뜻한 관심과 사랑을 받지 못해 생기기도 한다.

이와 같이 사람들은 성장기에 겪지 않아야 될 충격적인 사건이나 정서적 의미가 강한 부정적인 경험 때문에 트라우마를 경험하기도 하지만 성장기에 반드시 경험해야 할 사랑과 관심, 지지, 격려, 애착, 라포가 부족할 때도 발달 트라우마가 생기게 되는 것이다.

멘탈코칭센터에서 멘탈상담과 코칭을 진행하면서 성장기의 부정적인 코칭환경 때문에 고통스러워하는 성인들을 많이 만날 수 있다.

그들을 상담하고 코칭하면서 성장기에 부모와의 애착관계와 라포형성이 얼마나 중요한지를 뼈저리게 느낀다. 성장과정에서의 관계 형성이 중요한 이유는 어릴 때의 건강한 애착관계와 라포형성이 성인이 된 이후의 안정되고 행복한 삶에 필요한 심리적인 내성과 응집력을 높여 마음의 쿠션을 형성하는데 절대적인 영향을 미치기 때문이다.

한 개인의 존재와 정체성은 부모의 유전적 요인과 더불어 후천적인 학습과 경험 등의 환경적 영향을 받아 만들어진다. 개인의 존재와 정체성은 유전이 약 50%정도로 영향을 미치고 나머지 50%는 양육자와의 관계, 환경, 학습, 경험에 의해 결정된다. 유전은 우리가 원한다고 마음대로 바꿀 수 있는 것이 아니기 때문에 사람들이 성장 이후에 저마다 전혀 다른 형태의 삶을 살아가게 되는 핵심적인 요인은 유전보다 부모와의 건강한 애착관계와 라포형성에 의해 절대적인 영향을 받게 되는 것이다.

성장기에 부모와의 애착관계와 라포형성을 어떻게 하느냐에 따라 자신만의 전용신경회로를 구축하여 주관적인 세상모형을 만들기 때문에 성인이 된 이후에 갖고 있는 대부분의 심리적인 문제는 성장과정에서 부모의 영향을 받아 형성된 것으로 볼 수 있다. 아이는 양쪽 부모의 유전자를 그대로 물려받게 되며 성장과정에서 후천적인 학습과 경험을 통해 수많은 유전적인 신경회로 중에서 일부를 선택하여 자신만의 전용신경회로를 구축하게 된다. 우리는 기본적으로는 유전의 영향을 받을 수밖에 없지만 사회화 과정에서 새로운 학습과 경험의 영향으로 자신만의 존재와 정체성을 창조할 수 있다.

특히 우리의 존재가 유전적 영향을 50%나 받은 상태에서 그 유전을 물려준 부모에 의해 또다시 보살핌과 훈육을 받기 때문에 성장과정에서 부모의 영향을 절대적으로 받을 수밖에 없다. 부모는 아이와의 관계에서 절대적인 권력을 가지고 있으며 심한 경우 아이를 자신의 소유물로 생각하는 심각한 편향성을 보이기도 한다. 아이는 부모와의 관계에서 절대적인 약자의 입장으로 의존적인 관계가 될 수밖에 없기 때문에 부모의 가치관이나 태도 등을 그대로 모델링하여 내사시키게 된다.

만약 이 시기에 부모가 폭력을 행사하거나 심한 학대를 하게 되면 아이는 부모와의 건강한 라포와 애착관계를 형성하지 못하기 때문에 심각한 뇌손상을 입어 정서적인 문제를 갖게 될 수도 있다. 충분한 공감을 바탕으로 대화와 관심, 존중, 격려, 사랑이 필요한 시기에 부모의 잘못된 코칭이 반복되면 부정적인 감정을 반복적으로 경험하게 되고 이러한 부정적인 감정상태가 오랫동안 지속되면서 전용신경회로를 구축하여 나쁜 감정의 중독상태에 빠지게 된다.

이렇게 되면 부정의 화학물질에 의해 전용신경회로가 강화되고 부정적인 자기 제한 신념이 만들어지면서 세상을 부정적으로 보는 잘못된 세상모형을 가지게 될 가능성이 매우 높아진다. 이 부정적인 자기 제한 신념체계가 만든 삐뚤어진 세상모형이 한 사람의 인생 각본이 되어 성인이 된 이후의 삶을 무기력하고 고통스럽게 만드는 것이다.

성인이 된 이후에 겪는 대부분의 심리적 걸림돌이나 부정적 자기 제한 신념은 어릴 때의 트라우마로 인하여 잘못 만들어진 세상모형에 의해 생긴 것으로 볼 수 있다. 이런 사람들은 성장과정에서 주변 사람들과 건강한 애착관계와 라포를 제대로 형성하지 못했기 때문에 자기 자신을 온전히 알아차리거나 접촉하지 못하게 되면서 자기 상실을 겪는 경우가 많다. 자기 상실로 인하여 인간관계 능력에도 치명적인 걸림돌을 가지게 될 가능성이 높아지게 된다.

많은 사람들이 성장과정에서 생긴 심리적 걸림돌 때문에 좁혀진 마음의 경계나 안전지대를 만들어 그 속에 갇힌 상태로 살아간다.

성장과정에서의 부정적인 기억 때문에 자신의 긍정적인 자원을 만나지 못하게 되면 심리적 고통을 겪으며 과거의 기억에 구속된 상태로 살아가게 된다. 현재에서 이미 지나간 과거를 되돌릴 수는 없다.

중요한 것은 현재의 건강한 자신으로 과거 기억을 다시 만나서 현재의 자신을 바꿀 수 있는 새로운 선택과 행동을 하는 것이다.

타고난 유전과 이미 지나간 과거를 현재에서 바꿀 수 없으며 지난 과거에 대한 기억도 바꿀 수 없다. 현재의 상태를 바꾼다고 해도 과거의 부정적인 경험에 대한 팩트는 바꿀 수 없기 때문이다. 다만 과거에 대한 팩트는 바꿀 수 없어도 과거의 기억에 대한 정서는 원하는 상태로 얼마든지 바꿀 수가 있다. 그것이 말처럼 간단하고 쉽지는 않지만 현재에서 새로운 학습과 경험을 반복하여 기존의 전용신경회로를 끊어버리고 새로운 전용신경회로를 구축할 수만 있다면 우리 뇌가 가진 가소성에 의해 새로운 변화는 현실이 된다. 중요한 것은 우리가 선택할 수 있는 변화는 지나간 과거가 아니라 지금 여기에서의 현재라는 사실이다.

질문의 초점

　원하는 성취결과를 얻기 위해서는 스스로에게 끊임없이 '나는 누구인가'에 대한 질문을 반복하여야 한다. 우리의 똑똑한 뇌는 어떠한 질문에도 답을 하게끔 세팅되어 있기 때문에 질문의 수준이 생각과 정서, 말, 행동의 수준을 결정하게 된다. 그렇기 때문에 자기 자신의 변화를 위한 초능력을 얻고 싶다면 목표를 성취하기 위한 생각과 정서, 말, 행동을 일치시킬 수 있는 제대로 된 질문을 반복하여야 한다.

　생각과 정서, 말, 행동의 초점을 원하는 목표에 맞출 수 있는 질문을 반복하는 것만으로도 기존의 불필요한 연결이나 문제에 잘못 맞추어진 초점을 전환하여 원하는 목표를 실현하기 위한 자원을 활용할 수 있는 상태가 된다. 문제에 잘못 맞추어져 있던 질문의 초점을 자신이 간절히 원하는 목표에 맞추게 될 때 변화를 위한 새로운 결단과 도전이 실행되면서 모든 자원이 자신의 목표를 이루기 위해 완전히 일치된 상태를 만든다. 변화는 결단할 수 있을 때 이루어지는 것이며 결단은 문제를 어떻게 인식하고 해석하느냐에 의해 결정된다. 즉 질문의 수준에 따라 인식과 해석뿐만 아니라 결단이 달라지게 되는 것이다.

'나는 누구인가'의 질문에 대한 답은 나는 지금 여기서 생각하고 느끼고 말하고 행동하는 존재이며 그것을 얼마나 오랫동안 일관성 있게 유지하는가에 따라 달라진다. 사람들이 삶의 고통 속에 갇혀 힘들어하는 것은 부정적인 실제 사건이나 문제 때문이 아니라 그것에 대한 반복된 생각과 정서, 말, 행동 때문인 경우가 많다. 우리가 겪는 부정적 사건 자체가 우리를 힘들고 고통스럽게 하는 것이 아니라 그것에 대한 우리의 잘못된 인식과 해석에 의한 생각과 정서, 말, 행동을 반복하기 때문에 더 힘들고 고통스럽게 살아가는 것이다.

우리를 힘들게 했던 사건은 이미 과거가 되어 더 이상 우리를 구속하지 못하지만 과거의 느낌에 대한 생각, 생각에 대한 느낌이 반복되면서 우리를 점점 더 고통의 수렁에 빠지게 만든다. 나중에는 본래의 사건은 지엽적인 것이 되고 부정적 사건에 대한 생각과 정서, 말, 행동이 가지에 가지를 쳐서 처음 사건과는 관계가 먼 엉뚱한 생각과 정서, 말, 행동 때문에 힘들어지게 되는 것이다. 이것이 많은 사람들이 겪고 있는 심리적 장애이다.

우리의 생각과 정서, 말, 행동의 수준을 결정하는 인식과 해석의 초점을 변화시킬 수 있는 질문을 어떻게 하느냐에 따라 나의 존재와 정체성이 결정될 수 있다. 누구든지 삶의 변화를 원한다면 습관적인 질문을 바꾸는 것만으로도 충분하다. 왜냐하면 좋은 질문이 좋은 초점을 만들고 좋은 초점이 좋은 성과를 창조하기 때문이다.

성공한 사람은 더 나은 질문을 통해 더 나은 성취결과를 얻는 지혜를 가지고 있다. 아름다운 질문을 하면 아름다운 대답을 얻게 되듯이 자신의 목표 성취를 위한 질문을 하게 되면 원하는 성취결과를 얻을 수밖에 없다. 이것이 바로 자신이 간절히 원하는 목표에 초점을 맞추게 되면 원하는 것을 이룰 수 있게 되는 원리이다.

사람들은 모두가 자신만의 초능력이 가득 차 있는 보물상자를 가지고 있다. 질문은 삶의 보물상자를 열 수 있는 열쇠와 같은 것이다. 상자에 저장된 보물을 끄집어내기 위해서는 보물상자의 열쇠와 같은 기능을 하는 제대로 된 질문을 해야 한다. 많은 사람들이 무엇이든 반복해서 질문을 하면 원하는 성취결과를 얻을 수 있는데도 불구하고 한두 번의 질문으로 원하는 성취가 이루어지지 않으면 쉽게 포기해 버리기 때문에 원하는 결과를 얻지 못한다.

이처럼 사람들이 자신의 보물상자에 숨겨진 초능력에 대한 믿음이 약하고 그것을 열 수 있는 방법을 몰라 사용하지 못하는 안타까운 상태에 머물고 있다. 보물상자에 들어있는 초능력을 끄집어내는 가장 쉬운 질문 방법이 바로 '어떻게 공식'을 활용하는 것이다.

- 어떻게 하면 지금보다 더 좋은 방법을 찾을 수 있을까?
- 지금의 이 문제를 어떻게 더 좋은 기회로 활용할까?
- 어떻게 하면 공부를 더 효율적으로 할 수 있을까?
- 어떻게 하면 지금보다 더 큰 부자가 될 수 있을까?
- 어떻게 하면 행복한 인생을 즐길 수 있을까?

반복적인 '어떻게'라는 질문은 반드시 방법을 찾아준다.

'어떻게'라는 질문 방법을 이해하고 반복하는 것이 초능력을 얻는 비밀이다. 나는 이것을 '어떻게 공식'이라고 이름을 붙였다. 나의 삶에서 어떻게 공식을 사용하는 순간 나 자신과 세상에 대한 인식과 해석이 달라진다. 기존의 문제에 맞추어진 초점이 사라지고 원하는 것들과의 새로운 초점이 맞추어지면서 결단이 이루어지기 때문이다.

짧은 기간에 기적적인 성취를 이룬 하마 돼지의 가장 큰 무기가 바로 남들이 잘 활용하지 않는 '어떻게 공식'에 있다. 우리가 의미 있고 가치 있는 인생을 살아가기를 원한다면 질문의 수준과 초점을 바꾸어야 한다. '누군가 할 수 있다면 나도 할 수 있다'는 말처럼 누구든 그것을 믿고 자신의 삶에 적용시킨다면 하마 돼지가 이룬 기적적인 삶의 성취결과보다 더 큰 성취결과를 얻는 주인공이 될 수 있다.

자신의 삶에서 지금 현재보다 더 나은 긍정적인 변화와 탁월한 성취를 간절히 바란다면 자신이 원하는 것에 초점을 맞추고 어떻게 공식을 활용한 질문을 반복하는 것만으로도 원하는 성취결과를 얻을 수 있는 초능력을 활용할 수 있게 된다.

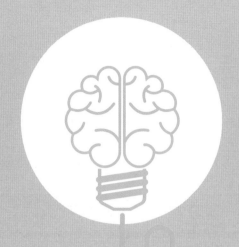

Chapter 2

생각

변화

　반복적인 생각만으로 뇌의 전용 신경회로와 우리의 몸 상태를 원하는 데로 조절하고 통제하는 것이 가능할까?

우리가 어떤 생각을 반복하는 것만으로도 그 생각과 관련된 시냅스 연결이 활성화되고 신경화학물질이 순식간에 분비되면서 우리의 상태를 바꾸어버린다. 생각의 초점이 모아지는 것에 감각이 동원되고 감각적인 생각에 의해 마음과 몸 상태가 변화하는 것이다.

　우리의 존재를 결정짓는 뇌세포는 하나의 뇌세포가 수만 개 이상의 다른 뇌세포와 시냅스 연결을 짓고 있으며 이 연결은 반복적인 생각에 의해 끊임없이 재구성된다. 그래서 우리의 존재는 언제든지 변화할 수 있는 가변성을 가지고 있으며 의식이든 무의식이든 우리의 반복적인 생각이 우리 자신을 만들게 되는 것이다.

　'나는 생각한다. 고로 나는 존재한다.' 나의 존재에 대한 데카르트의 말을 21세기에서 뇌과학적으로 간단하고 쉽게 증명할 수 있다.

반복적인 생각은 우리의 존재를 결정하는 뇌세포의 특정한 시냅스 연결과 화학물질의 분비에 영향을 미칠뿐만 아니라 정서와 말, 행동에도 직접적인 영향을 미친다. 나의 생각과 정서, 말, 행동이 어디에, 어떻게, 얼마나 주의의 초점을 일치시켜 반복되는가에 의해 나의 존재가 결정된다. 나의 존재는 시간과 공간, 상황, 인간관계에 따라 변화하는 가변성을 갖고 있기 때문에 완전한 일관성과 고정된 존재가 되기는 어렵다. 즉 지금 여기에서 어떤 생각을 일관성 있게 지속하는가에 따라 정서와 말, 행동이 일어나고 반복적인 정서와 말, 행동에 의해 생각이 바뀌게 되면서 나의 존재가 변화하게 되는 것이다.

양자적 관점에서 보면 생각은 비일상적 실재인 NCR의 정신적 세계이고 현실은 일상적 실재인 CR의 물질적 세계이다. 우리는 CR의 세계인 현실을 바꾸기 위해서 누군가의 분명한 소유로 구분된 CR의 유한자원에 초점을 맞추어 작은 변화를 창조할 수도 있다. 하지만 누구에게나 공평하게 주어지는 생각이라는 NCR의 무한자원에 초점을 맞추게 되면 더 큰 CR의 변화와 성취를 할 수 있게 된다.

우리는 어떤 생각을 하는 것만으로도 뇌의 전기화학적 작용에 의해 특정 신경회로가 활성화되고 신체가 순식간에 변화를 일으킨다. 우리 몸의 최고사령관 역할을 하는 뇌는 특정한 생각을 반복하는 것만으로도 그 생각에 의해 신경화학적인 변화를 일으켜 몸 상태를 바꿀 만큼 생각의 영향을 받고 있는 것이다. 반복적인 생각에 의해 뇌가 영향을 받아 몸이 함께 바뀌면서 생각과 몸이 일치되고 일치된 생각과 몸은 관계있는 신경회로를 더 활성화시켜 현실에서의 원하는 변화와 창조를 할 수 있는 초능력을 가지게 된다.

우리는 어떤 생각을 반복하는 것만으로도 느낌이 생기고 그 느낌에 의해서 생각이 영향을 받기도 한다. 그리고 생각과 느낌이 반복되면 신경회로의 연결이 굵어지게 된다. 뿐만 아니라 생각과 느낌이 자신의 마음을 만들고 그 마음이 몸과 연결되는 심신상관성을 가진다.

현실에서 하는 말과 행동은 생각과 느낌, 마음이 표현된 것이다.

나는 누구인가에 대한 숱한 물음에 대해 '지금 여기에서 생각하고 느끼고 말하고 행동하는 것이 나의 존재'라는 단순한 답을 하는 것이 절대적인 진리가 될 수는 없다. 나의 존재는 가소성에 의해 언제든 변화할 수 있기 때문에 절대적 정의를 쉽게 내릴 수가 없는 것이다.

다만 나 자신의 존재에 대한 많은 정의 중에서 생각과 정서, 말, 행동이 어디에, 어떻게, 얼마나 초점을 맞추어 일관성 있게 반복하고 지속하는가에 의해 존재가 결정된다는 것이 우리의 존재를 이해하는데 도움이 되기 때문에 선택하는 것일 뿐이다.

이와 같이 나의 존재에 대한 정의를 하는 것이 절대적인 답이 될 수 없다는 것을 잘 알면서도 그것을 선택할 수밖에 없는 이유는 그것이 헝클어진 실타래처럼 복잡한 우리의 존재를 이해하는 중요한 실마리가 되기 때문이다. 우리의 존재는 생각을 바꾸든 정서를 바꾸든 말을 바꾸든 행동을 바꾸든 상관없이 어느 하나를 바꾸면 뇌신경회로가 바뀌기 때문에 나머지가 함께 변화할 수밖에 없다. 반대로 천억 개가 넘는 뇌세포의 병렬적 연결에 의해 만들어지는 신경회로를 바꾸어도 우리의 생각과 정서, 말, 행동이 바뀌게 된다.

내적경험과 외적경험에 의해 우리 뇌는 끊임없이 신경회로를 바꾸어 상태를 변화시킨다. 그리고 신경회로는 새로운 생각과 정서, 말, 행동에 의해 재구성되고 새로운 조합을 만들기도 한다. 즉 우리의 존재는 새로운 학습과 경험 과정에서의 생각과 정서, 말, 행동에 의해 끊임없이 변화하는 신경가소성을 가지고 있기 때문에 고정된 나의 존재는 없다고 할 수 있다. 우리는 새로운 선택을 통해 언제든지 변화할 수 있는 가변적인 존재이면서 창조적인 존재이다. 그래서 아무리 힘든 상황에서도 희망을 노래하며 어제와 다른 내일을 꿈꿀 수 있는 것이다.

삶의 성공전략이면서 초능력 사용법인 TESA의 네 가지 열쇠 중 첫 번째 열쇠인 생각을 바꾸는 것만으로도 우리의 존재와 정체성까지 바꿀 수 있다. 초능력 사용법인 TESA의 네 가지 열쇠는 뇌의 전용신경회로에 같은 뿌리를 두고 있기 때문에 완전히 분리된 상태의 독립적인 변화가 불가능하다. 그것은 하나가 변화하면 나머지 세 가지가 함께 변화를 수반하는 비국소성과 전체성으로 작동하기 때문이다.

생각에 정서와 말, 행동이 수반되고 행동에 생각과 정서, 말이 함께 수반된다. 마찬가지로 정서에 생각과 말, 행동이 수반되고 말에 생각과 정서, 행동이 함께 수반되는 것이다.

　인간은 공장에서 미리 조립되어 나오는 제품과 같은 정형화된 존재가
아니라 삶이라는 공정 속에서 수많은 부속품을 조립하고 접착시켜나가
는 가변적이고 창조적인 존재이다. 우리는 서로 다른 유전자를 가지고
태어나 서로 다른 환경 속에서 성장하며 다른 사람들과 다양한 관계
속에서 살아가기 때문에 모두가 다른 존재가 되는 것이다.

　우리는 모두가 저마다의 유전이 다르고 학습과 경험이 다른 존재이기
때문에 나는 누구인가에 대한 질문에 정해진 답은 없다.
반복해서 강조하지만 나라는 존재는 지금 여기에서 생각하고 느끼고
말하고 행동하는 것이라고 정의할 수 있다. 이것이 우리 삶의 성공전략
인 TESA를 통해 우리의 존재를 이해하는 방법이다.

　나의 존재는 지금 여기에서 삶을 채워가고 조립하는 창조의 과정이기
때문에 지금 여기에서 어떤 생각을 반복하게 되면 그것이 현실화될 가
능성이 매우 높아진다. 반복적인 생각이 관련된 뉴런을 활성화시키고
화학물질을 분비하면 느낌이 일어난다. 단지 생각하나만 바꾸었을 뿐

인데 우리 뇌에는 엄청난 변화가 일어나게 되는 것이다. 무엇인가에 대한 생각의 초점을 모으고 반복하게 되면 느낌이 생기고 그 느낌이 통제의 힘을 가진 믿음을 만든다. 결국 믿음을 만든 것은 처음의 생각이기 때문에 생각이 우리 몸을 통제하는 것과 마찬가지이다.

삶의 성취결과는 우리의 믿음에 의해 창조되는 것이고 그 믿음을 만드는 것이 곧 생각의 초점이다. 그래서 할 수 있다는 생각을 반복하면 할 수 있다는 긍정적인 기억과 관련된 뉴런들이 활성화되고 관련된 시냅스 연결을 강화하여 할 수 있다는 느낌을 갖게 된다. 할 수 있다는 느낌이 반복되어 믿음을 만들면 그 믿음이 실현되는 의지를 갖게 되면서 성공신념을 형성하게 되는 것이다.

반복적인 생각과 정서, 말, 행동은 강력한 신념체계를 만들고 그 신념에 의해 삶의 모든 성취결과를 얻게 된다. 결국 성공신념은 할 수 있다는 생각에서 시작되었기 때문에 할 수 있다는 생각이 할 수 있는 우리의 상태를 만들어 원하는 성취결과를 얻게 해준다.

우리는 스스로의 자유의지로 원하는 생각을 선택할 수 있는 능력이 있다. 그것이 부정적인 생각이면 부정적인 삶의 성취결과를 얻게 되는 것이고 긍정적인 생각이면 긍정적인 삶의 성취결과를 얻게 되는 것일 뿐이다. 우리는 반복적인 생각에 의해 언제든지 변화할 수 있는 가변적인 존재이기 때문에 생각을 바꾸면 삶이 바뀌게 되는 것이다.

정의

마음은 무엇이며 나는 누구이고 삶은 무엇인가?

우리는 지겹도록 반복되는 질문에 답을 찾기 위한 노력을 게을리하지 않아야 한다. 그런데도 나는 아직 그것에 대해 잘 알고 있으면서도 아는 것이 없다. 하지만 모르는 것 같은데도 잘 알고 있다. 그것에 대한 답을 알고 있지만 그것이 절대적으로 맞는 답이 아니며 그렇다고 그것이 절대적으로 틀린 답도 아니다.

만약 아무도 나에게 그 심오한 질문을 하지 않는다면 나는 그것이 무엇인지 너무나 잘 알고 있다. 만약 내가 그것을 질문한 사람에게 그 뜻을 설명하고 정의를 해야 한다면 나는 그것을 잘 알지 못하거나 설명하지 못할 수도 있다. 나는 그 의미와 정의를 알기 전부터 그것이 무엇인지 오랫동안 알고 살아왔기 때문에 아무도 그것을 나에게 정의하라고 요구하지 않았고 정의할 필요성도 느끼지 못했다.

그래서 나는 그 의미와 정의를 알고 있으면서도 모르는 것이다.

분명한 것은 그 앎을 설명해야 하는 상황이 오기 전까지는 나는 확실히 알고 있다는 사실이다. 마음은 무엇인지, 나는 누구인지, 삶은 무엇인지에 대한 세 가지 질문은 누군가가 나에게 그것을 정의하라고 요구할 때까지는 나는 그것이 무엇인지 알고 있는 것이다.

내가 알고 있는 것과 그것에 대해 정의를 하는 것은 주관성과 객관성의 차이일 뿐 그것을 완전히 아는 것도 아니고 그렇다고 그것을 완전히 모르는 것도 아니다. 그럼에도 불구하고 그것에 대해 꼭 정의를 해야 한다면 나는 그것에 대해 나의 관점에서 정의를 할 수밖에 없다. 그것이 절대적인 정의가 아니라 하더라도 나는 충분히 그것에 대해 내가 알고 있는 것으로 정의를 할 수가 있기 때문이다. 그 정의가 그것을 알 수 있는 실마리가 될 수 있다면 나의 앎에 대한 의미와 가치가 그리 작지 않기 때문에 마음이 무엇인지, 나는 누구인지, 삶은 무엇인지에 대해 나는 정의할 수 있는 것이다.

첫째, 마음은 신경생리학적인 관점에서 보면 뇌라는 공장에서 생산된 제품에 비유할 수 있으며 뉴런간의 시냅스 연결인 신경회로에서 표출된 것이라고 할 수 있다.

둘째, 나의 존재는 지금 여기에서의 생각과 정서, 말, 행동이 반복되고 지속되면서 전용신경회로가 구축되어 나 자신만의 고유한 신념체계를 형성한 것이라고 할 수 있다.

셋째, 삶은 신념체계로써 나 자신과 다른 사람, 환경과의 관계와 소통 속에서 창조되는 결과물이라고 정의할 수 있다. 이상의 정의가 결코 우리의 존재와 마음, 삶에 대한 절대적인 것이 될 수 없음을 알면서도 그것에 대한 실마리를 찾기 위해 감히 정의를 해볼 뿐이다.

마음의 빛

우리의 마음은 눈에 보이지 않고 직접 만질 수도 없으며 측정도 불가능하지만 분명히 NCR의 비일상적인 형태로 실재한다. 그리고 모든 CR의 일상적 실재에도 비일상적인 NCR의 마음이 깃들어 있다.

왜냐하면 NCR의 마음이 존재하지 않는다면 그 어떤 CR의 현실도 존재할 수가 없기 때문이다.

우리가 눈으로 사과를 보게 되면 눈까지 전달되는 아날로그 정보인 사과의 파동 정보가 망막에서 디지털 정보로 바뀌어 시각중추의 기능에 의해 뇌에 홀로그램으로 저장된다. 눈과 시신경이 사과를 뇌에 홀로그램으로 저장시키는 역할을 했다면 이 사과를 우리가 현실에서 보기 위해서는 뇌에 저장된 사과라는 홀로그램에 마음의 레이저 빛을 비추는 작업과정이 필요하다.

사과의 홀로그램을 뇌에 저장해 두고 마음의 빛을 쏘지 않으면 우리는 사과를 볼 수 없게 되고 사과 자체가 존재하지도 않게 된다.

우리의 뇌에는 무수히 많은 자원과 정보가 저장되어 있지만 마음에서 비추는 레이저 빛이 어디에 초점을 일치시키는가에 따라 선택된 일부가 현실로 만들어질 뿐이다. 그래서 NCR의 마음이 존재하지 않는다면 CR의 그 어떤 것도 존재할 수가 없게 되는 것이다. 우리 삶의 모든 성취결과는 마음에서 창조되는 것이기 때문에 마음의 레이저 빛이 초점을 일치시키지 않는다면 존재 자체가 불가능해진다. 그래서 마음을 이야기할 때 '일체유심조'라고 하는 것이다.

우리는 수많은 학습과 경험을 통해 다양한 자극과 정보를 지각하지만 대부분의 정보가 뇌에 홀로그램 상태로 저장되어 있기 때문에 마음의 레이저 빛이 초점을 맞추어 쏘아주지 않으면 영원히 그것을 볼 수 없고 만날 수도 없다. 뇌에 저장된 모든 홀로그램적인 이미지는 마음의 레이저 빛에 의해 볼 수 있고 만날 수 있는 것이기 때문이다.

그래서 우리가 만나는 세상은 실제 세상이 아니라 마음의 레이저 빛이 비추는 모형이라고 하는 것이며 어떤 레이저 빛을 쏠 수 있는가에 따라 전혀 다른 세상에서 살아가게 된다. 우리는 세상을 있는 그대로 보고 있다고 착각하기 쉽지만 오감적으로 접촉하는 세상은 마음에서 쏘는 레이저 빛의 상태에 따라 존재가 달라지기 때문에 세상에 대한 모형을 통해 세상을 만나게 될 뿐이다. 그렇기 때문에 우리는 같은 세상을 다르게 바라보며 각자의 세상모형이 만든 다른 세상 속에서 서로 다른 삶을 살아가는 존재이다. 모든 것은 마음에서 만들어내며 우리의 마음에 의해 삶이 창조되는 것이다.

결국 우리 삶의 모든 성취는 마음의 레이저 빛을 어디에 일치시키는가에 의해 얻어지는 결과일 뿐이다. 마음의 레이저 빛은 온 우주를 비출 수 있을 만큼 무한한 에너지를 가지고 있지만 많은 사람들이 자신의 좁혀진 경계와 지각의 한계 때문에 세상의 아주 작은 부분만 비추는 경우가 많다.

어느날 인디언 추장이 자기 손자에게 사람의 마음에서 일어나는 싸움에 대해 이야기해주었다. "얘야, 우리의 마음속에는 두 마리의 늑대가 싸우고 있단다. 한 마리는 나쁜 늑대로 시기, 질투, 화, 우울, 탐욕, 거짓, 부정, 열등감, 자만심, 교만, 이기심, 게으름, 무력감을 가진 늑대이고 다른 한 마리의 늑대는 좋은 늑대로 사랑, 수용, 공감, 활력, 진실, 믿음, 친절, 소망, 인내, 긍정, 도전, 성취, 신념 등을 가진 늑대가 있단다." 그 말을 듣고 있던 손자가 할아버지에게 물었다. "할아버지, 그럼 두 마리가 싸우면 어떤 늑대가 이기나요?" 추장은 손자에게 간단하게 대답했다. "그것은 우리가 먹이를 많이 주는 놈이 이기지."

이 이야기에서 어느 한 늑대에게 먹이를 더 많이 주는 것이 바로 마음의 레이저 빛을 일치시키는 것이다. 그래서 우리 마음 안에 싸우고 있는 두 마리의 늑대 중에 초점을 일치시키는 것이 현실이 될 가능성이 높아진다. 부정적인 문제에 마음의 초점을 일치시키게 되면 그 문제가 우리의 삶을 통제하게 된다. 반대로 긍정적인 성취에 마음의 초점을 일치시키게 되면 그것이 우리의 삶을 통제하게 된다. 즉 우리의 반복된 생각이 만든 마음의 레이저 빛이 어디에 초점을 일치시키는가에 따라 삶의 성취결과가 달라지게 되는 것이다.

마음 트레이닝

천억 개가 넘는 뇌세포의 다양한 시냅스 연결이 만든 신경회로에서
생성되는 생각이 구조화되고 체계화되어 일관성을 가지게 되면 그것
이 마음이 된다. 즉 시냅스 연결에 의한 반복적인 생각이 우리의 마음
을 만드는 시작이 되는 것이다. 반복된 생각에 의해 만들어진 마음을
몇 마디의 말로써 정의할 수 없다는 것은 누구나 잘 알고 있는 사실이
다. 이렇게 복잡한 마음을 쉽고 빠르게 이해하기 위해 마음을 자동차
에 비유할 수 있다.

자동차를 안전하고 효율적으로 운행하기 위해서는 자동차에 대한 이
해와 더불어 운전하는 기술과 도로 상황, 법규에 대해서도 정확하게
아는 것이 필요하다. 또한 평소에 정기적인 점검과 관리를 잘해야 고장
으로 인해 생길 수 있는 불편함과 큰 사고를 사전에 예방할 수가 있다.
그리고 자동차를 운행 중 갑자기 고장이 나거나 사고로 차체에 큰 손
상이 생기면 전문가에게 수리를 맡기거나 필요한 부속을 교환하여 정
상적인 운행을 할 수가 있게 된다.

사람도 마찬가지로 마음을 잘 사용하기 위해서는 마음에 대한 이해와 더불어 마음을 사용하는 기술과 다른 사람들과 소통하는 방법에 대해 잘 알고 있어야 한다. 특히 자기 자신의 마음사용법을 알기 위해 마음에 대한 공부와 트레이닝이 필요하다.

사람의 마음은 자동차와는 달리 한번 심하게 상처를 받아 고장이 나면 전문가의 도움을 받아 심리상담이나 치료를 해도 본래의 건강한 상태로 완전히 회복하는 것이 쉽지가 않다. 그것은 우리 뇌가 헵의 원리에 의해 상처와 관련된 신경회로가 활성화되면 그것과 관계가 있는 이웃 신경회로와의 연결을 병렬적으로 확장하여 관련된 화학물질을 다량으로 분비하기 때문이다. 이 과정에서 뇌는 복잡한 신경화학적 작용에 의해 나쁜 중독현상을 일으키게 된다.

처음 충격에 의해 부정적인 연결이 강화된 신경회로는 부정적인 전체성을 확장하여 이후의 학습과 경험에 대해 부정적으로 반응하고 또다시 부정적인 신경회로를 더 강화시킨다. 이렇게 마음의 상처가 복잡하게 얽히게 되면서 처음의 상처를 준 충격이나 사건 자체보다 그 사건에 대한 신경화학적 작용의 확장 때문에 더 큰 마음의 상처를 스스로 키우게 되는 것이다.

자동차 한대를 생산하는데 필요한 부속이 약 2만 5천개 정도가 필요하다고 한다. 하지만 인간의 경우 자동차와는 비교할 수도 없을 만큼 많은 뇌신경회로를 가지고 있다. 무려 천억 개가 넘는 뇌세포가 만드는 신경회로의 숫자는 헤아릴 수 없을 만큼 많다. 이처럼 인간의 뇌는 천문학적인 숫자의 뇌신경회로를 가지고 있을 뿐만 아니라 신경회로가 끊임없이 새로운 배열을 짓고 조합을 하기 때문에 마음의 상처를 입게 되면 간단히 본래의 건강한 상태로 회복되기가 힘이 드는 것이다.

우리의 뇌는 천억 개가 넘는 뇌세포가 다른 수만 개 이상의 다른 뇌세포와 시냅스 연결을 통해 정보를 주고받으며 신경회로를 만든다. 이처럼 뇌세포의 시냅스 연결이 만든 신경회로의 숫자는 우리가 헤아리지 못할 만큼 많으며 단순한 생각만으로도 그 연결을 수시로 바꾸거나 재배열할 수 있는 가소성을 가지고 있다.

겨우 몇 만개 부속으로 이루어진 자동차도 적절한 정비를 하지 않거나 수리를 잘못하게 되면 정상적인 작동이 안 된다. 하물며 천억 개가 넘는 인간의 뇌세포가 만드는 천문학적인 숫자의 신경회로 연결이 충격에 의해 부정적으로 잘못 형성되어 엉뚱한 전용신경회로를 구축하여 항상성을 가지게 되면 그것을 원래의 건강한 마음상태로 되돌리는 것이 어려울 수밖에 없는 것이다.

잘못된 신경회로에 의해 생긴 마음의 상처를 제대로 치유받지 못한다면 영구적으로 치료와 회복이 불가능해질 수도 있는 이유가 잘못 형성된 신경회로가 또 다른 형태의 나쁜 신경회로와 연결을 확장하고 강화하여 복합적인 마음의 문제를 일으키기 때문이다. 그리고 마음의 문제를 일으키는 신경회로는 시간이 지나면서 부정적인 감정을 불러일으키는 화학물질에 의해 점점 더 중독상태에 머무는 항상성을 가지게 되면서 새로운 변화에 저항하게 된다. 이러한 현상은 우리가 가진 초능력을 부정적으로 잘못 사용한 것이다.

초점 일치시키기 i

볼록렌즈로 빛을 한 곳에 모으면 강한 열에 의해 불이 붙게 되는데 불이 붙을 수 있도록 빛이 모아지는 지점이 바로 초점이다.

이처럼 초점을 모으게 되면 흩어진 에너지가 집중되기 때문에 강력한 에너지를 얻을 수 있다. 돋보기의 크기가 문제가 아니라 돋보기의 초점을 맞추는 것이 중요한 것이다. 돋보기가 아무리 크다고 해도 초점을 제대로 맞추지 못하면 아무런 에너지도 얻을 수 없게 된다.

사람들과의 관계 속에서도 자신이 아무리 긍정적 의도를 가지고 있다 해도 상대의 행동을 유추하여 마음을 읽을 수 있는 초점 일치시키기의 능력이 없다면 원활한 의사소통이 어려워진다. 의사소통 과정에서 상대에게 영향력을 행사할 수 있는 라포를 형성하여 원하는 성과를 얻기 위해서는 상대에 대한 초점 일치시키기가 선행되어야 한다.

초점을 일치시킨다는 것은 상대의 표현된 말과 행동을 관찰하여 그 행동의 의도를 읽어내고 자신의 내적 표상과 연결하여 일치된 반응을 선택할 수 있는 소통능력을 가지게 된다는 것을 의미한다.

내적 표상이 반드시 말과 행동에 일치하지는 않지만 초점 일치시키기를 통해 유추 행동의 표상을 세밀하게 관찰한다면 상대의 정서를 파악하여 가장 적절한 반응을 선택할 수 있게 된다. 의사소통에서 초점 일치시키기는 상대의 표현된 말이나 행동을 자세히 관찰하여 내적 표상을 좀 더 빠르게 감지함으로써 상대에게 맞추어줄 수 있는 적절한 반응을 선택하는데 도움을 준다.

　말은 의식적으로 어느 정도 통제와 조작이 가능하지만 자동화된 행동이나 표정은 무의식적으로 표출되기 때문에 쉽게 조작하거나 거짓말을 하지 못한다. 마음과 표출된 행동이 불일치된다는 것은 자기 자신의 마음을 속이는 것이므로 신체적인 각성상태나 부자연스러움으로 표출되는 것이다.

　예를 들어 자신의 단점을 감추기 위해 스스로를 속이거나 남을 속이고 의식적으로 거짓된 말과 행동을 하게 되면 의식과 잠재의식의 부조화로 인하여 얼굴의 근육이 부자연스러워지고 신체적인 움직임이 경직되며 음성을 조절하는 등의 어색한 표정과 행동이 나타나게 된다.

어색한 웃음, 얼굴 홍조, 긴장된 신체, 불안한 표정 등은 자신의 부정적인 내적 상태를 정상적이고 편안하게 위장하는 과정에서 생기는 심리적 불일치와 부조화 현상으로 볼 수 있다. 그래서 상대의 표정과 행동을 자세히 관찰해보면 현재의 심리상태와 정서상태, 긍정적인 의도까지도 알 수 있게 되는 것이다.

　상대의 표현된 말이나 행동을 자세히 관찰하여 자신의 반응과 행동을 상대에게 일치시킬 수 있는 능력을 가지는 것이 초점 일치시키기의 핵심이다. 초점 일치시키기를 하게 되면 상대의 표현된 행동에 초점을 맞추어 미세한 변화를 파악하고 사고와 감정에 대한 유추를 통해 상대의 내면에 일어나고 있는 것을 알아낼 수가 있다.

이 과정을 통해 서로 함께 공유하는 관계를 형성할 수 있게 되며 그것을 바탕으로 상대에게 맞추어줌으로써 완전한 라포형성이 가능해진다. 상대의 표현된 말과 행동에 대한 초점 일치시키기기를 통해 유추 행동의 변화를 알아차리는 것뿐만 아니라 상대의 내적 표상을 알아내어 자신의 행동과 반응에 적절하게 연결함으로써 원활한 의사소통을 도울 수 있게 되는 것이다.

많은 사람들이 다른 사람의 유추 행동에 초점 일치시키기를 하지 못하고 자동적이고 반사적인 반응을 나타내기 때문에 갈등을 겪으며 소통에 어려움을 겪게 된다. 이것은 상대의 유추 행동에 대해 자신이 잘 알고 있다고 투사하여 단정하기 때문이며 그것 때문에 생기는 오해와 갈등으로 인하여 의사소통에 장벽이 생기는 것이다.

초점 일치시키기는 상대의 유추 행동의 변화를 관찰함으로써 그동안 무의식적으로 자동화된 반사적인 반응을 하면서 알지 못했던 상대의 내적 표상을 들여다볼 수 있게 된다. 막연하고 추상적인 추측이나 자신의 내면을 비추어 상대를 단정 짓는 투사보다 더 효과적인 의사소통 방법이 바로 초점 일치시키기이다. 우리가 흔히 열길 물속은 알아도 한 길 깊이도 안 되는 사람의 마음속은 알 수 없다는 말을 한다.

이 말에는 사람들과의 관계에서 우리가 다른 사람의 마음에 직접 들어가서 그 마음을 알아내는 방법이 없기 때문에 다른 사람의 깊은 마음속까지는 알 수 없다는 뜻이 포함되어 있다. 그렇다고 상대의 마음을 알아내는 방법이 전혀 없는 것은 아니다. 유추 행동의 표상에 초점 일치시키기를 통해 상대의 마음에 좀 더 가까이 접근한다면 상대의 마음을 읽을 수 있으며 그것을 활용하여 더 나은 반응을 할 수 있는 민감성과 유연성을 가질 수 있다.

사람들과의 관계 속에서 좀 더 효율적이고 생산적인 연결을 통해 상대의 마음을 훔칠 수 있는 능력을 가지기 위해서는 더 많은 비언어적인 단서에 초점을 일치시킬 수 있는 의사소통능력이 필요하다.

의사소통에서 신체적 언어가 차지하는 비율이 약 55%정도이고 목소리가 차지하는 비율이 약 38%이며 말이 차지하는 비율은 7%밖에 안 된다는 것은 대부분 의사소통이 말보다는 비언어적인 정보에 영향을 많이 받고 있다는 것을 의미한다.

비언어적인 단서에 효율적으로 초점을 맞추기 위해서 초점 일치시키기의 반복적인 훈련이 필요하다. 초점 일치시키기는 지식으로 축적해서 활용할 수 있는 것이 아니기 때문에 일상생활 속에서 의식적인 반복 훈련을 통하여 내현기억화시킴으로써 다른 사람들과의 훌륭한 관계능력을 발전시키기 위한 자원으로 만들 수 있게 되는 것이다.

초점 일치시키기 II

사람들의 사고, 느낌, 선호하는 것에 대해 밖으로 드러난 표층구조인 언어와 행동이 심층구조인 내면의 상태와 반드시 일치하지는 않는다. 자신의 심층구조인 생각과 느낌이 외부로 표현될 때 내면의 상태와 일치되지 못하고 그 차이가 큰 것을 우리는 위선이라고 부르기도 하고 부조화, 꾸밈, 거짓말이라고 부르기도 한다. 이러한 표층구조와 심층구조의 불일치나 차이가 생기면 사람들과의 관계에서 어울리지 않는 어색한 웃음을 짓거나 얼굴의 경직, 음성의 떨림, 불안 등의 부자연스러운 신체적 반응을 보일 수 있다.

많은 사람들 앞에서 스피치를 해야 할 때 특성불안이 높은 사람의 경우 자신의 내적경험은 긴장과 불안, 스트레스 상태이지만 표면적으로는 여유롭고 당당한 자신감 넘치는 모습을 보이기 위해 자신을 속여야 한다. 이러한 심리적 부조화가 얼굴의 근육을 경직시키고 부자연스러운 신체적인 움직임에 초점이 모아지면서 어색한 표정과 행동이 더욱 심해지게 된다. 심리적 부조화로 마음과 몸이 불일치된 상태에서는 자신을 온전히 만나지 못하기 때문에 기억을 제대로 회상하지 못해 내면의 하고 싶은 이야기를 자연스럽게 표출시키기가 어려워진다.

겉으로는 자연스러움과 당당함으로 위장하기 위하여 노력하고 있지만 자신의 모든 초점을 부정적인 상태에 맞추게 되면서 엉뚱한 곳에 에너지를 사용하게 되는 것이다. 이처럼 자기 자신의 심층구조와 표층구조의 차이로 인한 마음의 불일치와 부조화가 자신의 성취자원을 활용할 수 있는 내부적인 연결을 방해할 뿐만 아니라 다른 사람들과의 외부적인 연결도 부자연스럽게 만든다.

부자연스러움은 자기 내면의 심층구조와 밖으로 표출된 행동의 불일치 때문에 생기게 되는 것이며 이러한 불일치는 다른 사람의 표현 행동을 감지하여 그 행동을 자신의 내적반응에 연관시키지 못했을 때 나타나기도 한다. 사람들과의 관계 속에서 초점을 일치시킨다는 것은 자기 자신의 심층적인 내면과 표층적인 외적표현을 일치시키고 그러한 일치된 자신의 상태로 다른 사람과의 연결을 만드는 것이다.

인간관계에서 다른 사람의 표출된 언어와 행동에 대해 디테일한 관찰을 함으로써 상대의 내적 상태를 민첩하게 감지하여 가장 적절한 자신의 반응상태를 선택하고 연결할 수 있어야 한다. 인간관계에서의 초점 일치시키기는 상대의 유추 행동을 살펴 의식 밖에서 일어나는 표현행동의 감각에 기초하여 내면에서 일어나는 마음상태를 알 수 있게 해준다. 예를 들어 상대의 언어적 표상에 따라 선호표상체계를 파악한다든지 상대를 칭찬한 후에 변화하는 얼굴 표정과 태도, 목소리를 관찰해보면 상대의 마음을 읽을 수 있게 되는 것이다.

우리는 상대의 마음속에 들어가서 마음을 들여다보거나 읽을 수가 없다. 그래서 보고, 느끼고, 듣는 감각으로 상대의 사고와 감정에 대해 유추를 한다. 그것을 자신의 내적 표상에 연결하여 초점을 일치시키고 상대의 마음에 접촉하여 사고와 감정을 공유할 수 있게 되는 것이다. 초점 일치시키기를 통해 내적으로 일어나는 상대의 심리와 정서를 알기 위해서는 상대의 표면적인 행동변화를 관찰하여 해석할 수 있는 관찰능력을 가지는 것이 필요하다.

사람들은 일반적으로 자기중심적 편향성을 바탕으로 형성된 세상모형과 투사를 통해 다른 사람의 유추 행동에 대부분 자동적이고 반사적인 반응을 하게 된다. 이것은 다른 사람의 특정 행동이 무엇을 의미하고 있는지 자신이 잘 알고 있다는 착각에 의한 단정적인 믿음 때문이며 그 주관적 믿음 때문에 의사소통에서 여러 가지 장애가 생기고 오해와 갈등이 발생하게 되는 것이다.

다른 사람과의 관계에서 특정 행동에 대한 유추를 통해 그 이전에 알지도 못하고 의식하지 못했던 것을 알아차린다는 것은 상대의 마음속을 들여다보고 읽을 수 있는 능력을 가졌다는 것을 의미한다. 자신과 연관된 사람들의 마음을 읽고 관계를 발전시키고 싶은 것은 사람들이 가지고 있는 공통된 마음이다. 관찰을 통해 상대의 내면에서 일어나는 것을 알고 싶은 것은 인간의 본능적인 욕구라고 할 수 있다. 그래서 자신의 생략, 왜곡, 일반화된 세상모형으로 막연히 추측하는 것보다 초점 일치시키기가 더 효율적인 의사소통방법이 되는 것이다.

다른 사람의 마음을 읽을 수 있다는 것은 그것을 활용하여 상대에 대한 맞추기와 일치시키기를 통해 강력한 라포를 형성하고 자신이 원하는 방향으로 상대를 이끌 수 있는 끌어당김의 힘을 가지는 것이다.

이처럼 인간관계에서 끌어당김의 힘을 갖기 위해서는 유추 행동의 표상을 세밀하게 파악하고 구체적인 기법을 활용하여 상대의 내적 표상과 자신의 내적 표상을 일치시키는 과정이 필요하다.

이렇게 보면 사람의 마음을 읽고 그 마음을 움직이는 능력을 가지게 해주는 것이 초점 일치시키기에서부터 시작된다고 할 수 있다.

상대에 대한 초점 일치시키기를 잘할 수 있다는 것은 인간관계에서 더 유연한 선택을 할 수 있는 소통능력을 가지게 되었다는 것을 의미한다. 초점 일치시키기를 통하여 유추 행동의 변화를 알아차리게 된다면 표면적으로 주목하는 것뿐만 아니라 내적으로 일어나는 심리를 이해할 수 있는 능력까지 가지게 되기 때문이다.

초점 일치시키기는 상대에 대한 수용성과 맞추어 줄 수 있는 공감능력을 가질 수 있기 때문에 라포관계를 더 단단하게 형성할 수 있다.

인간관계에서 상대가 언어와 행동으로 자신의 내적 표상을 드러낼 때 어떤 유추 행동의 표상을 사용하는지 세밀하게 관찰한다면 상대의 마음을 알아낼 수 있는 소중한 단서를 얻을 수 있게 되는 것이다.

잘못된 초점

반복된 학습과 경험에 의해 입력된 정보는 뇌세포에 저장되고 다른 뇌세포와의 다양한 병렬적인 시냅스 연결에 의해 기억화된다.

뇌세포 간의 시냅스 연결을 신경회로라고 하며 시냅스 연결이 강화된 것을 기억이라고 한다. 우리의 기억이 걸쳐져 있는 신경회로가 반복적으로 활성화되면 광케이블처럼 굵은 전용신경회로가 구축된다.

전용신경회로가 반복적으로 활성화되면서 자신만의 독특한 신념체계가 형성되고 개인의 존재와 정체성이 결정되는 것이다.

우리의 존재와 특정한 상태는 천억 개가 넘는 뇌세포가 특정한 시냅스 연결에 의해 다양한 신경회로의 형태를 만들어 결정되기 때문에 시냅스 또는 신경회로라고 정의할 수도 있다. 이러한 정의가 가능한 것은 변화와 성취를 위한 TESA의 네 가지 열쇠인 생각과 정서, 말, 행동이 모두 특정한 시냅스 연결과 신경회로의 활성화에 의해 만들어지기 때문이다. 결국 우리의 상태는 어떤 신경회로를 선택하여 어떤 생각과 정서, 말, 행동을 반복하는가에 의해 결정된다.

우리가 어떤 일을 이루고자 할 때 '할 수 없다'는 생각을 반복하게 되면 그와 관련된 전용신경회로가 강하게 형성되어 실제로 아무것도 할 수 없는 무기력한 자신의 상태를 만들게 되고 아무것도 이룰 수 없는 결과를 얻게 될 가능성이 높아진다. 반대로 '할 수 있다'는 생각을 반복해서 하게 되면 그와 관련된 전용신경회로를 강하게 형성하여 실제로 할 수 있는 자신의 긍정적인 상태를 만들게 되고 원하는 목표를 성취할 수 있는 가능성이 더 높아진다. 이러한 결과를 얻게 되는 것은 반복적인 우리의 생각이 뇌에 전용신경회로를 형성하여 강한 신념을 만들고 그 신념이 스스로를 통제하기 때문이다.

우리가 어떤 일을 하는 과정에서 문제가 생겼을 때 그 문제에만 초점을 맞추고 자신을 그 문제에 구속시켜 문제를 더 키우는 어리석은 선택을 하는 경우가 많다. 이러한 잘못된 초점은 문제 상황을 제대로 제어하지 못하고 자신의 모든 초점을 문제를 일으켰던 원인과 상태에만 일치시켜 부정적인 감정상태에 허우적거리게 만들기 때문에 더 이상 원하는 상태로 이동하지 못하는 함정에 빠지게 된다. 일상생활에서 겪게 되는 대부분의 심리적인 문제는 문제를 일으킨 사건에 대해 우리가 반복적인 생각과 느낌을 선택하고 초점을 문제에만 일치시키기 때문에 만들어지는 것이다.

어떤 생각을 선택하여 반복하는가에 따라 긍정의 상태를 만들기도 하고 부정의 상태를 만들기도 한다. 일상생활 속에서 겪게 되는 어떤 문제 자체가 우리에게 정말로 견디지 못할 만큼 큰 고통을 주거나 스트레스를 일으키지는 않는다. 왜냐하면 어떠한 문제든지 그 문제 자체는 시간적으로 이미 과거가 되었고 현실을 통제하는 힘이 없기 때문에 문제에 구속될 필요가 전혀 없기 때문이다. 그런데도 불구하고 우리는 문제에 잘못 맞추어진 생각의 프레임에 갇혀 그 문제를 계속 키우는 경우가 많다. 그렇기 때문에 우리가 걱정해야 할 문제는 처음부터 존재하지 않는다는 사실을 알아차리는 것이 중요하다.

만약 정말로 우리의 힘으로 해결되지 않는 문제가 있다면 그건 우리가 걱정할 필요가 없다. 왜냐하면 우리가 어쩔 수 없는 문제라면 그것을 걱정한다고 더 나은 결과를 만들 수 없기 때문에 걱정할 필요가 없는 것이다. 이처럼 우리가 어떤 문제 때문에 느끼는 걱정과 고통은 대부분 문제 자체가 주는 것보다 문제에만 잘못 맞추어진 생각의 초점이 더 큰 문제를 일으키는 경우가 많다.

문제에만 반복해서 초점을 맞추게 되면 문제를 일으켰던 처음의 사건은 더 이상 큰 문제가 되지 않고 문제에 잘못 맞추어진 생각의 초점 때문에 더 큰 문제가 새롭게 만들어진다. 나중에는 문제에 대한 생각에 또 다른 생각이 꼬리에 꼬리를 물면서 잘못된 생각의 초점이 자신을 문제의 수렁에서 헤어나지 못하게 만들어버린다. 처음에는 문제에 대한 생각을 반복하며 그 문제에서 벗어나고자 하는 긍정적 의도를 가지게 되지만 반복해서 문제에만 초점을 맞추고 집착하게 되면서 문제가 더 증폭되어 스스로 그 문제에 파묻히게 되는 것이다.

우리 마음속에 반복된 부정적인 생각은 부정과 관련된 뉴런을 더 많이 활성화시키고 시냅스 연결을 만들어 광케이블처럼 굵은 전용신경회로를 구축한다. 반복된 부정적인 생각이 부정적인 신념을 형성하는 힘을 가지고 있기 때문에 문제에 스스로를 구속시키고 문제가 만든 좁혀진 경계에 갇히게 된다. 그렇기 때문에 아무리 심각한 문제가 있다 하더라도 그 문제를 어떻게 해결할 것인가에 대한 긍정적인 생각을 할 수 있도록 자신의 초점을 원하는 상태로 전환하여 더 나은 방법을 선택할 수 있어야 한다.

문제에 잘못 맞추어져 있는 생각의 초점을 '어떻게'라는 질문을 통해 원하는 상태로 전환하는 순간 문제는 더 이상 존재하지 않는다. 어떤 문제든 생각의 초점을 전환하는 순간 그것은 이미 과거가 되기 때문이다. 과거는 현재와 미래를 구속하는 힘이 없다. 다만 생각의 초점을 과거의 문제에 맞추고 있을 때 과거가 현재와 미래를 통제하는 힘을 갖게 된다. 그래서 지금 현재에서 원하는 것에 초점을 맞추게 되면 과거의 문제는 더 이상 자신을 구속하는 경계가 아닌 원하는 목표를 성취하기 위한 소중한 디딤돌이 되는 것이다.

뇌는 한순간에 한 가지 작업밖에 못한다. 지금 현재에서 주의의 초점을 원하는 것에 일치시키고 그 초점에 맞추어 자신의 생각과 정서, 말, 행동을 반복하는 것이 중요하다. 간절히 원하는 것을 반복적으로 생각하고 느끼고 말하고 행동하게 되면 잠재된 초능력을 사용할 수 있는 전용신경회로를 구축하여 현실적 성취를 실현시키게 된다. 이것이 문제에 맞추어진 초점을 원하는 것으로 전환해야 하는 이유이다.

초점의 전환

　성공하는 사람은 성공에 대한 목표와 신념을 현실적인 성취로 바꿀 수 있는 자신만의 성공전략을 선택한다. 그리고 성공을 위해 자신과 주변 사람, 환경의 자원을 모두 일치시켜 초능력적인 에너지를 사용할 줄 안다. 성공을 이룬 사람들이 태어날 때부터 남들보다 특별히 더 많은 자원을 가졌거나 특별한 능력을 가진 것이 아니라 자신의 초점을 목표에 일치시킬 수 있는 좋은 습관을 갖고 있었을 뿐이다.

　반대로 실패한 사람은 작은 문제에도 과민하게 반응하며 문제에만 초점을 일치시켜 스스로 문제에 함몰되어 헤어나지 못하는 무기력한 상태를 보인다. 그것은 문제에 자신의 초점을 완전히 일치시킨 상태에서 그 문제를 해결하기 위한 자신의 변화와 더 나은 선택을 할 수 있는 유연성을 잃어버렸기 때문에 생긴다.

　이렇게 되면 더 나은 선택으로 문제를 쉽게 해결할 수 있는 수많은 다른 방법들과 멀어지게 되면서 잘못된 자신의 현재 상태를 고착화시킨다. 이러한 상태에서는 자신의 부정적인 정서와 약점이 더 부각되면서 현재 닥친 문제가 짓누르는 중압감에 눌려 자신이 충분히 잘 해낼 수 있는 것과 간절히 원하는 것에 대한 초점을 일치시키지 못하는 무기력한 상태에 계속 머물러있게 된다. 이 상태에서는 더 나은 변화와 성취를 위한 유연한 선택을 하지 못하고 문제 해결을 위한 용기 있는 새로운 도전과 행동도 어려워진다.

많은 사람들이 문제에만 초점을 일치시키면서 자신을 점점 더 힘든 고통의 수렁으로 심하게 몰아붙이는 선택을 한다. 나중에는 문제를 일으킨 처음의 작은 사건 자체가 문제가 되는 것이 아니라 문제에 대한 생각과 그 생각에 대한 또 다른 생각이 꼬리에 꼬리를 물면서 부정적인 생각의 순환고리에 갇혀버린다. 이렇게 되면 생각 자체만으로도 문제의 수렁에 깊이 빠지게 되는 나쁜 순환고리를 만든다.

이러한 상태가 반복되면 문제에 대한 잘못된 믿음이 강화되어 문제에 자신을 구속시키는 부정적 자기 제한 신념을 갖게 된다. 한 가지 문제에서 부정적 자기 제한 신념이 잘못 형성되면 다른 유사한 문제에서도 일반화된 비슷한 패턴을 사용할 수밖에 없어진다.

우리 삶의 모든 성취결과는 우리가 가진 신념체계에 의해 창조되는 것이다. 그렇기 때문에 부정적 자기 제한 신념이 자신을 지배하게 되면 작은 문제에도 자신의 모든 초점을 부정적으로 일치시켜 문제를 점점 더 키우게 되어 부정적인 삶의 결과를 얻을 수밖에 없게 된다.

생각의 순환고리에 의해 문제를 더 키우면 그 문제에 대한 생각이 또 다른 생각을 만들고 생각에 생각이 꼬리를 물게 되면서 점점 더 증폭된 문제가 자신의 뇌를 완전히 지배해버리게 되는 것이다.

우리는 어떤 문제 자체 때문에 오랫동안 힘들어하는 것이 아니다.

문제 자체가 우리를 힘들게 하는 것은 작은 일부분이고 오히려 문제에 잘못 맞추어진 초점으로 인해 만들어진 부정적인 생각이 더 큰 문제가 되는 경우가 많다. 그래서 문제를 일으킨 그 당시의 인식과 관점으로는 그 문제를 해결할 수 없다고 하는 것이다. 문제에만 잘못 맞추어진 관점을 바꾸어 자신이 간절히 원하는 목표와 변화할 수 있는 가능성으로 초점을 전환하여 새로운 행동을 해야 한다. 이렇게 초점을 전환할 수 있을 때 자신을 짓누르던 학습된 무력감과 실패에 대한 두려움에서 벗어날 수 있게 된다.

문제에 잘못 맞추어진 초점을 원하는 것으로 바꾸는 순간 '어떻게 공식'이 작동되어 원하는 것을 성취하기 위한 긍정적인 생각의 순환고리가 만들어진다. 우리는 한순간에 한 가지밖에 초점을 일치시킬 수 없기 때문에 지금 여기에서 초점을 일치시킨 것이 자신의 존재가 되고 정체성이 된다. 왜냐하면 우리의 존재는 지금 여기에서의 반복적인 생각과 정서, 말, 행동에 의해 만들어지기 때문이다. 자신을 구속하는 문제가 아닌 원하는 것에 자신의 초점을 전환하는 것만으로도 이미 변화가 일어나고 문제는 해결되기 시작하는 것이다.

멘탈상담과정에서 내담자가 "이성적인 마음으로는 무엇을 해야 하는 지를 잘 알고 있지만 실제 행동을 하려고 하면 실행을 할 수 없게 된다"라는 말을 했다. 이것은 오랜 반복에 의해 습관의 뿌리가 깊이 내려 현재 상태를 그대로 유지하게 만드는 관성이 작용하고 있기 때문이다.

관성은 움직임에 대한 관성과 고정된 상태의 관성이 있다.

그것이 움직이는 관성이든 고정된 관성이든 현재 상태를 계속 유지하려는 공통적인 성질을 갖고 있는 것이다. 오랜 기간 반복에 의해 만들어진 관성의 힘은 잠재의식에 변화하지 않는 습관의 순환고리를 만들어 그 속에 갇히게 만든다. 이렇게 되면 의식적 차원에서는 변화를 원하지만 잠재의식 차원에서는 변화의 과정에서 겪게 될 번거로움과 고통을 회피하기 위해 변화를 거부하게 된다. 또한 변화하지 않는 현재의 상태에 대한 적당한 합리화를 통해 현재 상태를 그대로 유지하고 싶어 하는 마음을 정당화시키는 왜곡된 방어기제를 사용하기까지 한다.

우리 뇌의 작동원리를 이해하면 이것은 아주 당연한 결과이다.

이러한 결과는 합리성을 가진 똑똑한 뇌가 새로움에 대한 호기심과 실험정신을 갖고 있으면서도 현재의 중독된 습관상태를 그대로 유지하려는 관성을 동시에 가지고 있기 때문에 나타난다. 그래서 뇌는 새로운 호기심이 발동되어 변화를 원하면서도 변화에 저항하려는 강한 관성을 동시에 갖고 있는 것이다.

이성적인 뇌와 감정적인 뇌는 상보성을 가진 하나의 시스템이지만 만약 이 두 뇌가 대립하면 지는 쪽은 대부분 이성적인 뇌이다. 그리고 우리의 똑똑한 뇌는 변화에 대해 의식적 차원에서의 호기심을 가지면서도 잠재의식 차원에서는 현상태를 유지하려는 강한 관성을 가지게 되면서 변화하지 않을 이유를 먼저 찾게 된다. 사람들이 변화하지 않을 이유를 먼저 찾는 이유가 새로운 변화는 기존의 익숙한 전용신경회로를 바꾸어야 하는 번거로움과 수고로움이 뒤따르기 때문이다. 그래서 새로운 변화에 저항하기 위해 기존의 고정된 전용신경회로를 먼저 선택하게 되는 것이다.

우리의 뇌는 평소에 반복적으로 사용해온 생각과 정서, 말, 행동과 관련된 전용신경회로를 만들어 우선적으로 활성화시키게 된다. 고정된 전용신경회로를 우선적으로 활성화하게 되면 새로운 자극과 정보에 대해서는 약간의 호기심만 발동시킬 뿐 기존의 고정된 전용신경회로를 바꾸는 유연한 선택을 하지 못한다. 그래서 새로운 변화와 도전이 힘든 것이다.

위대한 성취를 이룬 사람들이 가지고 있는 공통점은 그들이 일반 사람들보다 목표 성취를 위한 전용신경회로를 더 굵게 구축하면서도 호기심과 실험정신이 강했다는 사실이다. 호기심과 실험정신은 변화에 저항하는 고정된 전용신경회로가 만든 마음의 안전지대와 경계를 허물고 확장하여 더 많은 성취자원과 기회를 활용할 수 있는 도전 상태를 만든다. 그래서 누구든지 호기심과 실험정신을 갖게 되면 자신의 성취 자원을 더 많이 활용할 수 있는 상태에서 원하는 현실적인 성취를 이룰 수 있게 되는 것이다.

하마 돼지의 별명을 가진 저자는 호기심과 실험정신이 유달리 높아 새로운 변화를 끊임없이 추구해왔다. 그래서 남들보다 더 많은 시행착오를 겪으며 시간과 금전적으로 많은 손해를 보기도 했다. 나의 삶 자체가 새로움에 대한 호기심과 실험정신으로 변화와 도전을 지속해왔기 때문에 다른 사람들에 비해 더 많은 경험을 하는 과정에서 시행착오도 많이 겪게 되었고 그만큼 시간과 경제적인 손실도 많았던 것이다. 하지만 시간이 지나면서 그러한 경험 과정에서 잃어버린 시간과 눈앞의 경제적인 작은 손해보다 훨씬 더 큰 삶의 지혜를 얻게 되고 나중에는 더 큰 물질적 이익까지 함께 보상받을 수 있게 되었다.

만약 내가 새로운 변화에 대한 호기심과 실험정신을 가지고 도전하는 삶을 살지 않았다면 멘탈마스터로서 오늘날의 하마 돼지 박영곤 박사는 존재하지 못했을 것이다. 나의 지나온 나날들을 돌이켜보면 나의 선택과 행동이 항상 옳거나 좋은 결과를 만들었던 것은 아니었다. 그렇지만 나의 유별난 호기심과 실험정신으로 새로운 선택과 행동을 할 수 있었기에 나는 끊임없이 더 나은 변화와 성장을 위한 도전을 지속하며 스스로를 업그레이드 할 수 있었다.

때로는 변화를 너무 추구하는 전용신경회로가 엉뚱한 방향으로 과하게 활성화되어 자동차를 열 번 이상 바꾸고 사무실 이사도 열 번 이상 하는 과정에서 엄청난 이미지 손상과 경제적 손실를 보기도 했다.

사무실 이사를 열 번 이상 하게 되면서 매몰비용인 이사비용과 인테리어 비용만 수억 원이 들었다. 솔직히 나의 잘못된 선택과 행동에 대해 후회의 감정이 들 때도 있었지만 그 모든 것이 나의 호기심과 실험정신 때문이라고 위안하며 그 과정에서 더 많은 것을 배우고 새로운 성취를 이룰 수 있게 된 것에 충분히 감사하며 만족한다.

공부와 일에 사용해야 할 호기심과 실험정신을 잘못된 목표에 사용했을 때 엉뚱한 결과를 얻게 된다는 교훈을 얻을 수 있었던 것만으로도 감사한 마음을 가진다. 중요한 것은 우리가 원하는 목표를 성취하는 것이지만 목표를 추구하는 과정에서 얻게 되는 지혜와 경험의 가치 또한 매우 중요하다. 내가 그동안 자동차 구입과 사무실 이사에 잘못 활성화시켰던 전용신경회로를 멘탈공부와 강의, 상담, 글쓰기로 초점을 전환하는 순간 엄청난 열정과 에너지를 얻을 수 있었다.

주변 사람들로부터 "박사님, 도대체 어디서 그렇게 뜨거운 열정과 에너지가 솟아납니까"라는 질문을 자주 받는다.

분명한 것은 내가 다른 사람보다 아주 특별하거나 더 훌륭한 자원과 재능을 갖고 있지 않았다는 사실이다. 누구나 공평하게 가지고 있는 멘탈의 힘인 초능력을 어떻게 사용하는지에 대한 방법을 알고 그것을 활용할 줄 아는 차이를 가지고 있었을 뿐이다. 누구든지 숨겨진 초능력을 사용하는 방법에 대해 알기만 한다면 하마 돼지가 이룬 성취의 크기보다 더 큰 성취를 이룰 수가 있다는 사실을 아는 것이 중요하다.

멘탈코칭센터에서 멘탈에 대한 공부와 훈련을 통해 자신의 숨겨진 초능력을 알아차리고 그것을 사용하여 삶의 변화를 이루어가는 사람들의 모습을 지켜보는 것은 너무나 보람있는 일이다. 멘탈코칭센터를 찾은 사람들이 자신의 숨겨진 초능력 사용방법을 알아차리고 그것을 활용하여 더 건강하고 성취하는 삶을 창조해가는 모습을 지켜보면서 멘탈의 위대한 힘을 다시 한번 실감한다.

나는 이러한 변화와 성취를 더 많은 사람들이 누리기를 바라는 마음으로 멘탈교육과 상담, 강의, 저술활동에 나의 열정과 에너지를 쏟고 있다. 초기에는 나의 유별난 호기심과 실험정신으로 시작한 새로운 도전이 생각대로 이루어지지 않아 힘든 때도 있었다.

대한민국 멘탈혁신이라는 나의 사명을 실현하기 위한 새로운 도전의 성과가 적어 많은 어려움을 겪기도 했지만 지금은 많은 사람들이 나의 사명 실현에 동참해주고 있어 큰 힘이 된다. 앞으로도 지금보다 더 많은 사람들이 대한민국 멘탈혁신을 위한 가치창조의 길에 함께 하기를 소망하며 가슴 설렘이 있는 새로운 도전을 계속 이어가고 있다.

자신에 대한 평가

한 개인의 세상모형을 구성하는 여과기에는 조상과 부모로부터 물려받은 유전을 바탕으로 자신만의 주관적인 학습 및 경험, 정서, 문화, 종교, 가치, 신념 등의 모든 정보들이 촘촘하게 연합기억 형태로 전체성을 이루고 있다. 그렇기 때문에 사람들은 모두가 저마다의 다른 학습과 경험에 의해 만들어진 여과기로 세상을 이해하는 주관적인 세상모형을 갖게 되는 것이다.

세상모형은 각자 자신의 주관적인 여과기에 의해 작동된다.

실제 있는 그대로의 객관적인 세상이 아닌 자신만의 학습과 경험에 의해 생략, 왜곡, 일반화된 주관적인 마음의 여과기로 접촉하기 때문에 착각을 할 수밖에 없다. 우리는 모두가 자신만의 생략, 왜곡, 일반화된 마음의 여과기가 만든 세상모형으로 다른 사람과 세상을 만나기 때문에 자신만의 주관적인 착각 속에 살아가는 존재이다. 그래서 뇌를 착각의 챔피언, 착각의 황제라고 부르는 것이다.

우리가 어떤 착각을 어떻게 반복하여 자신의 세상모형을 만드는가에 의해 삶의 성취결과가 달라지기 때문에 좋은 착각을 더 많이 할 수 있어야 한다. 어차피 모든 것이 마음에서 만든 착각이라면 긍정적인 착각을 하는 것이 성취하는 삶을 살아가는데 도움이 되기 때문이다.

그래서 자기 자신에 대해 어떻게 인식하고 평가하는가의 자기 개념이 중요한 것이다. 자기 자신에 대한 인식과 평가에 따라 자기 개념과 자존감, 자신감 등이 만들어지기 때문에 자신을 좀 더 긍정적으로 과대평가하여 착각하는 것이 자신을 부정적으로 과소평가하는 것보다 성공하는 삶을 창조하는데 도움이 된다. 망상적인 수준이 아니라면 긍정적으로 과대평가하여 착각하는 것이 부정적으로 과소평가하여 착각하는 것보다 더 나은 삶의 성취결과를 만들어주기 때문에 긍정적인 착각을 더 많이 해야 하는 것이다.

그렇게 하는 것이 마음의 응집력을 높여 실수를 하더라도 쉽게 좌절하거나 포기하지 않고 실수를 성공으로 가는 징검다리로 활용하는 건강하고 긍정적인 멘탈상태를 만들 수 있기 때문이다. 이러한 건강하고 긍정적인 멘탈상태는 부정적인 경험조차도 긍정적인 경험으로 전환하여 오히려 자신의 성취를 위한 디딤돌과 지렛대로 활용할 수 있는 상태를 만들어주게 된다.

자신에 대한 긍정적인 과대평가와 착각이 더 넓은 세상을 접촉할 수 있는 유연한 경계를 만들어 더 많은 기회를 만날 수 있게 해준다. 자기 자신에 대한 인식과 평가에 따라 자신의 경계와 안전지대를 만들기 때문에 어떤 인식과 평가를 하는가에 의해 삶의 성취결과가 달라지게 된다고 볼 수도 있는 것이다.

우리 삶의 모든 성취결과는 일상적 실재인 CR(consensus reality)과 비일상적 실재인 NCR(non-consensus reality)의 상보적 작용으로 창조된다. 이 두 가지 성취자원 중에 현실적이고 물질적인 CR의 자원도 중요하지만 그것보다 더 중요한 것이 사명이나 꿈, 목표와 같은 NCR의 자원이다. 우리의 삶은 CR이 NCR을 키우고 NCR이 CR을 키우는 상보적 관계가 될 때 더 많은 성취를 이룰 수 있지만 모든 상보성은 건강한 NCR이 먼저 존재할 때 현실에서의 CR적 성취를 실현시킬 수 있다.

성공의 비결은 자기 자신에 대해 NCR적으로 긍정적인 착각을 얼마나 많이 할 수 있는가에 있으며 긍정적인 착각을 통해 CR적 성취를 이룰 수 있는 토양을 만드는 것이다. 이렇게 보면 자신에 대한 비현실적인 과대평가가 자신의 성공을 위한 불씨가 될 수도 있다. 그래서 이왕 하는 착각이라면 NCR의 사명과 목표, 신념에 대해 긍정적인 평가를 더 많이 하는 것이 자신의 경계와 안전지대를 넓히는데 도움이 된다.

만약 자기 자신에 대해 부정적으로 과소평가하는 착각을 자주 하게 되면 자존감과 자신감이 낮아져 작은 실수에도 자괴감과 좌절, 무력감, 포기 등을 하게 되는 좁혀진 자기 경계를 가지기 쉬워진다.

이처럼 많은 사람들이 자신에 대한 부정적인 과소평가나 좁혀진 경계 때문에 심리적 걸림돌을 가지게 되면서 삶의 걸림돌을 가지고 살아가게 된다. 때로는 이러한 부정적 과소평가가 현실적이고 합리적인 안전판이 될 수도 있지만 그것 때문에 자신의 안전지대가 좁혀져 유연한 선택을 할 수 없는 경직된 존재가 될 수도 있다.

자기 자신에 대한 평가가 CR적인 측면에만 국한되면 더이상의 새로운 변화와 성취가 어려워진다. CR은 현상유지를 위해 자신의 경계를 축소하고 제한된 자원에 속박당하게 만드는 힘을 갖고 있기 때문이다. 그래서 우리는 자기 자신이 누구인가에 대해 아는 것이 중요하다.

더 중요한 것은 자기 자신을 어떻게 인식하고 평가하는가의 개념이다.

자기 자신에 대한 인식과 평가는 주관적 사실을 기반으로 하고 있다. 우리가 알아야 할 것은 우리의 존재가 일상적 실재뿐만 아니라 비일상적 실재까지 포함하고 있기 때문에 자신을 얼마든지 원하는 대로 착각시킬 수가 있다는 사실이다. 그것이 비록 사실이 아니라 하더라도 그것이 사실이라고 믿는 긍정적인 착각을 선택할 수 있을 때 더 많은 기회를 만날 수 있고 원하는 성취에 더 가까이 갈 수가 있기 때문에 긍정적인 착각을 하는 것이 중요한 것이다.

그렇기 때문에 나는 누구인가에 대한 답을 먼저 찾아야 한다. 그 답이 비록 과대평가된 착각이라 하더라도 그 착각이 나의 신념체게와 존재를 좀 더 긍정적으로 만들기 때문이다. 우리 삶의 모든 성취결가는 우리의 존재를 만드는 신념체계에 의해 창조되며 그 시작이 자기 자신에 대해 긍정적으로 평가하는 것이다.

깨달음

우리는 저마다 다른 유전적 기질과 학습, 경험, 피드백에 의해 뇌에 전용신경회로를 구축하여 신념체계를 형성하고 자신의 존재와 정체성을 만들게 된다. 중요한 것은 존재와 정체성을 만드는 학습과 경험, 피드백은 자신의 결단과 선택에 의해 얼마든지 바꿀 수 있다는 것이다.

만약 우리의 삶에서 지속적으로 새로운 학습과 경험, 피드백이 주어지지 않는다면 중독된 습관의 순환고리에 갇혀 새로운 도전과 변화를 할 수 없게 된다. 중독된 습관의 순환고리에 갇혀 호기심과 실험정신을 상실하게 되면 긍정적인 변화와 성장을 위한 새로운 선택과 도전을 더이상 하지 못하고 정체되면서 오히려 퇴보하는 삶이 되기 쉽다.

우리의 삶은 새로운 학습과 경험, 피드백의 연속과정이며 이것은 우리가 의식하든 의식하지 못하든 상관없이 우리 삶의 원인이 되고 결과가 된다. 이와 같이 우리가 어떠한 학습과 경험, 피드백을 반복하느냐에 의해 사고체계와 언어체계, 감정체계를 형성하여 자신만의 주관적인 세상모형을 만들게 되는 것이다.

이처럼 우리는 모두가 자신만의 주관적인 세상모형을 만들어 살아가고 있기 때문에 현재의 세상모형을 바꾸면 과거와 미래의 경험에 대한 감각까지도 바꿀 수가 있다. 현재 자신의 세상모형으로 과거와 미래를 직접 통제할 수 있는 것은 아니지만 현재의 상태를 변화시키는 새로운 선택을 통해 과거와 미래는 간접적인 통제가 가능해진다.

통제 가능한 지금 현재의 학습과 경험, 피드백을 바꾸게 되면 통제 불가능한 과거와 미래에 대한 감각이 함께 변화하기 때문에 간접적으로 통제할 수 있게 되는 것이다.

우리에게 과거와 미래를 직접 통제할 수 있는 능력은 없지만 자신의 자유의지로 현재의 학습과 경험, 피드백을 통제하여 지금 여기에서의 상태를 변화시킬 수 있다. 지금 여기에서의 상태를 변화시킬 수 있다면 과거와 미래에 대한 감각까지도 원하는 상태로 바꿀 수 있게 된다.

결국 우리의 삶은 지금 여기에서의 선택된 학습과 경험, 피드백에 의해 전용신경회로를 구축하여 중독된 습관을 만들고 그 습관이 반복적으로 순환되는 것으로 이해할 수 있다.

사람들은 일반적으로 학연과 지연, 혈연, 사회적 지위, 경제력 등의 특수한 관계나 능력을 반영하여 자신의 정체성을 형성하게 된다.

많은 사람들이 현재의 상황에 순응하여 자신의 경계를 만드는 고정된 정체성을 형성하게 되면서 변화와 성장을 위한 새로운 선택과 도전을 쉽게 포기해버리는 경우가 많다. 자신의 현재 삶에 충분히 만족하고 행복하다면 기존의 조건과 상황에 순응하는 것이 최선의 선택이 될 수도 있지만 만약 지금 현재 자신의 삶에 만족하지 못하고 새로운 변화와 도전을 원한다면 더 나은 선택이 될 수 있는 새로운 학습과 경험, 피드백을 반복하여야 한다.

나는 고졸의 최종학력으로 그 누구보다 변화와 도전하는 삶을 살아왔다. 힘든 시기에 공장에서의 근로자 생활과 관리자로서의 삶, 세일즈맨으로서의 다양한 영업활동과 체육지도자로서의 삶 속에서 수많은 경험과 피드백을 통해 나만의 독특한 존재와 정체성을 만들었다.

고졸의 학력으로 떳떳하게 살아온 나의 삶 속에서 나도 모르게 마음속 깊이 눌려져 있던 학력에 대한 열등감을 극복하기 위해 마흔의 나이에 대학 입학이라는 새로운 도전을 시작했다. 그동안 열심히 살아왔던 내 삶 속에서 채워지지 않았던 배움에 대한 욕구를 채우기 위한 새로운 도전을 선택했던 것이다.

지금까지와는 전혀 다른 새로운 학습과 경험, 피드백을 받기 위해 마흔의 나이에 대학 입학이라는 선택을 하는 것이 결코 쉬운 것은 아니었지만 내면에 채워지지 않았던 결핍과 열등감이 새로운 도전을 위한 결단과 행동을 하는데 큰 힘이 되었다. 그때는 그것이 나에게 최선의 선택이었고 지금도 그 선택에 대한 어떠한 후회도 없다. 다만 어느 대학을 나오고 학력이 어디까지냐가 삶의 절대적인 가치나 준거가 되지 못한다는 것을 깨닫는데 15년이라는 오랜 시간이 필요했을 뿐이다.

학력의 차이가 우리 삶에 전혀 영향이 없다고 말하면 거짓말이 되겠지만 나의 경험으로는 높은 학력이 행복한 삶을 살아가는데 절대적인 조건이나 준거가 되지 못한다는 사실이다. 새로운 학습과 경험, 피드백이 높은 학력에서만 구해지는 것이 아니라 지금 현재의 삶에 충실하고 최선을 다하는 과정에서 얼마든지 그 답을 찾을 수 있다는 것을 깨닫는데 15년이나 필요했던 것이다.

미국의 17대 대통령인 앤드류 존슨은 3살에 아버지를 여의고 집안이 너무나 가난하여 학교 문턱에도 가보지 못했다. 그리고 공부를 하지 못해 결혼을 한 후에야 겨우 읽고 쓰는 법을 배웠다. 그런 그가 17대 대통령 후보에 출마했을 때 상대편 후보가 많은 사람들 앞에서 앤드류 존슨의 학력을 공개하며 비판했다. "초등학교도 나오지 못한 사람이 나라를 이끌어가는 미국 대통령이 될 수 있겠습니까?" 그 말을 듣고 있던 존슨은 침착하게 대답했다. "여러분, 저는 지금까지 예수 그리스도가 초등학교를 다녔다는 말을 들어본 적이 없습니다."

중요한 것은 학력이 아니라 더 나은 삶을 위해서 지금 현재 어떠한 마음가짐과 태도로 무엇을 학습하고 경험하며 현재의 자신을 변화시킬 수 있는가이다. 새로운 학습과 경험, 피드백을 통해 지금 현재 자신의 생각과 정서, 말, 행동을 바꾸면 현재를 넘어 지나간 과거와 다가올 미래까지도 바꿀 수 있는 초능력을 가지게 된다. 배움의 목적이 깨달음이라면 그 깨달음은 높은 학력에서만 얻어지는 것이 아니라 우리의 평범한 삶 속에 있다는 사실을 깨달아야 한다. 중요한 것은 학력이 아니라 언제나 배움의 태도를 잃지 않는 우리의 마음가짐과 행동이다.

신념

우리 뇌는 그 무엇이든 반복하면 그것을 사실로 받아들이고 믿음을 만들어 스스로 그 믿음에 통제당하게 된다. 이러한 NCR의 믿음체계를 CR의 현실체계로 바꾸기 위한 실천의지가 일관성과 지속성을 유지할 때 신념이 만들어진다. 신념은 반복적인 학습과 경험에 대한 분명한 느낌이라고 할 수 있다. 신념이 개인의 세상모형에 관여하고 가치와 준거를 포함하고 있기 때문에 강하게 형성된 신념은 우리 삶을 통제하는 핵심적인 열쇠가 되는 것이다.

신념을 신경생리학적 관점에서 해석하면 강하게 입력되었거나 반복해서 입력된 정보에 의해 활성화된 뉴런의 시냅스 연결이 강화되어 다른 신경회로보다 우선해서 활성화되는 전용신경회로가 형성된 것으로 이해할 수 있다. 반복적인 생각과 정서, 말, 행동이 전용신경회로를 만들어 신념체계를 형성하는 것이다. 같은 뉴런에 강한 자극과 약한 자극이 함께 입력되면 두 자극의 연결이 강화되어 이후 함께 활성화된다. 이것이 헵의 이론이다. 뉴런은 직접적으로 다른 뉴런과 연결되어 있는 것이 아니라 액체로 채워진 시냅스라는 틈을 통해 신경전달물질이 전달되면서 전기화학적 연결을 짓고 있다.

강한 자극이나 반복적으로 입력되어 상호연결된 뉴런간에는 신경성장인자에 의해 광케이블처럼 굵은 전용신경회로가 만들어지게 되고 함께 연결된 신경회로는 이후에 동시에 활성화된다. 헵의 모델에 따라 함께 활성화된 뉴런은 연결이 강화되고 연결이 강화된 뉴런은 함께 활성화되는 상관성을 가지는 것이다.

우리의 신념은 바로 특정 뉴런의 연결이 굵게 형성되어 전용신경회로가 만들어진 것으로 볼 수 있다. 예를 들어 테니스 연습을 많이 할수록 테니스를 하는데 필요한 전용신경회로가 더 많이 강화된다.

이렇게 강화된 전용신경회로들은 이후에 테니스를 할 때 함께 활성화되어 테니스를 더 잘할 수 있는 실력을 갖게 해준다. 이러한 결과는 테니스를 잘할 수 있는 전용신경회로가 믿음을 강화시키게 되면 테니스를 잘할 수 있다는 자기 자신에 대한 성공신념이 형성되어 더 단단한 전용신경회로를 구축하기 때문에 나타나는 것이다.

테니스에 대한 성공신념으로 강화된 특정한 멘탈적 프로세스를 많이 사용하게 되면 그 프로세스와 관련된 전용신경회로가 더 단단하게 구축되면서 강한 믿음이 생긴다. 그리고 그 믿음을 현실화시키기 위해 일관된 실천의지를 갖게 되면서 신념체계를 또다시 강화시킨다.

어떠한 신념이든 자신의 강한 신념체계가 만들어지고 나면 모든 생각과 정서, 말, 행동의 초점이 자신의 신념체계 안에서 작동하게 된다.

이것은 우리의 똑똑한 뇌가 그 무엇이든 반복하면 그것을 사실로 받아들이고 강한 믿음을 만들어 신념체계를 형성하기 때문이다.

강한 신념체계가 또다시 전용신경회로에 영향을 미쳐 반복적인 생각과 행동을 이끌어내며 다른 신경회로들의 발화를 유도하거나 협력적인 조화를 이룬다. 이처럼 신념을 형성시켜주는 뇌의 전용신경회로가 이웃해 있는 신경회로와 조화를 이루어 전체성을 가지게 된다. 그래서 삶의 성취결과는 전용신경회로에 의해 어떤 신념체계를 가지고 있는가에 따라 결정되는 것이다.

어느 누구도 신념이 없는 사람은 없다. 다만 어떠한 신념을 갖고 있느냐의 차이가 있을 뿐 사람들은 저마다의 신념을 가지고 서로 다른 세상을 살아가고 있다. 어떤 사람은 할 수 있다는 성공신념을 가지고 있고 어떤 사람은 할 수 없다는 부정적 자기 제한 신념을 가지고 있을 뿐 어느 누구도 신념이 없는 사람은 없는 것이다. 신념은 긍정과 부정, 가능한 것과 불가능한 것, 좋은 것과 싫은 것, 안전과 불안, 행복함과 불행감, 숙면과 불면, 자신감과 무력감 등을 구분해주는 확실한 가치와 준거를 갖게 해준다.

어떤 사람은 긍정적인 성공신념을 가지고 그것을 실현할 수 있는 긍정적인 세상모형을 만들어 성취하는 삶의 마중물과 같은 소중한 자원을 얻는다. 또 어떤 사람은 부정적인 자기 제한 신념을 가지면서 자신의 신념을 실현하는 부정적인 세상모형을 만들어 실패하는 삶의 방해물과 걸림돌의 자원을 얻는다. 우리의 삶은 긍정적인 성공신념과 부정적인 자기 제한 신념에 의해 다른 삶의 결과물을 얻게 되는 것이다.

만약 자신이 선택한 신념이 잘못된 것일 경우 그 신념이 스스로를 방해하거나 속박하여 자신의 삶을 부정의 수렁에 빠지게 만든다.

이와 같이 자신에게 전혀 도움이 되지 않는 자기 제한 신념을 가지게 된다면 원하지 않는 삶의 결과를 얻을 수밖에 없다. 왜냐하면 우리 삶의 모든 결과는 신념에 의해 창조되기 때문이다.

신념은 생각과 정서, 말, 행동에 영향을 미친다. 반대로 반복적인 생각, 정서, 말, 행동의 영향을 받아 신념이 형성되기도 한다. 어떤 것이 먼저 만들어지든 상관없이 자신의 신념을 변화시킨다는 것은 자신의 존재와 정체성까지 변화시키는 것으로 볼 수 있다. 우리에게 필요한 신념은 삶의 희망과 설렘을 불어넣어 주는 활력신념과 성공신념이다.

긍정적인 생각과 정서, 말, 행동이 반복되어 활력신념과 성공신념이 만들어진다. 반대로 활력신념과 성공신념에 의해 긍정적인 생각과 정서, 말, 행동이 만들어지기도 한다.

신념이 없는 사람은 존재하지 않는다. 다만 신념이 없다고 생각하는 많은 사람들이 자신의 삶에 도움이 되지 않는 부정적 자기 제한 신념을 가지고 있을 뿐이다. 우리는 누구나 자신만의 신념을 가지고 있으며 어떠한 신념을 가지고 있는가에 따라 서로 다른 삶의 결과를 얻게 된다는 사실을 알아야 한다. 이처럼 우리의 운명을 결정짓는 핵심적인 가치가 바로 생각과 정서, 말, 행동에 의해 형성된 신념이며 새로운 학습과 훈련을 반복하고 지속하는 것도 신념을 강화시키거나 바꾸기 위한 성공전략의 선택이라고 할 수 있다.

ABC이론

우리의 똑똑한 뇌는 그 무엇이든 반복하면 그것을 사실로 받아들이고 강력한 믿음을 만들어 스스로 그 믿음에 통제당하게 된다.

그래서 특정한 사고 프로세스를 반복하면 그 생각이 뇌에 굵은 전용신경회로를 만들어 습관의 중독상태에 빠지게 만드는 것이다.

만약 성공에 대한 사고 프로세스를 반복해서 되풀이하게 되면 성공과 관련된 전용신경회로가 만들어져 성공신념체계를 형성하여 정신세계를 지배하게 되면서 성공한 삶의 결과를 얻게 될 가능성을 높이게 된다. 반대로 실패에 대한 사고 프로세스를 반복해서 되풀이하게 되면 실패와 관련된 전용신경회로가 만들어져 부정적 자기 제한 신념체계를 형성하여 정신세계를 지배하게 되면서 실패한 삶의 결과를 얻게 될 가능성을 높이게 된다.

이러한 결과는 우리 뇌가 그 무엇이든 반복하면 그것을 사실로 받아들여 믿음을 만들고 그 믿음을 실현하려는 의지를 가지게 되면서 자신만의 굳건한 신념체계를 형성하기 때문이다. 신념은 마음의 필터와 세상모형에 관여하기 때문에 세상을 있는 그대로 접촉하지 못하고 신념의 필터를 거쳐 접촉하게 만든다. 그래서 우리가 만나는 세상을 우리의 신념이 덧입혀진 조작된 세상이라고 하는 것이다.

노벨 생리의학상을 수상한 에릭 캔들 교수는 뇌에서 기억작용이 일어날 때 뇌의 신경세포들에 어떤 변화가 일어나서 인간의 학습과 기억이 어떻게 일어나는지를 밝혀냈다. 에릭 캔들 교수는 뉴런의 발화가 한 번만 일어나도 시냅스의 화학적 성질이 바뀌고 그다음 발화가 쉬워지지만 그 영향은 빠르게 소멸되는 것을 관찰할 수 있었다. 하지만 뉴런의 발화가 다섯 번 이상 일어난 뒤에는 장기기억을 만들어내는 전용신경회로가 형성된다는 사실을 발견했다.

이 연구결과는 우리가 새로운 공부를 할 때나 운동 기술을 학습할 때 반복이 왜 중요한지를 설명해주고 있으며 무엇이든 반복하면 습관의 중독상태에 빠지는 원리를 잘 알 수 있게 해준다. 뇌는 그 무엇이든 반복해서 입력하면 스스로를 통제하는 강한 믿음을 만들어 전용신경회로를 형성하여 신념을 만들게 된다. 신념은 뇌에 강하게 형성된 전용신경회로이며 우리 삶의 모든 성취결과는 전용신경회로에 의해 만들어진 신념의 산물이라고 할 수 있다.

뇌신경회로는 그 무엇이든 반복을 지속하면 고속도로와 같은 전용신경회로를 구축하여 신념체계를 형성하고 존재와 정체성까지 형성한다. 이와 같이 반복해서 활성화된 전용신경회로에 의해 강한 신념체계가 형성되어 뇌를 통제하게 되는데 이 상태에서 고도의 몰입을 통한 초능력을 사용할 수 있게 되는 것이다.

이와 같이 초능력을 사용할 수 있는 전용신경회로가 구축되면 다른 신경회로와 병렬적으로 다양한 연결을 짓고 뇌의 기능을 전체적으로 통합하여 완전한 통제력을 갖게 된다. 만약 과거에 반복적으로 프로그래밍된 전용신경회로가 부정적인 자기 제한 신념에 갇혀있는 상태라면 과거의 잘못된 신념에 의해 현재와 미래까지 부정적으로 통제당하게 된다. 우리가 어떤 신념체계를 가지고 살아가는가에 따라 우리의 운명까지도 달라지게 되는 것이다.

우리의 운명은 유전이나 환경, 사건 등의 부분적인 작용에 의해 영향을 받게 되지만 궁극적으로는 그것들을 어떻게 인식하고 해석하는가에 대한 준거가 되는 신념에 의해 결정된다. 우리의 인식과 해석의 준거가 되는 신념은 유전과 학습, 경험, 사건, 정서, 문화, 종교, 기억 등으로 형성된 내적 표상과 같은 개념으로 이해할 수 있다. 반복적으로 사용한 내적 표상은 자신만의 주관적 세상모형을 만들고 그것이 강한 믿음과 신념체계를 만든다.

사람들은 어떤 사건 자체 때문에 힘들고 고통스러운 것이 아니라 그 사건을 어떻게 인식하고 해석하는가의 신념체계에 따라 그것을 받아들이는 방식과 느끼는 강도가 달라지기 때문에 고통을 느끼게 되는 것이다. 신념은 고통과 즐거움에 대한 과거의 반복적인 생각과 정서, 말, 행동에 의해 형성된 믿음이 작동되는 것으로 볼 수 있다. 그래서 우리가 보고 있는 세상은 실제 세상이 아니라 주관적인 신념이 만든 실제 세상에 대한 모형일 뿐이다.

ABC이론으로 보면 사건에 대한 인식과 해석의 준거가 되는 신념이 왜 우리의 운명을 결정짓게 하는지를 잘 알 수 있다. 일상생활에서 대부분의 경험은 표면적으로 A = C라는 해석이 가능하지만 실제로는 A가 C를 만드는 것이 아니라 A + B = C라는 공식이 성립된다.

사건 A에 대한 신념 B가 결과 C를 만든다는 이론이다. 이 이론을 보면 결과 C가 긍정이든 부정이든 그것은 사건 A에 대한 인식과 해석의 준거가 되는 신념 B에 의해 조작된 것일 뿐이라는 것이다.

대부분 개인이 가진 심리적 문제나 부정적 사고와 관점을 가진 사람들의 핵심적인 문제는 사건 A가 아니라 사건 A에 대한 신념 B가 C라는 결과를 만든 것이라고 볼 수 있다. 결국 삶의 모든 성취결과가 신념이 만든 것이라고 볼 때 삶에 대해 긍정적으로 인식하고 해석할 수 있는 성공신념을 가지게 되면 성공과 관련된 초능력을 사용할 수 있게 되어 성공한 삶의 결과를 얻게 될 가능성이 높아진다.

삶에서 C라는 긍정의 성취결과를 얻게 되는 것은 신념 B가 창조의 힘을 함께 갖고 있기 때문이며 우리가 어떤 신념을 선택하느냐에 따라 운명이 결정되는 것일 뿐이다. 이렇게 보면 삶의 모든 성취결과는 신념 체계에 의해 창조된 것이기 때문에 우리의 삶을 변화시키고 싶다면 기존의 신념체계를 바꾸면 된다. 그리고 원하는 신념을 강화하는 가장 빠른 선택은 초능력 사용법인 TESA의 생각과 정서, 말, 행동을 목표에 일치시켜 반복하는 것이다.

몸이 아니라 마음

몸의 건강을 위해 규칙적인 운동을 하듯이 이제는 마음의 건강을 위해서도 규칙적인 마음공부와 훈련을 해야 한다. 우리가 원하는 것을 성취하기 위해서는 먼저 우리 마음 안에 그것을 성취하기 위한 상태를 만드는 준비가 필요하다. 이러한 마음의 준비가 있을 때 삶이 좀 더 여유가 생길 수 있다. 만약에 삶이 여유를 잃어버리고 생존에만 급급해지게 되면 삶의 긍정적인 변화는 일어나지 않게 된다. 그것은 생존을 위한 삶이 인간을 동물에 더 가깝게 만들기 때문이다.

부정적인 학습과 경험에 의해 마음이 건강하지 못한 상태에서 생존만을 위한 삶을 살아가게 되면 삶의 좌표를 잃어버리고 혼돈과 오류를 범하기 쉽다. 이러한 부정적 상황에 머물고 있는 자신을 새롭게 세팅하여 초능력을 사용할 수 있는 상태를 만들기 위해 마음을 트레이닝시켜야 한다. 몸을 활력있고 건강하게 만들기 위해 신체적인 운동을 하듯이 마음의 활력과 초능력을 사용하기 위해서 마음에 대한 공부와 훈련을 지속적으로 반복해야 할 필요가 있는 것이다.

잠재의식적 차원에서는 생존과 안전이 최우선이기 때문에 생존을 위한 프로그램이 자동적으로 작동될 수밖에 없다. 다만 우리가 마음이 건강하지 못하거나 여유가 없는 상태에서 지나치게 생존에만 급급해질 경우 자신의 가치와 정체성을 상실할 수 있기 때문에 평소에 마음을 트레이닝하는 것이 필요하다. 삶의 모든 성취결과는 마음에서부터 시작되고 마무리된다. 결국 우리의 삶이 마음에서 시작되어 마음으로 완성되는 것이라면 건강한 마음상태를 만드는 것이 중요하다.

위대한 성취를 이룬 사람들의 마음상태는 일반인과 분명한 차이가 있으며 그 차이를 만드는 핵심은 반복적인 마음훈련이다.

우리가 살아가면서 마음의 치유가 필요할 때는 이미 치유의 시기가 늦었을 수도 있다. 이 말은 마음이 건강할 때 미리 마음의 내성과 응집력을 강화시키는 것이 중요하다는 의미이다. 표면적으로 드러나는 신체의 질병은 치료를 통해 원래의 상태로 회복하는 것이 크게 어렵지 않다. 하지만 마음은 한번 상처가 생기면 원래의 건강한 상태로의 완전한 복원이 어렵다. 그것은 뇌의 복잡한 신경학적 구조 때문이다.

처음에는 특정 요인에 의해 마음상태가 힘들게 되지만 관련된 신경회로들과의 복합적인 연결이 확장되어 처음의 요인에 의해 생긴 부분의 문제가 뇌 전체로 확장되면 수습하기 어려운 마음의 문제를 일으키게 된다. 나중에는 처음의 부정적 요인과 전혀 다른 파생된 복잡한 신경회로가 활성화되어 마음상태가 더 복합적으로 얽히게 되기 때문에 마음의 문제는 치유보다 예방적 차원의 공부와 훈련이 중요한 것이다.

인식편향

우리는 세상을 있는 그대로 보는 것이 아니라 뇌에 구축된 전용신경
회로가 만든 주관적인 신념과 세상모형에 의해 보게 된다.

그래서 편파적인 이미지를 가지고 무엇인가를 보게 되면 그것과 맞는
것에만 초점이 모아지고 초점이 일치되지 않는 부분은 무시해버린다.

결국 생략, 왜곡, 일반화된 자신만의 주관적 세상모형에 의해 보고 싶
은 것만 보고 듣고 싶은 것만 듣는 인식의 한계와 편향성을 가지게 되
는 것이다. 인식편향이 더 강해지면 자신이 믿는 것만 옳고 자신이 믿
지 않는 것은 잘못되었다는 확증편향이 생기게 된다. 그렇기 때문에 우
리의 마음은 기본적인 인식편향이 생길 수밖에 없는 것이다.

스포츠에서 동메달을 딴 선수는 자기 자신보다 낮은 등위의 선수와
비교하기 때문에 마음의 위안이 되어 상대적으로 만족해한다.

자신은 마지막 경쟁에서 탈락할 수도 있었지만 승리하여 메달을 땄기
때문에 탈락한 선수와 비교하여 상대적 만족감이 높아지기 때문이다.

반면에 은메달을 딴 선수는 자신이 목표했던 성취를 대신 이룬 승리한

선수와 비교하면서 마음의 부조화가 생기게 되어 부정적인 감정상태를 보이게 된다. 조금만 더 잘했더라면 금메달을 딸 수도 있었다는 애석한 마음이 은메달을 딴 기쁨보다 더 크기 때문에 상대적으로 만족감이 떨어지게 되는 것이다.

자기보다 더 좋은 것을 가진 대상과의 사회적 비교는 자신의 부족한 부분을 더 부각시켜 부정적인 감정에 휩싸이게 만든다. 그래서 결승전에서 패배해 은메달을 딴 선수보다 3, 4위전에서 승리하여 동메달을 딴 선수가 상대적으로 훨씬 더 만족하게 되는 것이다. 하지만 같은 은메달을 따고도 기쁨을 크게 느끼며 충분히 만족해하는 선수도 있다. 이러한 현상은 선수 본인의 기대치나 결과 목표, 사회적 기대, 노력의 강도 등 복잡한 상황이나 상태의 영향으로 인식과 반응이 서로 다르게 나타나기 때문이다.

똑같은 결과에 대해 서로 다른 반응을 나타내는 것은 선수 자신의 정체성과도 상관이 있다. 자신이 누구인가에 대한 지각과 지금 현재 어떠한 위치에 있으며 무엇을 간절히 기대하고 그것을 이루기 위해 얼마나 많은 노력을 하였는가에 따라 반응이 달라질 수 있는 것이다.

2018년 평창 동계올림픽 스피드스케이팅 500m에서 값진 은메달을 따고도 펑펑우는 이상화 선수의 모습을 지켜보던 국민들의 마음도 함께 울었다. 연습트랙을 돌며 아쉬움과 서러움, 응원해준 관중들에 대한 고마움, 국민들의 기대에 보답하지 못했다는 자책감 등의 감정이 뒤엉켜 계속 눈물을 흘리는 이상화 선수를 지켜본 대한민국 국민 모두가 이상화 선수에게 잘했다는 따뜻한 격려와 고마움을 표현했다.

그 순간의 감정에 의해 비록 눈물을 보였지만 그 눈물은 패배자의 서러운 눈물이 아니라 최선을 다한 이상화 선수의 후회없는 마음과 원하는 목표를 이루지 못한 아쉬움이 교차된 눈물이었다. 자신의 새로운 역사를 만들기 위해 힘든 도전을 선택한 이상화 선수는 그 어떤 선수보다 아름답고 자랑스러운 우리의 영웅이었다.

사람들마다 서로의 인식편향에 의해 반응이 다를 수 있지만 힘든 훈련을 이겨내고 올림픽에서 보여준 이상화 선수의 남다른 멘탈과 투혼은 우리에게 마음의 큰 선물이 되었고 희망의 메시지로 다가왔다. 우리는 메달의 색깔보다 더 큰 가치를 보여준 이상화 선수의 아름다운 도전과 투혼에 박수를 보내는 것이다.

그리고 비록 순위에 밀려 메달을 따지는 못했지만 최선을 다해 경기에 임한 모든 선수들에게 잘했다는 응원을 보내며 다시 한번 노력하여 도전할 수 있는 힘을 내라는 격려를 함께 보내게 된다. 메달의 색깔과 메달을 따든 따지 못했든 상관없이 대회에 참가하여 최선을 다한 모든 선수들은 세계 최고의 실력을 가지고 있으며 그들에게도 언젠가는 더 좋은 성취결과가 주어질 수 있을 것이다.

너무 지나친 결과목표지향성이 정상적인 인식을 편향시키거나 왜곡시키게 될 수도 있다. 그래서 결과에만 너무 집착하지 않는 과정목표지향성의 중요성을 깨닫는 인식의 전환이 필요한 것이다. 우리 삶에서 결과목표는 장기목표로 설정하고 과정목표는 단기목표로 설정하게 되면 지나친 인식의 편향을 줄일 수 있게 된다.

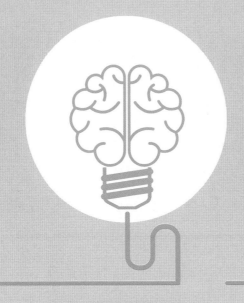

Chapter 3

정서

감정의 뇌

뇌 변연계는 태아 때부터 발달하지만 아기가 세상에 태어난 이후부터 본격적으로 발달하기 시작한다. 포유류 뇌인 변연계는 모든 감정을 조절하는 중추적인 기능을 맡고 있는 중요한 영역이다. 변연계는 인간의 본능적인 욕구를 충족시키고 환경적인 위험요인을 감지하여 대응할 수 있는 모니터링 기능을 하며 쾌락과 고통을 구분하는 심판 역할도 맡고 있다. 또한 생존에 중요한 우선순위를 정해 생존과 관련된 자극과 정보에 최우선적으로 반응하게끔 세팅되어 있다. 변연계가 복잡한 사회적 관계 속에서 생기는 여러 가지 문제에 효율적으로 대응하는 핵심적인 역할을 맡고 있는 것이다.

변연계는 모든 감정과 기억에도 관여하고 있다.

그래서 변연계가 심하게 활성화된 상태에서의 경험은 다양한 화학물질의 분비로 경험 당시에 특정한 신경적 반응을 일으켰던 감정이 강한 신경회로를 형성하여 뇌 전체에 지속적으로 영향을 미치게 된다.

특히 변연계에서 시상은 감각정보가 드나드는 관문으로서 유입된 정보가 잠시 머물면서 감정을 덧입히고 통합하여 다른 곳으로 보내는 종합 터미널과 같은 역할을 한다.

시각과 청각, 촉각의 감각을 한곳에 모아 정보를 통합하여 다른 곳으로 전달하는 곳이 시상이다. 시상에서 우리의 경험에 긍정적인 느낌과 부정적인 느낌을 덧입혀 특정한 기억의 형태를 결정하는 것이다. 특별한 이유로 시상이 망가져 제기능을 하지 못하게 되면 정서적 경험이 전체성을 가진 하나의 시나리오로 기억되지 못하고 시각적 이미지, 소리와 느낌, 특정한 감정 등의 감각이 뿔뿔이 흩어진 조각된 흔적으로 뇌에 기억된다. 이렇게 되면 새로운 학습과 경험을 할 때 흩어진 정보로 들어오기 때문에 전체성을 완성할 수 있는 신경회로가 활성화되지 못하고 통합된 시나리오를 갖지 못한다.

모든 감각적 정보가 모여 통합되고 다른 뇌 영역으로 정보가 전달되는 기능을 시상에서 맡고 있기 때문에 시상은 새로운 학습과 경험, 피드백에 관계되는 중심기관이라고 할 수 있다. 시상이 다양하고 복잡한 감각정보에 대해 건강한 전체성을 만들고 중요한 감각정보와 중요하지 않는 감각정보를 구분하여 주기 때문에 새로운 학습에 주의집중을 할 수 있게 되는 것이다.

만약에 충격적인 경험이나 의미 있는 정서적 사건으로 트라우마가 발생하면 시상에 문제가 생기게 되고 문제가 생긴 시상에서 전달되는 정보는 전두엽보다 편도체에 더 빨리 전달된다. 특히 충격적인 사건이나 의미 있는 정서적 경험은 전두엽에서 알아차리기도 전에 편도체가 먼저 자극되어 신체적인 빠른 반응을 일으킨다. 시상에서 받은 정보에 의해 편도체가 자극되어 위험신호를 보내면 코르티솔, 아드레날린과 같은 강력한 스트레스 호르몬의 분비가 촉진되면서 심장박동수와 혈압, 호흡수가 증가하고 생존을 위한 본능기전을 발현시키게 된다.

이 상태의 느낌이 너무 강하거나 오래 지속되어 전용신경회로가 구축되면 이후에 뇌는 과거 경험에 조건형성된 것과 비슷한 자극만 주어져도 민감하게 반응하며 경험 당시의 느낌을 다시 재연한다. 다행히 이러한 신호의 강도가 약하거나 단발성으로 그칠 때 항상성이 작용하여 우리 몸은 빠른 속도로 다시 원래의 정상적인 상태로 회복시킨다. 하지만 충격의 강도가 너무 강하거나 반복적으로 지속된다면 정상적인 회복을 하지 못한 상태에 기저선을 만들어 생존을 위한 각성과 불안상태를 그대로 유지한다.

이 상태가 더 오랫동안 지속되면 부정적인 중독상태에 빠지게 되어 정상적인 안정상태를 유지시키는 항등성과 기저선 상태를 찾지 못하게 될 수도 있다. 이러한 상태에서는 불안을 느끼는 흥분된 각성상태가 지속되기 때문에 특정 상황에 대한 인식을 정상적으로 하지 못하게 되고 불필요한 각성상태를 계속 일으키게 되면서 불안정한 중독상태를 유지하게 된다. 이것이 불안장애를 일으켜 엉뚱한 곳에 초점을 맞추고 에너지를 소모시키는 부작용이 생기게 되는 것이다.

부정적인 감정의 중독상태에 오랫동안 빠지게 되면 비정상적인 항등성을 설정하여 전두엽에서 원래의 건강한 상태로 돌아가기 위해 지시를 내려도 통제되지 않는 상태가 된다. 편도체는 전두엽의 이성적인 판단과 지시가 있기 전에 이미 작동되어 뇌를 장악해 버리기 때문에 감정의 중독상태에서는 의식적인 변화가 쉽지 않은 것이다. 편도체가 과잉 활성화되기 전에는 전두엽의 자유의지가 충분한 통제력을 발휘하지만 특정 자극이나 신호에 의해 편도체가 과잉 활성화된 이후에는 전두엽의 자유의지가 작동하지 못하는 상태가 된다.

예를 들어 전두엽에서 담배나 술이 몸에 나쁘다는 정보를 인지하고 담배와 술을 끊어야겠다고 결심해도 쉽게 끊을 수 없는 것은 정서적인 뇌가 이미 담배와 술에 대한 긍정적인 느낌을 만드는 화학물질에 중독되어 있기 때문이다. 그래서 담배와 술에 중독된 패턴을 가진 사람은 어떠한 핑계나 사건을 만들어서라도 중독상태를 유지시켜 줄 수 있는 흡연과 음주를 계속하게 되는 것이다.

일단 중독상태에 항상성이 설정되면 전두엽은 적절한 양보와 타협으로 중독상태를 유지해주는 정당성과 합리화를 내세우며 조연 역할을 충실히 하게 된다. 이처럼 우리 뇌가 부정적인 감정의 중독상태에 빠지게 되면 전두엽의 이성적인 판단과 지시가 무의미해지기 때문에 건강할 때 미리 강화시키는 것이 중요하다.

우리의 멘탈이 치료가 필요할 정도로 심각하게 붕괴된 이후에는 원래의 건강한 상태를 회복하는데 너무나 많은 시간과 에너지가 소모된다. 잘못된 기저선에 이미 중독된 상태에서 벗어나기 위해서는 더 강한 자극과 반복이 필요하다. 그렇기 때문에 멘탈이 건강할 때 멘탈을 더 강화하는 반복적인 공부와 훈련이 필요한 것이다.

감정조절

어떤 사람에 대해 긍정적인 프레임과 신뢰를 형성하게 되면 그 사람이 하는 모든 말이 긍정적이고 좋게 받아들여진다. 반대로 어떤 사람에 대해 부정적인 프레임과 불신을 갖게 되면 그 사람이 하는 모든 말이 부정적이고 나쁘게 받아들여지게 된다. 이러한 현상은 우리 뇌의 기억시스템에 이미 긍정과 부정의 감정이 덧입혀져 있고 새로운 경험을 할 때도 기존의 감정이 새롭게 덧입혀지기 때문이다.

어떤 경험이 뇌에 기억될 때는 언어로 부호화되어 저장되며 이때 정서가 덧입혀진다. 이후에 관계된 자극이 다시 주어지게 되면 과거의 경험을 재연하기 위해 특별한 신경적 반응을 불러일으키는 신경회로를 활성화시키게 된다. 이렇게 활성화된 신경회로에 어떠한 정서가 덧입혀져 있는가에 따라 편도체의 활성화 정도가 달라진다.

특히 견디기 힘들 만큼의 심각한 불안과 공포를 느끼게 만드는 충격적인 사건이나 강한 정서적 경험을 하게 되면 스트레스 물질이 다량으로 분비되고 편도체가 과하게 활성화되어 불안과 공포를 느끼는 강한 전용신경회로가 만들어진다. 이후에 그것과 관계되는 미세한 자극과 정보에도 편도체가 과민하게 반응하여 경험 당시의 불안과 공포를 재연하도록 화학물질들을 순식간에 분비시킨다.

대부분의 심리적 문제는 우리의 경험이 기억될 때 덧입혀져 있는 부정적인 정서상태에서 시작된다고 볼 수 있다. 충격적인 사건이나 의미 있는 정서적 경험을 하게 되면 이성적인 판단을 할 수 있는 전두엽이 제 역할을 하지 못하기 때문에 동물적인 뇌가 통제력을 갖게 된다. 술이나 담배, 도박, 게임, 약물 등에 중독되어 쉽게 빠져나오지 못하는 이유도 지금 현재에서의 이성적인 역할을 하는 전두엽의 기능보다 과거 경험 당시에 뇌에서 분비된 화학물질에 의존성을 가진 정서의 뇌가 더 활성화되기 때문이다.

심하게 화가 났을 때 논리적인 말이 귀에 들어오지 않게 되는 이유도 정서의 뇌가 과하게 활성화되면 전두엽이 제기능을 하지 못하기 때문에 나타나는 현상이다. 그래서 인간을 감정의 동물이라고 부르는 것이며 표면적으로는 이성적인 판단을 하는 것처럼 보이지만 실제로는 정서의 뇌에서 먼저 느끼고 전두엽에서 종합적으로 생각하고 판단하는 것이다. 물론 이러한 과정은 거의 동시적으로 찰나의 짧은 순간에 일어난다. 이성적인 뇌와 정서의 뇌가 대립하거나 싸우면 정서의 뇌가 이길 수밖에 없다. 그 이유는 우리의 감각정보가 정서의 뇌인 중뇌의 시상을 거쳐 전두엽에 전달되기 때문이다.

뇌에서 중계소 역할을 하는 시상은 모든 감각적 정보를 취합하고 분류하여 전두엽과 편도체에 전달하는 역할을 맡고 있다. 비유하자면 전두엽으로 전달되는 것은 윗길이고 편도체로 전달되는 것은 아랫길에 해당된다. 시상에서 전달되는 신호는 윗길인 전두엽보다 아랫길인 편도체로 전달되는 속도가 더 빠르다. 특히 충격적이거나 강한 정서적 경험을 하게 되면 전두엽으로 이동하는 속도는 많이 느려지고 편도체로 전달되는 속도는 매우 빨라진다.

전두엽이 뇌의 모든 연결 회로와 정보를 통합하고 지시하는 총사령관 역할을 하는 것이라면 편도체는 싸움과 도주에 관한 신호를 보내는 화재경보기와 같은 역할을 맡고 있다. 편도체의 중요한 기능은 유입된 정보가 생존과 관련이 있는지 확인하여 두려움, 공포 감정을 느끼게 만드는 것이다. 이 기능은 생존과 관련되어 있기 때문에 신속하고도 자동적으로 진행되며 해마가 새로 들어온 정보를 과거의 경험과 연관시켜 분석하고 결과를 제공하면서 판단에 도움을 준다.

편도체는 시상에서 전달된 정보를 전두엽보다 더 빨리 처리하므로 유입된 정보가 생존에 위협이 되는지 여부를 전두엽에서 미처 깨닫기도 전에 알아차리고 결정을 내린다. 우리가 무슨 일이 일어났는지 알아차릴 즈음에는 편도체가 활성화되어 신체가 이미 한창 반응 중에 있는 것으로 볼 수 있다. 편도체의 중요한 역할은 전두엽에 판단 기회가 주어지기도 전에 맞서 싸우거나 도망갈 태세를 갖추도록 하는 것이다.

강렬한 공포와 슬픔, 분노는 정서에 관여하는 변연계 영역의 활성화를 증대시키고 전두엽 영역의 활성화를 감소시키게 된다.
이렇게 되면 전두엽의 이성적인 억제기능과 통합기능에 문제가 생기고 멘탈이 붕괴된 상태가 되어 큰소리만 나면 깜짝 놀라는 반응을 보인다. 그리고 별것 아닌 일로 실망하며 격분하게 되고 옆에서 누가 살짝만 건드려도 굳어버리거나 폭발해버린다.

이렇게 중요한 자신의 정서를 조절할 수 있는 멘탈능력을 강화하기 위해서는 하향식과 상향식 두 가지 방법을 선택하여 우리의 상태를 긍정적으로 변화시킬 수 있다. 하향식 조절법은 중추신경의 변화가 말초신경으로 전달될 수 있도록 뇌의 총사령관 역할을 하는 전두엽의 기능을 강화하는 것이다. 멘탈공부와 트레이닝, NLP, 명상, 뉴로피드백, 심상훈련 등이 하향식 조절법이며 멘탈을 강화하는데 도움이 된다.

반대로 상향식 조절법은 말초신경의 변화가 중추신경으로 전달될 수 있도록 자율신경계의 기능을 강화하는 것이다. 호흡법과 이완훈련, 다양한 신체적인 움직임 등이 도움이 될 수 있다. 특히 규칙적인 운동이 감정조절에 큰 도움이 된다. 운동수행 과정에서 심리적, 생리적, 신체적인 변화를 조절하고 통제하는 능력이 발달되기 때문에 감정조절에도 긍정적인 영향을 미치게 되는 것이다. 하향식과 상향식 두 가지 중에서 어느 것을 선택하더라도 한 가지가 바뀌면 나머지도 함께 변화하기 때문에 감정조절 능력이 향상된다.

감정의 접촉

인간은 표면적으로는 이성적인 존재이면서도 실제적으로는 감정적인 존재라는 정의에 대해 부정하는 사람은 없을 것이다. 특정한 학습과 경험을 뇌에 저장할 때 언어로 부호화하여 뇌의 기억시스템에 저장하게 되며 이 과정에서 특정한 감정이 덧입혀지게 된다.

그 감정은 긍정적인 것도 있고 부정적인 것도 있다.

만약 부정적인 감정이 많이 축적되어 자신을 짓누를 때는 한발 뒤로 물러나 관조적 입장에서 지금 내가 느끼는 부정적인 감정의 실체가 무엇인지에 대해 스스로에게 질문을 해보아야 한다. 부정적인 감정이 느껴질 때 관조적 입장에서 자신의 감정을 알아차리고 접촉할 수 있게 되면 부정적인 감정의 회오리에 휩말리지 않을 수 있게 된다. 한발 뒤로 물러서서 관조할 수 있게 되면 좀 더 객관적이고 냉철하게 자신의 감정을 파악할 수 있기 때문이다.

만약 격하게 화를 내고 있다면 내가 겪은 사건 때문에 화를 내고 있는 것인지 아니면 사건에 대한 나의 신념이 격하게 화나는 상태를 만든 것인지 한발 뒤로 물러서서 스스로에게 물어보아야 한다. 그리고 격한 화가 외부 사건에 대한 생각 때문인지 아니면 원래 내 안에 있었던 화가 외부 자극에 의해 불려나온 것인지 물어보아야 한다.

이처럼 지금 자신이 느끼는 화의 실체에 대해 관조적 입장에서 질문을 하며 접촉하는 순간 화의 감정이 약해지는 것을 느낄 수 있게 된다. 대부분의 억압된 감정은 어떤 사건 때문에 생기는 것이 아니라 처음 그 감정과의 올바른 알아차림과 접촉이 이루어지지 못했기 때문에 생기는 경우가 많다. 그래서 부정적인 감정이 처음 생길 때 관조적 입장에서 그 감정의 실체를 알아차린 후 접촉할 수 있어야 한다.

부정적인 감정과의 접촉이 처음에는 다소 고통스러울 수도 있지만 그 감정의 실체를 파악한 후 감정과 접촉하여 문제를 해결하고 적응해가는 과정에서 자신의 감정을 스스로 조절하고 통제할 수 있다.

이렇게 되면 마음의 탄성을 갖게 되어 더 이상 부정적인 감정이 자신을 통제하는 비정상적인 왜곡이 일어나지 않게 만들 수 있게 된다.

지금 눈앞의 편안함을 느끼기 위해 자신의 감정을 제대로 파악하지 못하고 접촉하지 못한 상태에서 반복적으로 부정적인 감정을 회피하거나 억압시키게 되면 단기적으로는 편할 수 있지만 장기적으로 훨씬 더 큰 심리적 고통을 겪는 대가를 치러야 할 수도 있다.

우리는 모두가 감정적인 존재이다. 우리가 느끼는 감정 자체가 절대적인 긍정과 부정이 있는 것이 아니라 어떻게 감정을 만나고 조절하느냐에 따라 그 감정이 우리 삶의 긍정과 부정의 결과를 얻게 해줄 뿐이다. 어떻게 보면 희로애락의 모든 감정은 형태만 다를 뿐 모두가 우리 삶에 도움이 되는 소중한 자원이라고 할 수 있다. 다만 우리가 그 감정에 어떻게 반응하느냐에 따라 긍정과 부정의 결과를 만들 뿐 감정 자체는 어떠한 것이든 우리에게 도움이 되는 소중한 자원이라는 전제를 가지는 것이 필요하다.

이처럼 어떤 사건에 의해 부정적인 감정이 생기게 되면 그 감정이 처음에는 우리에게 심리적 위축과 고통을 안겨줄 수 있다. 하지만 그 감정의 실체를 알아차리고 접촉하는 과정에서 감정을 조절하고 통제하는 능력을 갖게 되었을 때 이후에 비슷한 감정이 생기더라도 더 이상 부정적으로 반응하지 않을 수 있게 된다. 그래서 어떤 감정이라도 감정을 있는 그대로 알아차리고 접촉하여 그 감정을 통해 진짜 자기를 만날수 있게 해주어야 하는 것이다.

슬플 때는 슬픔의 감정을 알아차리고 접촉할 수 있어야 하고 화가날 때는 화의 감정을 알아차리고 접촉할 수 있어야 한다. 또한 기쁠 때나 사랑할 때도 그 감정을 알아차리고 접촉할 수 있을 때 감정이 건강하게 해소되거나 승화되어 마음의 내성과 응집력을 강화시키는 건강한 순환고리를 만들 수 있게 된다. 감정이 자신을 더 자신답게 만들고 삶의 윤활유가 될 수 있게 하기 위해서는 감정을 더 많이 느끼고 접촉하는 경험이 필요하다. 그러기 위해서 감정을 자연스럽게 만날 수 있는 마음의 수용성과 민감성을 가져야 하고 아울러 부정적인 감정상태에서 빠져나오기 위한 초점을 전환하는 능력을 함께 가져야 하는 것이다.

감정의 경계

어느 골프선수가 운동 중 허리를 다쳐 병원에서 오랫동안 재활치료를 받은 후 신체는 완전히 건강한 상태로 회복이 되었지만 중요한 시합에만 나가면 허리가 당기는 느낌과 굳어지는 것 같은 증세 때문에 정상적인 시합을 할 수가 없었다. 이러한 현상은 그 선수의 의식적 차원에서는 신체가 이미 완치된 것을 잘 알고 있지만 잠재의식적 차원에서는 과거의 아픈 기억을 재연시키는 신경회로가 그대로 존재하고 있기 때문에 나타나는 심리적인 후유증이다.

어느 날 갑자기 충격적인 사건을 경험한 사람이 상담과정에서 "이성적으로는 충분히 이해가 되고 어떻게 해야 할지를 알고 있지만 나의 감정이 계속 사건 당시의 충격 속에서 나를 헤매게 하고 있다"라는 말을 했다. 이 사람은 분명히 이성적으로는 답을 알고 있지만 감정은 이성적인 생각과는 별개로 부정적인 감정의 순환고리에 갇히게 되면서 중독 상태에 빠져있는 것이다.

사람들은 자신이 만든 부정적인 감정에 스스로 포로가 되어 구속당하면서도 그것이 괴로워 부정적인 감정상태에서 벗어나고자 하는 의식적 차원에서의 노력을 동시에 하는 이중성을 가지고 있다. 하지만 감정과 이성이 싸우면 대부분 감정이 절대적 우위를 가지기 때문에 이성은 감정에 보조를 맞추어 주는 제한된 역할밖에 하지 못한다.

이성적 사고와 판단이 불가능해진 상태에서 부정적 감정이 고통스러워 그것에서 벗어나려고 더 나쁜 선택을 하는 경우까지 만들게 된다. 즉, 고통스러운 감정에서 도피하기 위해 극단적인 선택을 하거나 마약과 알코올에 의존하기도 하고 과식을 하거나 도박에 빠지기도 하는 것이다. 그러면서 자신을 조금씩 더 무기력하게 만들어 점점 세상과 단절시켜 우울증에 빠지기도 한다.

우울증은 자신과의 참만남을 어렵게 만들 뿐만 아니라 다른 사람과의 소통도 힘들게 만든다. 자신의 부정적 감정을 건강하게 표출하지 못하고 왜곡하며 억압시키는 과정에서 점점 더 자기 자신을 상실하게 되어 이성적 판단과 선택, 행동을 할 수 없는 무기력한 감정상태에 빠지기 쉽다. 자기 자신을 잃어버리고 허약해진 감정상태에서 더 이상 자기 자신과 주변 사람들에게 상처를 주지 않기 위해 또다시 감정을 점점 더 왜곡하고 억압시키면서 자기를 더 상실하게 만들어 타인과의 관계도 멀어지게 된다. 이러한 과정에서 자신과 타인을 연결해주는 친밀한 감정조차 잃어버리게 되면서 마치 고장 난 기계처럼 감정을 왜곡시키거나 상실하게 되는 것이다.

왜곡되거나 억압된 감정이 처음에는 자기 스스로를 비하시키거나 자학하지만 나중에는 다른 사람과 세상을 원망하는 삐뚤어진 세상모형으로 굳어져 자기 자신과 다른 사람들과의 소중한 라포까지 모두 상실하게 만들어버린다. 이처럼 어떤 사건 때문에 생긴 부정적 감정을 표출시키지 못하거나 해소시키지 못하게 되면 미해결 과제로 남아 이후의 모든 생각과 정서, 말, 행동에 부정적인 영향을 미치게 되는 것이다.

이러한 상태는 표면적으로 별 문제가 없는 것처럼 보이지만 마음은 이미 병적인 감정상태를 만드는 화학물질에 중독되어가면서 전용신경회로를 구축하게 된다. 과거에 자신에게 고통을 주었던 감정과 관련되거나 비슷한 자극과 경험만 주어져도 과잉적인 회피나 싸움 반응을 일으키는 중독상태에 빠진다. 심한 경우 아무런 감정도 느끼지 못하는 무감각 상태를 만들어 고통스런 감정에서 벗어나려는 시도조차 못하게 되는 심리적인 문제가 생길 수도 있다.

예를 들어 과거에 많은 사람들 앞에 노출되어 공포를 느낀 경험에 대한 억압된 감정이 자기 안에 존재하고 있다면 조금이라도 자신을 불안하게 하는 노출상황에 대해서는 처음부터 피하려고 하는 대인기피 행동을 하게 된다. 그래서 사람이 많이 모이는 곳을 싫어하거나 피하게 되고 혼자만의 작은 감옥을 만들어 그 속에서 편안함을 느끼는 좁혀진 경계를 갖게 되면서 관계를 단절하거나 축소시킨다.

결국 좁혀진 인간관계와 소극적인 삶의 태도로 인하여 타인과 세상을 자연스럽고 편안하게 접촉하기가 어려워지고 새로움에 도전하는 어떠한 선택도 하지 못하는 무기력 상태에 빠지게 된다. 이러한 삐뚤어진 감정상태는 단기적으로 자신을 편안하게 만들어 주기도 하지만 장기적으로는 자신을 속이는 거짓된 감정이 누적되면서 점차 자신을 상실하기 때문에 더 큰 부정적인 감정의 블랙홀을 만들어 그 속에서 헤어나지 못하게 만든다.

또한 자신의 부정적인 감정을 접촉할 수 있는 용기가 없기 때문에 그 상태를 벗어나기 위해 사건 자체를 편집하거나 왜곡시켜 자신의 감정을 부인하는 잘못된 선택을 하기도 한다. 긍정적으로 생각하고 느끼고 말하며 행동하려고 의식적 차원에서의 노력을 시도해보지만 억압되고 왜곡된 감정이 집요하게 전용신경회로를 자극하여 부정적인 감정을 유지시키는 화학적 중독상태에 머물도록 만드는 것이다.

자신을 힘들게 하고 있는 사건이 얼마나 충격적이었는지, 얼마나 나의 자존심을 무참히 짓밟았는지, 얼마나 배신감이 들게 만드는지, 남이 나를 어떻게 속였는지, 어떻게 일이 이렇게 악화되어버렸는지, 왜 하필 나에게 이런 일이 닥쳤는지에 대해 생각을 계속하도록 만들어 감정적 중독상태를 유지하게 된다. 자신을 힘들고 고통스럽게 했던 처음의 사건 자체보다 사건에 대한 생각 때문에 더 힘들어지고 나중에는 생각에 대한 또 다른 생각 때문에 부정적인 감정의 회오리에 휩싸이면서 헤어나오지 못하게 되는 것이다.

반복된 생각이 느낌을 만들고 느낌이 다시 생각을 일으키며 점점 더 강한 중독상태에 빠진다. 결국 자신의 부정적인 감정에 더욱더 불을 지피는 나쁜 선택을 스스로 하게 되는 것이다. 그렇기 때문에 자기 자신의 솔직한 감정을 만나지 못하고 스스로를 속이는 것은 우선은 편안함을 느끼게 할 수도 있지만 나중에 더 나쁜 결과를 얻게 된다.

왜냐하면 반복해서 자신의 감정을 속이고 무시하게 되면 나중에는 거꾸로 감정이 자신을 속이게 되면서 부정적인 감정의 강도는 점점 더 높아져 엄청난 감정의 왜곡을 경험하기 때문이다.

이처럼 처음에는 자기 자신이 감정을 속이지만 나중에는 왜곡된 감정이 자기 자신을 속이게 된다. 왜곡된 부정적인 감정을 더 키우게 되면 자기 자신을 비하해서까지 일시적으로 감정의 고통에서 벗어나려고 하는 왜곡된 생각과 말, 행동을 한다. 자신에 대한 비하가 심해지면 모든 것은 자신이 잘못해서 이런 일이 생겼다고 생각하며 스스로를 자학하게 되는데 이것은 자신을 자학하거나 비하해서라도 고통스런 감정에서 벗어나려고 몸부림을 치는 것이다. 충격적인 사건에 대한 현재의 부정적인 감정으로 회피를 하게 되면 당장은 자신의 감정상태를 일시적으로 편안하게 해줄 수는 있지만 근본적인 문제 해결이 되지 않기 때문에 더 큰 고통을 받는 악순환을 되풀이하게 된다.

우리는 자유의지를 지닌 이성적인 존재이면서도 철저하게 감정의 조종을 받는 존재이기 때문에 강력한 정서적 의미가 있는 사건을 경험하게 되면 오랜시간이 지난 뒤에도 그러한 정서상태를 재연한다.

그래서 감정을 무시하거나 억압시켜서는 안 되는 것이다. 지금 당장의 편안함을 느끼기 위해 감정을 무시하거나 억압하게 될 때 자기 자신을 상실하여 더 큰 심리적 병인을 만들 수 있기 때문이다. 이성이 감정을 이길 수는 없지만 감정을 잘 활용할 수만 있다면 감정이 우리 삶의 걸림돌이 아닌 디딤돌이 될 수도 있는 것이다.

감정의 중독

우리는 살아가면서 끊임없이 자신의 존재와 정체성에 대한 사고와 질문을 되풀이하지만 그것에 대한 명료한 해답을 쉽게 찾지 못한 상태로 심리적 방황을 하는 경우가 많다. 자기 자신의 존재와 정체성을 찾기 위해 '나는 누구인가'에 대한 철학적인 질문에 우리는 쉽게 그 답을 구하지 못한다. 이처럼 많은 사람들이 자신의 존재와 정체성을 찾으려 노력하지만 쉽게 그 답을 찾지 못하는 것은 CR적 세계에 구속되어 자신을 망각하거나 상실한 채 살아가고 있기 때문이다.

우리는 다른 사람들과의 지속적인 관계 속에 살아가면서 CR에만 지나치게 초점을 맞추기 때문에 자기 자신을 스스로 관찰하거나 만날 수 있는 '자기인식능력'이 결여되기 쉽다. 만약에 객관적인 자기인식능력이 결여되어 자기 자신에 대해 부정적으로 왜곡하거나 환경적인 정보를 객관적으로 인식하지 못하게 되면 지속적으로 스트레스를 느끼며 부정적인 감정에 중독된 상태에서 더 나은 선택을 하지 못하는 경계에 갇힌 채로 살아가게 될 가능성이 높아진다.

이러한 현상은 현재의 부정적인 기저선 상태를 유지한 채 자신이 왜 이러한 부정적인 감정상태에 빠져있는지에 대한 사고와 질문조차 하지 않기 때문에 나타난다. 부정의 감정상태 때문에 자기 스스로를 제대로 관찰하고 알지 못하게 되면 새로운 변화를 위한 그 어떤 선택과 도전도 힘들어진다. 그래서 부정적인 감정의 중독상태에 빠진 자신을 변화시키거나 치유하기 위한 첫 번째 도전은 자신에게 어떤 문제가 있는지에 대해 인식하는 것이다.

자기 자신의 긍정적인 변화를 이끌어내기 위해서는 자신의 성격과 사고패턴, 감정상태, 언어습관, 행동의 특징에 대한 디테일한 부분까지 스스로 인식해야 한다. 이러한 인식능력은 그동안 자신이 사용하지 않았을 뿐이지 그러한 능력과 기술이 없는 것은 아니다. 우리는 자신을 관찰하고 인식할 수 있는 능력과 기술을 언제든지 사용할 수 있지만 주변 환경과 심리적 간섭 때문에 그것이 가려져있을 뿐이다.

이러한 심리적 간섭을 줄이기 위해서는 자기 자신에 대한 초점 맞추기와 일치시키기를 통해 자기인식능력을 높여야 한다. 이렇게 될 때 스스로를 좀 더 객관적이고 큰 틀에서 바라볼 수 있게 되면서 부정적 감정에 중독된 자신을 쉽게 관찰할 수 있게 되고 부정적인 상태에 머무르고 있는 자신에 대한 비판적 관점을 가질 수 있다.

수학에서 마이너스가 두 번이면 플러스가 되는 것처럼 부정의 감정에 중독된 자신의 상태를 객관적인 큰 틀에서 바라보며 건전하게 비판할 수 있다면 자신의 부정적 감정이 약해지는 것을 느낄 수 있게 된다. 그래서 객관적인 자기인식을 통해 스스로를 관찰하고 부정의 감정에 중독된 자신의 상태를 비판하며 긍정의 상태를 만들 수 있는 초점을 만들어야 하는 것이다.

　만약에 많은 사람들 앞에 노출될 때마다 긴장과 불안을 느끼며 심한 스트레스를 받고 있다면 도대체 무엇이, 어떻게 현재 자신의 감정상태를 만드는가에 대해 사고하고 질문하며 관찰할 수 있어야 한다. 이러한 사고와 질문은 현재의 부정적인 감정상태를 만들 수밖에 없는 과거 학습과 경험에 대한 객관적인 관점을 갖기 위해서 필요하다. 지금의 드러난 감정상태는 과거 경험 당시의 감정을 그대로 재연시키는 화학물질에 중독된 상태에 있는 것이다.

　더 중요한 것은 감정의 중독상태는 자신의 항상성과 기저선 상태를 유지하기 위해 끊임없이 관련된 외부 자극을 찾고 있으며 만약 외부 자극이 없으면 자기 내면에서 부정적인 감정을 일으켜서라도 현재 상태를 유지시키려 한다. 이러한 감정의 중독상태에 빠지게 되면 그것이 우울이든 불안이든 활력이든 행복이든 가리지 않고 익숙해져 있는 그 상태를 유지하려는 항상성이 작용된다. 결국 대인관계의 심한 불안이나 스트레스는 자기 안에 그것을 간절하게 갈구하는 기저선 상태가 존재하고 있기 때문이며 객관적 인식을 바탕으로 TESA를 활용한다면 그러한 상태는 얼마든지 바꿀 수 있는 것이다.

정서적 기억

어떤 사건과 경험이 뇌에 기억될 때는 특정한 언어로 부호화되어 저장되고 기억과정에 감정이 덧입혀져서 특정한 신경적 반응을 일으키도록 프로그래밍된다. 그래서 우리의 기억에는 사건에 대한 단순한 정보만 저장되는 것이 아니라 사건을 경험했을 당시의 특정한 정서와 신경적 반응을 다시 일으키는 신경화학적인 프로그램이 중독된 패턴을 만들어 함께 저장되는 것이다.

일반적으로 중독이란 술이나 게임, 마약 등에 반복적으로 노출되어 그것의 자극이 계속적으로 주어지지 않으면 활동이나 생활을 정상적으로 하지 못하는 상태를 말한다. 마찬가지로 어떤 사상이나 신념, 일관성 있는 감정상태도 중독으로 볼 수 있다. 또한 반복적인 신경화학적 작용에 의해 굵은 광케이블과 같은 전용신경회로를 구축하여 자신의 의식과 이성, 의지가 작동될 수 없는 상태를 만드는 것도 중독으로 볼 수 있는 것이다.

충격적이거나 강한 정서적 의미가 저장된 과거의 특정한 경험에 대한 생각을 떠올리거나 말을 하게 되면 경험 당시의 사실뿐만 아니라 그 당시에 느꼈던 감정까지도 지금 여기의 현실에서 그대로 재연된다.

이것은 우리의 정서적 경험이 뇌에 기억될 때 언어로 부호화되는 과정에서 뇌간과 변연계의 활성화로 특정한 감정이 덧입혀지기 때문이다. 그래서 과거에 정서적 영향을 많이 받았던 사건을 회상하면 마음과 신체가 과거의 경험 당시에 느낀 직관적인 감각을 지금의 현실 속에서 그대로 다시 경험하게 되는 것이다.

생명의 뇌인 뇌간과 감정의 뇌인 변연계의 시스템은 강한 정서적 사건이나 생명에 위협을 느낄 정도의 상황에 놓이게 되면 생리적으로 급격하게 흥분되면서 동물적인 상태로 활성화된다. 이처럼 뇌간과 변연계가 활성화되어 부정적인 정서경험이 뇌에 기억될 때 강력한 전용신경회로가 만들어지면서 언제든지 다시 재연될 수 있는 민감한 상태를 유지한다. 시간이 많이 지난 후에도 미세한 자극만으로 부정적인 전용신경회로가 활성화되어 처음 경험했을 때의 나쁜 기억과 정서를 그대로 재연하게 되는 것이다.

이러한 상태는 이성의 뇌 영역인 전두엽이 제기능을 못할 때 나타나기 때문에 과거의 정서적 경험이 재연될 때는 동물적인 뇌가 완전한 통제력을 가지게 된다. 성장과정에서 겪은 심각한 부정적 정서경험이 뇌에 프로그래밍되면 성인이 된 이후에 과거 부정적 정서경험과 관련된 아주 미세한 자극만 주어져도 부정적인 정서경험을 현재에서 그대로 재연한다. 이러한 부작용이 생기게 되면 일상생활 속에서 이성적인 뇌와 정서적인 뇌가 건강한 전체성과 조화를 이루기가 어려워진다.

그래서 모든 성인들이 겪고 있는 심리적인 질환은 성장과정에서 생겼다고 해서 성장장애라고 하는 것이다.

이성의 뇌인 전두엽이 제기능을 상실하고 감정의 뇌인 변연계와 생명의 뇌인 뇌간이 통제력을 완전히 가지게 되면 늘 똑같은 부정적인 중독상태에서 생리적, 신체적, 심리적인 문제를 일으키는 나쁜 순환고리를 만들어 고통스러운 삶을 살아가게 될 가능성이 높아진다.
지금 현재에서 존재하지 않는 과거의 정서적 기억 때문에 현재를 온전하게 살지 못하는 중독된 패턴에 구속되어 새로운 변화와 성장을 위한 그 어떤 선택도 어려워지게 되는 것이다.

멘탈상담을 진행하다 보면 크게 성공한 사람 중에도 과거의 부정적인 정서경험 때문에 다른 사람들과의 친밀한 관계능력에 문제를 가지고 있는 사람을 많이 만나게 된다. 물질적이고 현실적인 성공을 이룬 사람들 중에도 대인관계 때문에 힘들어하는 사람들이 많은 이유가 성공의 과정에서 겪었던 부정적인 정서경험이 해소되지 못하고 억눌려져 자신의 내면에서 계속 자기 자신을 괴롭히기 때문이다. 다른 사람들과 원만하고 조화로운 인간관계를 맺으려면 전두엽의 자유의지와 반응능력이 원활한 기능을 해야 하는데 동물적인 뇌가 과잉활성화되면 내부에서 꿈틀거리는 감정의 부조화 때문에 사람들과의 친밀한 관계능력에 문제가 생기게 된다.

이성적인 기능을 가진 전두엽이 유연하고 활발하게 작용하지 못하면 부정적인 감정에서 빠져나오지 못하는 습관의 노예가 되어 인간관계가 피상적이고 기계적이 되기 쉬워진다. 이렇게 되면 사람들과의 관계에서 쉽게 싫증을 내거나 상대에 대한 비난과 비판, 분노하는 부정적인 세상 모형을 가지게 될 가능성이 높아지게 된다.

부정적인 세상모형을 사용하는 사람들은 자신도 모르게 작동되고 있는 동물적인 뇌 때문에 인간관계에서 친밀성과 지속성이 결여되는 문제가 생길 수 있다. 자신의 관계능력에 대한 객관적인 피드백을 할 수 있는 전두엽의 기능이 제대로 작동하지 못하기 때문에 갈등이나 문제 상황이 발생했을 때 모든 원인을 다른 사람에게 돌리면서 다른 사람들과 멀어지게 되는 싸움-도주 반응을 선택할 가능성이 높아진다.

이 모든 것이 성장과정에서의 부정적 정서가 제대로 해소되지 못하고 억눌려져 생기는 것이기 때문에 과거의 부정적인 정서를 바꿀 수 있는 긍정적인 새로운 학습과 경험의 반복이 중요하다. 그렇기 때문에 지금 현재에서 자신을 알아차리고 접촉할 수 있는 새로운 학습과 경험을 반복해야 하는 것이다.

그러기 위해서 초능력 사용법인 TESA의 생각과 정서, 말, 행동을 긍정적인 상태나 원하는 것에 초점을 일치시켜 반복해야 하며 긍정적인 정서기억을 만드는 반복적인 학습과 경험을 통해 전용신경회로를 강하게 구축해야 한다. 반복에 의해 강하게 만들어진 긍정적인 정서기억은 전용신경회로를 구축하여 중독된 상태를 만들기 때문에 언제든지 긍정적으로 발현될 준비를 하게 되는 것이다.

유대관계

　소아과 전문의사이자 정신분석가로 유명한 도널드 위니컷은 조율 관계 연구의 아버지라고 불린다. 위니컷은 엄마가 아이를 안는 방식에 따라 엄마와 아이의 물리적 상호작용이 일어나며 이러한 작용이 아이의 자기 감각과 정체성을 만드는 밑바탕이 된다고 주장했다. 또한 엄마가 아이를 안는 방식이 토대가 되어 '신체를 정신이 사는 장소'로 느끼는 능력이 발달한다고 설명했다.

　몸에 발생하는 본능적인 감각과 운동감각은 아이가 현실을 어떻게 경험하는가의 기초를 형성하는 중요한 체험이 된다. 아이가 현실에서 느끼는 신체의 감각에 엄마가 제대로 맞추어주지 못할 때 성장과정에서 잘못된 마음의 틀이 만들어질 수 있다. 엄마가 아이의 본능적 충동과 욕구를 제대로 충족시켜주지 못하면 엄마의 왜곡된 생각을 자기 자신의 생각으로 여기는 방법을 배우게 된다.

　아이가 자신의 내적 감각을 무시하며 엄마의 욕구에 적응하기 위해 초점을 맞추고 노력한다는 것은 아이가 현재의 잘못된 상황을 그대로 인식하여 받아들이고 있다는 것을 의미한다. 엄마와의 신체조율이 제대로 이루어지지 않으면 아이는 신체의 직접적인 피드백이 제공되지 않기 때문에 부정적인 주변 환경과 잘못된 상황에 쉽게 영향을 받아 심리적 혼돈과 불안을 느낄 수 있다. 성장과정에서 엄마와의 건강한 신체조율이 성장한 이후의 심리적인 두려움과 불안감을 극복할 수 있는 멘탈능력을 갖게 해주는 소중한 체험이 된다. 성장기에 건강한 신체조율이 반복적으로 지속되면 성장 이후에 정신적 건강을 지탱해주는 중요한 요소인 심리적 내성과 응집력이 강해진다.

성장과정에서 엄마와 아이가 건강한 신체조율을 하는 것이 중요한 이유는 심각한 스트레스가 반복적으로 지속되거나 정신적 외상을 입을 만큼의 충격적인 사건에 노출되지 않는 한 안정적인 정서상태를 유지시켜주는 큰 힘이 되기 때문이다. 성장과정에서 엄마가 보여준 신체조율이라는 간단한 피드백은 건강한 애착관계와 라포를 형성하여 성인이 된 이후의 긍정적인 인간관계와 자기인식, 자존감, 자신감 등에도 긍정적인 영향을 미친다.

대부분의 사람들은 다른 사람들과의 유대나 교류 속에서 자신의 존재와 정체성을 확립하기 때문에 다른 사람들과 완전히 분리되거나 소외된 상태에서는 사회적 유대가 단절되어 건강한 삶을 살아가기 어렵게 된다. 가족과 주변 사람들에게 건강한 유대감을 형성하지 못하게 되면 자기만의 고립된 안전지대에 갇히거나 다른 사람들과의 갈등과 다툼, 불화 등의 부정적 연결을 만들어서라도 단절된 고립감을 위안받으려 한다. 그들의 내면은 우울하고 외로운 고독감이 깃들어 있기 때문에 자기만의 고립된 안전지대에 안주하며 그 속에서 스스로를 위안하거나 다른 사람들과의 부정적인 관계를 통해서라도 지독한 고독과 우울에서 벗어나려 하는 것이다.

또한 어릴 때 부모나 주변 사람들과의 건강한 유대관계를 형성하지 못하면 성인이 된 이후에 자기도 모르게 늘 불안해하는 부정적인 정서를 가지게 된다. 즉 어릴 때 안전한 기분을 느끼는 유대관계가 형성되지 못하면 성인이 된 이후에도 기분과 정서적 반응을 제대로 조절하지 못하는 경우가 많아지게 되는 것이다. 만약 성장과정에서 부모의 언어적, 신체적인 폭력이나 무관심, 방치로 인해 건강한 유대관계를 형성하지 못했을 경우에 공격성을 띠거나 무기력, 불안, 무관심한 태도를 나타내며 대인관계능력에도 치명적인 문제를 가지게 된다. 그래서 어릴 때 부모와의 건강하고 조화로운 조율을 통해 감각의 발달과 현실인식에 대한 객관성과 합리성을 가지는 것이 무엇보다 중요하다.

성인들이 겪고 있는 심리적 장애의 대부분은 성장과정에서의 정신적, 신체적 조율이 잘못 형성된 결과라고 할 수 있다. 그런데도 많은 사람들은 현실에서 자신이 겪고 있는 문제가 성장장애라는 사실을 알아차리지 못하고 살아간다. 오히려 눈앞에 드러나있는 현실적인 자극이나 관계 때문이라는 착각 속에 주변 사람들을 원망하거나 갈등, 다툼을 벌이게 된다. 지도는 영토가 아닌데도 불구하고 지금 현실에서 표출된 문제에만 초점을 맞추고 그 문제의 원인을 주변 사람들에게 돌리면서 사람들과의 관계능력에 걸림돌을 가지게 되는 것이다.

우리는 지금 현실에 살아가면서도 과거의 기억과 정서에 갇혀 살아가는 존재이다. 우리가 알아야 할 것은 지금 현실에서 겪고 있는 대부분의 문제는 지금 현재의 주변 사람들과 환경의 문제가 아니라 성장과정에서 잘못 형성된 과거의 정서와 기억시스템에 있다는 사실이다.

다행한 것은 이러한 문제는 얼마든지 극복할 수 있다는 것이다.

현재의 문제가 성장과정에서 잘못 조건형성된 것이 원인이라 하더라도 이미 지나간 과거를 되돌릴 수는 없다. 중요한 것은 지금 현재의 자기를 관찰하고 접촉하여 과거의 잘못된 조건형성으로 인한 문제의 발현을 차단할 수 있는 새로운 조건형성을 만들기 위해 반복적인 학습과 경험을 하는 것이다. 학습이 가능하면 탈학습도 가능할 뿐만 아니라 재학습도 가능하다. 우리의 뇌는 뛰어난 가소성을 갖고 있기 때문에 얼마든지 변화할 수 있다.

지금 현재 자신의 부정적인 생각과 정서, 말, 행동의 패턴을 파괴하고 자존감을 높이는 새로운 조건형성이 일어날 수 있도록 긍정적인 생각과 정서, 말, 행동을 반복해야 한다. 과거의 부정적인 정서와 관련된 기억이 더 이상 현재의 자신을 구속하지 못하도록 하기 위해서는 긍정적인 정서기억을 만들 수 있는 TESA의 네 가지 열쇠가 필요하다.

성인이 된 이후에도 긍정적인 정서기억을 바탕으로 다른 사람들과의 유대를 강화하고 라포를 형성할 수 있을 때 성장과정에서 잘못 조건형성된 상태에서 완전히 자유로워질 수 있게 된다.

 일반적인 의미에서 애착이란 몹시 사랑하거나 마음이 끌려서 떨어지기 싫어하는 상태를 의미한다. 애착의 대상이 가족일 수도 있고 가까운 친척이나 어른일 수도 있다. 때로는 어떤 물건이나 삶 자체가 애착이 될 수도 있다. 즉 애착이란 어떤 대상에 대해 특별한 정서적 관계를 가지는 것을 말한다. 보통 유아기까지의 어린이는 육아를 담당하는 엄마와의 사이에 애착관계를 형성하게 되는데 이러한 모자관계를 중심으로 하는 정서적 관계를 일반적으로 애착이라고 부른다.

 태아는 엄마 뱃속에서부터 영양을 공급받고 보살핌을 받으며 약 10개월 동안 안전하게 보낸 후 바깥세상에 적응할 수 있는 준비가 충분히 되면 세상 밖으로 나온다. 아기는 세상에 빛을 보자마자 크게 울음을 터뜨리며 자신의 존재를 알리고 관심과 사랑을 쏟아달라는 적극적인 신호를 보낸다. 세상에 나온 아기는 주변의 축복 속에 누군가에 의해 씻기고 사랑과 보살핌을 받는다. 아직 혼자 생존할 수 없는 아기는 부모나 주변 어른들의 따뜻한 보살핌과 양육에 절대적으로 의지하여 건강하게 성장한다. 이 시기에 정상적인 보살핌과 양육이 이루어지지 않게 되면 생존에 위협을 느끼게 되기 때문에 정서적으로 불안을 학습하여 정신적인 건강에 문제가 생기게 된다.

아기가 자라면서 점차 신체적, 정서적으로 안정을 찾고 혼자 생존하는 방법을 학습하지만 인간은 다른 동물과는 달리 부모의 보호와 보살핌을 받는 기간이 너무나 길다. 이렇게 보살핌의 기간이 긴 이유는 인간은 신체적인 성장과 더불어 인류의 오랜 진화과정에서 축적된 다양한 지식과 지혜, 문화 등 다른 사람들과 조화로운 삶을 살아가기 위한 사회화 과정을 학습해야 하기 때문이다.

사회화를 위한 학습과정에서 부모의 특별한 보호와 양육을 받아야 하고 사회적인 교육시스템을 통해 적응능력을 높여야 한다.

그중에서도 가장 중요한 것은 성장과정에서 부모의 관심과 사랑이 전해지는 돌봄을 받는 것이며 돌봄의 형태에 따라 아이는 자신의 존재와 정체성, 세상모형을 만들게 되는 것이다.

아이는 부모의 돌봄을 안전하게 받으며 적절한 통제와 코칭을 통해 성장하기 때문에 부모의 사고와 가치관, 태도, 행동, 정서를 그대로 모델링하게 된다. 이와 같이 한 인간의 존재는 양쪽 부모의 유전자를 가지고 태어났을 뿐만 아니라 환경적으로도 자신을 낳아준 부모에 의해 양육과 코칭을 받고 자랄 수밖에 없다. 이렇게 부모의 절대적인 영향력 속에 자라면서 자연스럽게 부모에 대한 라포가 강하게 형성되고 부모를 통해서 세상을 알아차리고 만나게 된다. 그래서 아이는 부모를 그대로 닮게 되고 성인이 된 이후에도 부모의 또 다른 모습인 부모의 그림자로 살아가게 되는 것이다.

특히 생애 초기에 부모가 얼마나 수용과 공감, 친근감을 보내며 아이와 조화롭게 상호작용을 하고 라포를 형성했느냐에 따라 성장 이후의 자기 관리와 통제능력, 다른 사람들과의 관계능력이 결정된다.

이 시기에 부모가 보내는 따뜻한 관심과 보살핌을 통해 아이가 정서적인 안정감과 친밀한 교감을 하게 되면 평생 동안 자기를 지킬 수 있는 마음의 쿠션과 통제능력을 가질 수 있다.

아이의 거울뉴런은 무한한 사랑으로 보살핌을 주는 부모의 얼굴 표정과 태도, 자세, 목소리 톤, 행동 등 모든 것을 그대로 스캔하여 민감하게 반응하며 부모를 그대로 모델링한다. 보살핌을 주는 부모뿐만 아니라 부모의 역할을 대신하는 특정한 어른과도 자연스러운 의사소통체계를 발달시키면서 애착관계를 형성해나간다. 이때 애착관계의 대상인 어른이 보여주는 긍정적인 피드백과 반응성이 높을수록 더 깊은 애착을 형성하여 건강한 세상모형을 만들고 성장과정에서의 관계능력을 발달시키는 토양을 만든다.

또한 이 시기에 아이는 애착관계를 바탕으로 독립성과 공감능력, 이타심 등이 발달되어 건강한 관계능력을 학습한다. 건강한 애착관계의 발달은 아이가 더 넓은 세상으로 나갈 수 있는 안정적인 발판이 되는 중요한 과정이다. 이 시기가 중요한 것은 아이는 따뜻한 관심과 사랑, 친근감, 공감을 받으며 성장하면서 다른 사람들과 건강하게 관계하는 기술을 배우기 때문이다. 이 과정에서 아이는 다양한 사람들과 조화롭게 관계할 수 있는 능력을 발달시키게 되며 성장과정에서 그 대상이 누구든 자신을 돌봐주는 사람에게 애착을 형성하게 된다.

어떠한 애착관계를 형성하는가에 따라 아이의 인생 전반에 큰 영향을 미치기 때문에 성장과정에서의 안전하고 행복한 정서를 가질 수 있는 건강한 애착관계 형성이 중요하다. 애착관계 형성이 중요한 또 다른 이유는 성장과정에서 애착관계 형성을 어떻게 하느냐에 따라 인생 각본이 짜여지고 존재와 정체성, 운명까지도 바뀌기 때문이다.

성장기에 양육자와의 라포와 애착관계 형성이 제대로 이루어지지 않으면 성인이 된 이후에 여러 가지 심리적, 정서적, 사회적인 문제를 일으킬 가능성이 높아지게 된다. 성장과정에서 돌봄이 제대로 이루어지지 않아 정서적으로 안정감을 채우지 못하고 친근감있는 관계 경험이 부족하게 되면 제대로 채우지 못한 결핍을 채우기 위해 안정감을 주는 대상을 계속해서 찾는다.

하지만 정작 본인의 잠재의식에는 결핍으로 인한 불신과 의심이 가득한 상태이기 때문에 건강한 관계를 형성하는데 방해가 되는 걸림돌을 가지는 이중성을 보인다. 대부분 성인이 된 이후에 드러나는 심리적인 문제나 부정적인 정서상태는 어릴 때 부모와의 애착관계와 라포가 제대로 형성되지 못해서 생기는 것으로 볼 수 있다. 그래서 성장과정에서뿐만 아니라 성인이 된 이후의 삶에서도 주변 사람들과 라포를 바탕으로 애착을 형성하는 능력이 중요한 것이다.

우울함의 정체성

정체성의 사전적 의미는 '어떤 존재가 본질적으로 가지고 있는 특성'이라고 할 수 있지만 우리의 정체성은 살아가면서 다양한 환경적 요인과 자신의 생각과 정서, 말, 행동의 반복에 의해 얼마든지 변화할 수 있다. 정체성은 살아가면서 반복되는 다양한 학습과 경험, 인간관계, 공간, 시간, 문화, 종교, 사건들에 의해 지속적으로 강화되기도 하고 새롭게 형성되기도 한다.

신경생리학적 관점에서 우리의 정체성은 다양한 요인들과의 지속적인 상관성 속에서 반복적으로 활성화된 특정한 신경회로에 의해 만들어지는 것으로 볼 수 있다. 그래서 특정한 정체성을 가졌다는 것은 뇌에 그와 관련된 특정한 신경회로를 가지게 되었다는 것을 뜻한다.

이와 같이 한 사람의 정체성을 만드는 특정한 신경구조는 강한 시냅스 연결과 전기화학적 작용에 의하여 광케이블처럼 굵은 자신만의 전용신경회로를 구축한 것이다. 그것이 우울이든 불안이든 행복이든 가리지 않고 전용신경회로가 만들어지면 개인의 정체성은 더 강화된다.

뿐만 아니라 전용신경회로가 활성화되면 헵의 이론에 따라 관련된 이웃의 약한 회로들까지 함께 활성화시켜 상호연결을 굵게 만든다.

그리고 정보간섭을 없애기 위해 관련 없는 회로들은 차단시키거나 약화시킨다. 또한 반복적인 자극과 경험에 의해 형성된 전용신경회로는 기억시스템을 강화시키기 위해 특정한 화학물질을 다량으로 분비하여 감정을 연합시키게 된다. 이렇게 감정이 연합된 전용신경회로는 관련된 화학물질을 많이 분비한 상태이기 때문에 습관적인 패턴을 만드는 완전한 중독상태를 유지하게 되는 것이다.

오랫동안 형성된 습관을 변화시키기 위해 의식적인 노력을 많이 해도 쉽게 변화하지 못하는 이유가 여기에 있다. 변화란 새로운 자극을 통해 오랜 시간 활성화시켰던 기존의 전용신경회로를 차단하거나 연결을 바꾸는 것이기 때문에 일관성을 가지고 있는 뇌에서는 모든 수단을 동원해서 변화를 거부한다. 즉 새로운 변화란 기존의 중독된 습관을 바꾸는 것이고 그것은 뇌의 신경구조를 바꾸는 것과 같다. 이미 자신의 정체성이 자신만의 기저선 상태를 만들어 항상성을 유지한 상태에서는 새로운 변화를 위한 선택에 대해 뇌에서 위기상황으로 받아들인다. 습관에 중독된 뇌가 느끼는 변화란 낯설고 불편한 것이기 때문에 변화를 거부하게 되는 것이다.

만약 우리 뇌에 우울함의 정체성을 만든 부정적인 전용신경회로를 갖고 있다면 그동안 익숙해져 있는 우울한 현재 상태를 활력상태로 바꾼다는 것은 뇌에서 너무나 불편한 것으로 받아들인다. 그동안 우울함의 정체성을 가지고 우울한 정서에 길들여져 살아왔다면 그 우울함의 안전지대 안에서 우울함을 느끼는 중독상태를 편하게 느끼며 계속 그 상태에 머물고 싶어하는 관성을 갖고 있기 때문이다.

우울함에 대한 신경화학적 중독상태에 빠지게 되면 중독에서 벗어날 수 있는 새로운 결단과 행동을 거부한다. 오히려 잠재의식에서 우울함의 안전지대에 구속되는 것이 자신을 더 편안하게 해준다는 왜곡된 믿음을 갖게 되면서 점점 더 우울함에 중독된 상태가 굳어지게 된다.

이처럼 우울함은 오랜 시간 지속해온 중독상태를 유지시켜주는 전용 신경회로가 강하게 형성되어 있는 것으로 볼 수 있다. 우리의 상태가 우울이든 불안이든 그것은 신경회로와 화학물질의 작용에 의한 결과라는 사실을 깨닫는 것이 중요하다. 결국 신경회로와 화학물질의 분비를 바꾸기만 한다면 우울은 결코 바꿀 수 없는 본질적인 것이 아니라 우리의 자유의지로 얼마든지 바꿀 수 있는 것이다.

우리가 살아가면서 부정적인 감정의 중독상태에 구속되지 않기를 바란다면 먼저 변화를 위한 마음의 결단이 필요하다. 변화를 위해 결단하는 순간 자신을 괴롭혔던 신경회로가 더 이상 활성화되지 못하고 나쁜 화학물질의 분비도 멈추기 때문이다. 결단에 의해 반복적으로 사용하는 자신의 생각과 정서, 말, 행동의 초점을 바꾸는 TESA에 자신의 존재와 정체성을 바꿀 수 있는 비밀이 숨겨져 있다.

TESA의 초점

인간이 살아가면서 느끼는 대부분의 심리적인 문제와 고통은 자신의 초점이 원하는 것이 아닌 원하지 않는 문제 상황에 잘못 맞추어져 있기 때문에 생기는 경우가 많다. 우리의 똑똑한 뇌는 초점을 일치시킨 것에 대해서 그것이 부정이든 긍정이든 가리지 않고 관련된 신경회로를 활성화시켜 그것에 대한 믿음을 만든다. 즉 문제에 초점을 일치시키는 순간 이미 뇌는 문제와 관련된 신경회로를 활성화시켜 그 문제가 파생시키는 부정적인 감정상태와 고통을 느끼는 화학물질을 분비하여 우리를 중독상태에 빠지게 만드는 것이다.

부정적인 감정상태에 중독되면 더 나은 선택을 할 수 있는 객관적 의식이나 자유의지가 개입되지 못하고 생존을 위한 본능적인 반응만이 우선된다. 이러한 부정적인 감정상태나 문제에 대한 지나친 초점과 걱정은 문제 해결을 위한 적절한 대응과 조치를 취하도록 도와주기보다 오히려 무력감이나 좌절감, 두려움 속에서 허우적거리게 만든다.

이렇게 되면 문제를 일으킨 그 당시의 의식수준과 부정적인 감정상태에서 한치도 벗어나지 못하게 되고 나중에는 문제가 일으킨 지엽적인 문제까지 증폭시켜 완전히 문제의 포로가 되어버린다.

이러한 현상은 강자가 약자를 돕는 헵의 이론으로 충분히 설명할 수 있다. 헵의 이론은 어떤 자극에 의해 함께 활성화된 뉴런은 연결이 강화되고 연결이 강화된 뉴런은 함께 활성화되는 것이다.

문제에 잘못 맞추어져 있는 초점과 관련된 신경회로가 활성화되면 다른 비슷한 회로들과 병렬적 연결을 확장하거나 강화하기 때문에 뇌는 온통 문제와 관련된 부정적인 신경망을 활성화시키게 된다.

이렇게 강화된 연결에 의해 처음의 문제는 더 이상 문제가 되지 않고 문제에 잘못 맞추어진 초점이 만든 부정적인 신경회로가 확장되어 더 큰 심리적인 문제를 일으킨다. 우리의 똑똑한 뇌는 그 무엇이든 선택된 생각과 느낌, 말, 행동에 초점을 일치시켜 반복하게 되면 그것을 사실로 받아들이고 흔들림 없는 믿음을 만들어 스스로 그 믿음에 통제당하게 된다.

문제에 잘못 맞추어져 있는 초점을 어떻게 하면 문제가 아닌 원하는 것이나 상황으로 바꿀 수 있는가의 선택에 따라 전혀 다른 상태나 결과를 얻을 수가 있다. 그것은 문제에 잘못 맞추어져 있는 초점을 원하는 것에 일치시키게 되면 원하는 것과 관련된 새로운 신경회로를 구축하여 자신의 상태를 얼마든지 바꿀 수가 있기 때문이다. 그래서 문제에 잘못 맞추어져 있는 초점을 빠르게 전환하여 원하는 것에 일치시키거나 해결책에 초점을 모으는 선택이 중요한 것이다.

지금 현재의 부정적인 문제 상태에서 벗어나 더 나은 선택과 해결책에 초점을 일치시키는 순간 이미 그와 관련된 신경회로가 활성화되어 자신의 상태를 부정이 아닌 긍정으로 바꾸게 된다. 문제가 만든 부정의 경계와 안전지대에서 벗어나 원하는 긍정적인 상태로 변화하기 위해서는 초능력 사용법인 TESA의 네 가지 열쇠를 선택하여야 한다.

첫째, 재빨리 '생각'의 초점을 문제가 아닌 원하는 것으로 전환하여 새로운 초점을 일치시켜야 한다. 천억 개가 넘는 뇌세포의 시냅스 연결이 만드는 신경회로의 숫자는 밤하늘의 별보다 더 많다. 이렇게 헤아릴 수 없을 만큼 많은 신경회로에서 끊임없이 솟아오르는 생각의 조각들은 우리가 의식적으로 통제하기 힘들 정도로 넘쳐난다.

그 많은 생각 중에 문제와 관련된 생각만 선택하여 초점을 맞추게 되면 부정적인 신경회로를 활성화시키게 되어 문제에 구속되는 상태를 만든다. 문제에 대한 생각을 굳이 의식적으로 오랫동안 하지 않아도 되는 이유가 잠재의식 차원에서 문제에 대한 생각을 충분히 하도록 뇌가 이미 세팅되어 있기 때문이다. 그런데도 의식적으로 문제에 초점을 오랫동안 맞추고 문제에 대한 생각을 반복한다는 것은 너무나 어리석은 선택이 될 수 있다.

문제에 잘못 맞추어져 있는 생각의 초점을 바꾸어 원하는 것을 성취하기 위한 성공전략을 선택할 수 있도록 해야 한다. 우리의 똑똑한 뇌는 본능적으로 고통을 싫어하고 즐거움을 추구하기 때문에 생각의 초점을 원하는 즐거움에 맞추고 반복하게 되면 문제의 해결책을 스스로 찾아내게 된다. 우리의 생각은 창조적인 에너지를 가지고 있기 때문에 문제에 잘못 맞추어진 생각의 초점을 자신이 원하는 것으로 바꾸는 순간 이미 문제를 해결하기 위한 행동이 일어나게 되는 것이다.

둘째, 재빨리 '정서'의 초점을 문제가 아닌 원하는 것으로 전환하여 새로운 초점을 일치시켜야 한다. 우리의 정서는 어떤 문제나 부정적인 자극에 아주 민감한 반응을 하게 된다. 그것은 잠재의식에서 부정적인 자극과 정보에 촉수를 세우고 민감하게 반응하는 것이 자신의 생존을 위해 도움이 된다는 사실을 잘 알고 있기 때문이다.

문제에 초점을 맞추고 일시적으로 부정적인 정서상태를 만드는 것은 문제의 본질을 관찰하고 파악하여 문제를 긍정적으로 해결하고자 하는 의도를 가지고 있는 것이다. 다만 정서를 조절하는 뇌의 영역이 포유류 뇌인 중뇌의 변연계이기 때문에 문제에 오랫동안 초점을 맞추게 되면 정서를 만드는 화학물질에 중독되어 감정의 통제가 쉽지 않을 수 있다는 사실이다. 그래서 이성적인 판단과 선택을 할 수 있는 전두엽의 도움을 받아 현재의 문제에 맞추어진 초점을 재빨리 원하는 것으로 전환해야 하는 것이다.

문제에 오랫동안 초점을 맞추고 부정적인 정서상태에 머물게 되면 뇌는 그 상태를 유지시키는 화학물질을 다량으로 분비하여 중독된 상태를 만든다. 정서적인 중독상태가 되면 이성적인 뇌기능을 하는 전두엽이 더 이상 아무런 통제능력을 갖지 못하게 된다. 이러한 부정적인 정서상태에서 벗어나 건강한 정서상태를 유지하고 통제하기 위해서는 '이 문제 상황에서 내가 얻을 수 있는 교훈과 이익은 어떤 것인가?', '이 문제를 잘 해결한다면 어떤 좋은 점이 있을까?'와 같은 질문을 통해 정서의 초점을 원하는 것으로 바꾸어 주어야 하는 것이다.

셋째, 재빨리 '말'의 초점을 문제가 아닌 원하는 것으로 전환하여 새로운 초점을 일치시켜야 한다. 어떤 말을 반복적으로 계속 사용하면 그와 관련된 전용신경회로가 형성되고 환경과 사물을 생각하는 방식과 느낌까지도 바뀌게 된다. 말은 뇌신경회로에 직접 연결되어 있기 때문에 말을 바꾸면 뇌신경회로의 배열까지도 바꿀 수 있다. 말은 뉴런에 저장된 기억정보가 다양한 시냅스 연결에 의해 형성된 신경회로에서 조합되어 표출되기 때문에 말을 바꾼다는 것은 곧 뇌신경회로를 바꾸는 것과 같은 것이다.

어떤 경험이 뇌에 기억의 형태로 저장될 때는 언어로 부호화되며 특정한 감정상태와 신경적 반응을 일으키는 전기화학적 작용에 의해 신경회로가 형성되어 프로그래밍된다. 우리가 하는 말과 듣는 말에 따라 기분이 달라지는 것은 입 밖으로 뱉은 말에 감정이 덧입혀져 있기 때문이다. 그래서 문제에 대해 '조금', '약간'이라는 수식어를 붙이는 것만으로도 문제가 다르게 느껴지는 것이다. 또한 문제 해결을 위한 변형 어휘나 긍정적인 말을 사용하는 것만으로도 문제에서 어느 정도 자유로워지는 선택을 할 수 있다. 반복적인 언어의 선택과 사용이 우리의 운명까지도 바꿀 수 있는 힘을 가지고 있기 때문에 긍정적인 말을 반복하게 되면 긍정의 결과를 얻게 된다.

넷째, 재빨리 '행동'의 초점을 문제가 아닌 원하는 것으로 전환하여 새로운 초점을 일치시켜야 한다. 환경이 우리를 만들기도 하지만 우리의 행동이 환경을 만들기도 한다. 말초신경에서 일어나는 모든 행동은 뇌의 중추신경에 자극을 주기 때문에 행동을 바꾸게 되면 뇌신경회로의 배열과 조합이 바뀌게 되어 뇌구조까지 변화하게 된다. 그래서 변화가 필요하다면 '즉결즉행'해야 하는 것이다.

일단 먼저 행동하면서 원하는 상태의 성과에 초점을 계속 일치시켜야 빠른 성과를 얻을 수 있다. 비슷한 문제 상황에서 서로 다른 결과를 만들어내는 것은 다른 사람과 행동이 달랐기 때문이다. 행동이 달라지면 당연히 결과가 달라질 수밖에 없는 것이다. 만약 자신의 삶에서 원하는 상태로 변화시킬 수 있는 초능력을 얻고 싶다면 먼저 원하는 것을 이루기 위한 자신만의 성공전략을 선택하여 꾸준히 실행해야 한다. 어쩌다 한번 하는 행동이 아니라 꾸준히 행동을 반복할 수 있을 때 원하는 결과를 얻을 수 있기 때문이다.

심호흡을 열 번 이상하는 것만으로도 우리의 몸과 마음이 어떻게 변화되는지 바로 확인할 수 있다. 단지 심호흡이라는 간단한 행동에 초점을 맞추었을 뿐인데 우리의 몸과 마음이 변화하게 된다. 우리의 초점을 어디에, 어떻게 일치시키는가에 따라 행동이 바뀌고 삶의 결과도 바뀌게 되는 것이다. 이처럼 TESA의 네 가지 열쇠는 어느 하나가 바뀌면 나머지도 함께 바뀌는 전체성을 가지고 있기 때문에 하나를 바꾼다는 것은 전체를 바꾸는 것과 마찬가지이다.

중독상태

　신경생리학적인 관점에서 우리의 존재는 지금 여기에서의 반복된 생각과 정서, 말, 행동의 일관성과 항상성을 유지시키는 신경회로의 활성화와 화학물질의 분비 및 반응에 의해 결정된다고 볼 수 있다.
한 개인의 생각과 정서, 말, 행동을 형성하는 가장 핵심적인 역할을 하는 것이 지금 현재에서 선택된 신경회로와 화학물질이다. 다른 관점에서 생각과 정서, 말, 행동을 반복적으로 바꾸게 되면 특정 신경회로의 활성화와 화학물질의 분비까지 바뀌게 된다.

　특정 상황에서 반복적으로 선택된 신경회로의 활성화와 화학물질의 분비에 의해 뇌는 생각과 정서, 말, 행동이 영향을 받지만 그중에서 느낌은 정서적인 중독상태를 만든다. 어떠한 형태의 중독이든 뇌가 특정한 정서의 중독상태에 빠지기는 쉽지만 한번 빠진 중독상태에서 빠져나오는 것은 쉽지가 않다. 특히 지속적인 화학물질의 분비에 의해 일어나는 정서의 중독은 자신의 의지로 조절하는 것이 힘들기 때문에 화학물질의 노예가 되기 쉽다.

이처럼 특정 상황이나 환경 때문에 화학물질의 분비와 화학적 반응이 일정한 패턴을 만드는 중독상태가 지속되면 현재의 중독상태를 유지하려는 항상성을 만들어 나중에는 상황과 환경에 상관하지 않고 몸에서 중독상태를 유지하기 위한 화학물질을 계속 분비한다.

이렇게 중독상태가 심해지면 그 상태를 유지하기 위해 외부의 요인을 억지로 만들어서라도 화학물질을 생산하고 분비하여 중독된 패턴을 계속 유지하게 만든다.

이와 같이 뇌는 정서적인 중독상태가 되면 중독된 상태를 유지하기 위해 모든 수단을 동원하여 계속적으로 화학물질을 분비할 수 있는 최선의 전략을 선택한다. 만약 외부에서 중독상태를 활성화시키는 자극이 없다면 스스로 스트레스를 만들거나 내부적으로 부정적인 신경회로를 활성화시켜서라도 자신의 중독상태를 유지하는 선택을 하게 된다.

이렇게 최선을 다했는데도 중독상태를 유지하는 상태가 만들어지지 않으면 잠재의식 차원에서 그 상태를 대체할 그 무엇인가를 끊임없이 갈구하게 되는 것이다.

만약 신경질적인 감정상태에 중독되어 있다면 자신도 모르게 별것 아닌 것에 신경이 날카로워지고 예민하게 반응하여 정서가 격해지는 상태를 만들어 부정적인 정서의 중독상태에 빠지는 선택을 반복하게 된다. 이미 정서적인 중독상태에 자신의 항상성이 맞추어져 있기 때문에 잠재의식 차원에서 어떤 방법을 찾아서라도 화학적 반응에 중독되는 자신의 상태를 선택할 수밖에 없는 것이다.

술이나 담배, 게임, 약물에 중독되는 것도 마찬가지이다.

예를 들어 술을 자주 마시게 되면 취한 상태에서 활성화된 신경회로와 화학물질의 분비 및 화학적 반응이 반복되어 자신의 심리적, 생리적, 신체적 항상성을 술에 중독된 상태에 맞추어 세팅한다. 술을 마시는 패턴이 자주 반복되어 이미 중독된 상태에서는 자신의 항상성을 유지해주는 알코올 흡수가 되지 않으면 이성적인 판단 기능이 약해지면서 술을 마시기 위해 할 수 있는 일이라면 무엇이든 선택하는 비정상적인 준비 상태를 만든다.

만약 이 상태에서 술을 마시는 기회가 주어지지 않으면 금단증세에 의해 정신적으로나 신체적으로 매우 힘들어진다. 이러한 힘든 상태를 벗어나기 위해 잠재의식에서는 현재의 상태를 바꾸거나 대체할 모든 수단과 방법을 찾게 되고 술을 마시는 환경을 조성하여 그것을 스스로 합리화하며 술마시는 행동을 반복하게 된다. 결국 술을 자주 마시는 반복적인 패턴을 가진 사람은 과거에 술을 마실 때 가졌던 정서적 경험을 재연하려는 중독된 상태를 보이게 되는 것이다.

그래서 우리는 어떠한 경험에 대해 어떤 화학물질을 반복해서 분비하고 반응하는가에 따라 달라지는 존재라고 할 수 있다.

감각정보는 뇌 시상에서 정서를 덧입혀 대뇌에 연결되기 때문에 모든 경험은 정서적 의미를 묻혀 기억화된다. 모든 기억은 경험 과정에서 일어났던 특정한 신경적 반응이 함께 프로그래밍되어 저장되어있다.

이러한 경험과 반응이 반복되면 중독현상을 일으키고 자동화되어 우리의 자유의지를 무력화시켜 완전한 통제력을 갖게 되는 것이다.

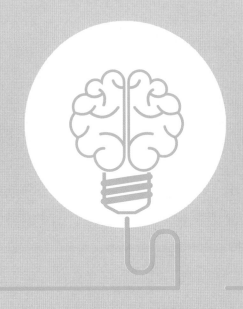

Chapter 4

말

말

사회적 관계 속에서 살아가는 우리는 다른 사람들과의 다양한 소통을 통해 자신의 존재와 정체성을 형성하게 된다. 다양한 관계 속에서 사람들과 소통하는데 필요한 가장 핵심적인 수단이 말이다.

이렇게 중요한 말은 뇌신경회로에서 조합되어 표출되는 것이며 신경회로는 기억이 저장된 뉴런의 시냅스 연결이 강화된 것이다. 이 신경회로가 생각과 정서, 말, 행동을 만들어낸다. 그래서 말을 들어보면 그 사람의 생각과 정서, 행동까지 유추할 수 있는 것이다.

말이란 우리가 가진 생각과 감정에 가장 잘 어울리는 옷을 입히는 것과 같다. 그래서 그 사람의 말을 들어보면 그 사람의 생각과 지혜의 깊고 얕음을 쉽게 알아차릴 수 있다. 모든 학습과 경험은 언어로 부호화되어 뇌세포에 저장되는데 이때 신경적 반응을 일으키는 감정이 연합되기 때문에 모든 기억에는 감정이 덧입혀진다. 이렇게 뉴런에 저장된 정보는 시냅스 연결에 의해 다른 뉴런들과 정보를 공유하며 굵은 신경회로를 만든다. 그 중에서 더 많이 반복하여 활성화되는 회로가 우리의 생각과 정서, 말, 행동을 만드는 전용신경회로가 되는 것이다.

신경회로에 걸쳐져 있는 기억은 시냅스 연결이 강화된 것이라고 할 수 있다. 뇌세포끼리의 시냅스 연결이 어떻게 이루어지는가에 의해 말이 표출되기 때문에 반복적으로 사용하는 말이 곧 그 사람의 전용신경회로를 드러내는 것과 마찬가지이다. 결국 반복해서 사용하는 말이 그 사람의 전용신경회로를 구축하여 신념체계와 정체성을 부각시키는 존재의 집을 만들기 때문에 말이 곧 그 사람이라고 할 수 있는 것이다.

일반적으로 어리석고 지혜가 얕은 사람이 말이 많으면 천박하고 쓸모없는 말들을 쏟아내기 쉬우며 지혜로운 사람은 말이 많지 않아도 한마디 한마디에 사려가 깊고 경우에 밝다. 지혜로운 사람은 자신의 말을 많이 하기보다 다른 사람의 말에 귀 기울이며 다른 사람이 말을 더 잘할 수 있도록 자극을 준다.

또한 지혜로운 사람은 탁월한 수용성과 더불어 적재적소에 필요한 말을 할 수 있는 사람이다. 그래서 그 사람의 말을 들어보면 그 사람의 생각과 감정뿐만 아니라 지혜와 사상까지도 알 수 있는 것이다.

이처럼 우리가 사용하는 말을 의도적으로 바꾸는 것만으로도 뉴런의 시냅스 연결이 새롭게 바뀌고 존재와 정체성까지 바뀌게 되는 이유가 말이 뇌신경과 연결되어 있기 때문이다.

말의 선택

역사적으로 위대한 성취를 이룬 위인들과 탁월한 리더십을 가진 사람들의 공통점은 그들만의 독특한 언어적 차별성을 가지고 있었다는 사실이다. 그들이 사용했던 말이 차별성을 가지고 있다는 것은 말을 만들어내는 뇌의 전용신경회로가 달랐을 뿐만 아니라 그것과 연결된 생각과 느낌, 행동까지도 달랐다는 것이다.

독일 속담 중에 '입을 열면 침묵보다 뛰어난 것을 말하라. 그렇지 않으면 가만히 있는 것이 낫다'는 말이 있다. 우리가 사용하는 말이 뇌신경과 연결되어 있기 때문에 말을 바꾼다는 것은 뇌의 신경학적 구조를 바꾸는 것과 같다. 뇌신경회로가 바뀐다는 것은 그 사람의 존재가 바뀐다는 의미이다. 그래서 좋은 사람이 되고 싶으면 좋은 말을 사용하면 된다. 일상적으로 사용하는 말을 긍정적으로 바꾼다는 것은 우리의 삶을 긍정적으로 바꾸는 것과 같은 것이다. 그렇기 때문에 성공하고 싶으면 성공과 관련된 말을 사용하면 된다.

말은 입에서 내는 단순한 소리가 아니라 우리의 마음이 깃든 의미어이다. 뇌세포에 기억시스템으로 저장되어 있는 과거의 학습과 경험, 감정 등이 일정한 조합과 배열을 짓고 전체성을 만들어 표현되는 것이 말이다. 그래서 천억 개가 넘는 뇌세포 간의 시냅스 연결이 만든 뇌신경회로의 숫자만큼이나 다양한 말을 구사할 수 있는 것이다.

하나의 뇌세포가 수만, 수십만 개의 다른 뇌세포와 병렬적 연결을 만들기 때문에 그 연결의 숫자만큼 다양한 생각과 느낌, 말, 행동을 할 수가 있는 것이 우리의 존재이다. 뇌에는 반복적으로 자주 사용한 말과 관련된 특정한 신경회로가 존재하며 그것을 반복적으로 더 많이 사용하게 되면 강한 전용신경회로가 만들어져 다른 신경회로 보다 우선적으로 활성화될 수 있는 상태를 만든다. 그래서 사람들이 사용하는 말이 일정한 패턴을 갖게 되는 것이다.

사람들마다 자주 사용하는 언어 패턴은 다르며 뇌에 형성된 전용신경회로에 의해 영향을 받는다. 우리의 사고와 느낌, 행동은 자주 반복적으로 사용한 말에 의해 형성된 전용신경회로에 뿌리를 두고 있기 때문에 어떤 말을 어떻게 하느냐에 따라 우리의 전용신경회로와 연결된 사고, 정서, 행동까지도 함께 영향을 받게 된다.

반복적인 학습과 경험이 뇌에 기억될 때 언어로 부호화되는 과정에서 경험 당시의 생각과 느낌이 함께 연합되며 특정한 신경적 반응을 일으키는 전용신경회로를 만든다. 지금 현재 자신의 상태를 활력 있는 상태로 바꾸고 싶다면 반복적으로 사용하는 말을 활력 있는 말로 바꾸는 것만으로도 충분하다. 다시 한번 강조하지만 모든 학습과 경험은 뇌에 기억될 때 언어로 부호화되는 과정에서 감정이 함께 연합되어 특정한 신경적 반응까지 일으키는 상태로 프로그래밍된다. 그래서 일상적으로 자주 사용하는 말을 바꾸면 신경회로의 배열이 바뀌고 새로운 조합을 만들어 생각과 느낌, 행동이 함께 바뀌게 되는 것이다.

우리 뇌는 그 무엇이든 반복하면 사실로 받아들이고 그것에 대한 믿음을 만들어 스스로를 통제하게 된다. 그래서 어떤 말을 어떻게 반복할 것인가의 선택이 중요한 것이다. 어떤 말을 어떻게 할 것인가에 대한 선택을 한 후에 그 말을 반복하여 사용하는 실행을 통해 중독된 습관을 새롭게 만드는 것이 필요하다. 선택과 반복이 중요한 이유는 그 어떤 말이든 반복해서 사용하면 그 말과 관련된 전용신경회로를 구축하여 자신만의 신념체계를 형성하기 때문이다.

이 책을 읽으며 반복적으로 수없이 나오는 단어나 문장이 있다는 것을 알아차릴 수 있을 것이다. 'TESA, 생각, 정서, 말, 행동, 세상모형, 전용신경회로, 화학물질, 신념체계' 등의 단어는 이제 자연스럽게 떠올릴 수 있게 되었다. 이것이 반복의 힘이다. 일상적으로 사용하는 말을 활력 있는 말로 바꾸어 반복하는 것만으로도 정서와 생각, 행동을 활력 있는 상태로 바꿀 수 있게 되는 것이다.

- 무난하다 ☞ 최고로 멋지다
- 주목받는 ☞ 아주 눈부신
- 멋진 ☞ 정말로 끝내주는
- 열정적인 ☞ 뜨거운 열정이 넘치는
- 매료된 ☞ 황홀경에 빠진

- 빠른 ☞ 빛의 속도로

- 좋은 ☞ 너무나 좋은

- 기쁜 ☞ 굉장히 기쁜

- 호감 ☞ 마음이 끌리는

- 괜찮은 ☞ 이것보다 더 좋을 수 없는

- 흥분 ☞ 굉장한 설렘이 있는

- 마음에 드는 ☞ 너무나 마음이 흡족한

- 행복한 ☞ 이루 말할 수 없이 좋은

- 정다운 ☞ 따뜻한 사랑이 가득한

- 근사한 ☞ 너무나 환상적이고 멋진

- 나쁘지 않는 ☞ 이보다 더 좋을 수 없는

- 괜찮아 ☞ 충분히 마음에 들어

- 순발력 ☞ 폭발적인 힘

- 만족한 ☞ 충분히 만족한

- 안정된 ☞ 중심이 잘 잡힌 편안한

- 똑똑한 ☞ 탁월한 재능을 타고난

- 강한 ☞ 아무도 상대가 안 되는

- 가능성 ☞ 무엇이든 할 수 있는

이처럼 일상적인 말을 활력 있는 말로 바꾸게 되면 활력 있는 정서와 생각, 행동이 일어나 긍정적인 신념체계를 형성한다. 우리가 분명히 기억해야 할 것은 성공한 사람들은 그들만의 독특한 언어적 수준과 차별성을 가지고 있었으며 반복적으로 사용하는 말이 일반 사람들과는 분명한 차이가 있었다는 사실이다.

미국의 작가이자 경영학자인 피터드러커는 "인간에게 있어서 가장 중요한 능력은 자기표현이며 현대의 경영이나 관리는 의사소통능력에 의해 좌우된다"고 했다. 말이 곧 그 사람이다라는 말처럼 우리가 사용하는 말이 우리의 존재와 정체성을 만든다. 우리가 반복적으로 사용하는 말은 뇌신경회로와 연결되어 있어 우리의 존재와 정체성을 만들기 때문에 좋은 사람이 되고 싶으면 좋은 말을 사용하여야 한다.

만약 성공한 사람이 되고 싶다면 성공과 관련된 말을 반복해서 사용하면 된다. 건강한 사람이 되고 싶다면 건강을 성취할 수 있는 말을 반복해서 사용하여야 한다. 더 행복한 사람이 되고 싶다면 행복을 성취할 수 있는 말을 반복해서 사용하는 것이 필요하다. 우리가 사용하는 말이 우리의 운명을 결정짓는 힘을 갖고 있기 때문에 말을 바꿈으로써 운명까지도 원하는 대로 바꿀 수 있는 초능력을 갖게 되는 것이다.

말과 경험

우리가 간절히 원하는 변화와 성취를 이루기 위해서는 초능력 사용법인 TESA의 네 가지 열쇠를 어떻게 활용해야 하는지에 대해 알아야 한다. 생각과 정서, 말, 행동은 하나의 전용신경회로에서 다르게 표출되는 것이기 때문에 어느 하나를 바꾸면 나머지도 함께 바뀔 수밖에 없는 상관성을 가지고 있다. 삶에서 더 빠른 변화와 성취를 위한 초능력 사용법인 네 가지 열쇠 중에서 말이 가진 초능력을 활용할 수 있는 능력을 가지는 것이 무엇보다 중요하다.

입 밖으로 뱉은 말은 그 말이 어떤 말이든 말과 관련된 현실을 창조하는 힘을 가지고 있다. 짧은 한마디의 말이 우리의 마음을 한없이 설레게 하기도 하고 한없이 우울하게 만들기도 한다. 그리고 한마디의 말로 사람들에게 무한한 희망을 전해주기도 하고 마음에 깊은 상처를 주기도 한다. 또한 한마디의 말로 좋은 친구를 만들 수도 있고 영원한 적을 만들 수도 있다.

말은 학습과 경험에 의해 뇌의 뉴런에 저장되어 있는 수많은 기억정보들 중에서 최상의 조합을 통해 외부로 표출되는 것이다.

그래서 그 사람의 말을 들어보면 그 사람의 생각과 정서, 과거의 학습과 경험까지도 유추할 수 있으며 미래의 행동까지도 예측이 가능하다. 그렇기 때문에 말은 입에서 나오는 단순한 소리가 아니라 그 사람의 마음이 함께 묻어있는 것이다.

위대한 업적을 남긴 위인이나 큰 성취를 이룬 사람들의 공통점은 모두가 말의 위대한 견인력과 창조력을 잘 활용하여 주변 사람들의 마음을 움직일 수 있는 탁월한 능력을 가지고 있었다는 사실이다. 이처럼 견인력과 창조력을 가진 말은 사람들의 마음을 움직이게 할 뿐만 아니라 미래의 행동에까지 영향을 미치는 힘을 가지고 있다.

우리 주변의 성공한 사람들이나 영향력을 가진 사람들의 공통점도 이와 다르지 않다. 그들은 말이 가진 위대한 성취 에너지를 알고 있기 때문에 견인력과 창조력을 가진 말을 효율적으로 사용하기 위해 노력한다. 하지만 말이 중요하다고 해서 말을 잘 해야겠다는 막연한 바램과 생각만으로 말을 잘하는 사람으로 변화하지는 않는다. 자신의 생각을 자연스럽게 표현할 수 있는 정도로 말을 잘하기 위해서는 네 가지의 구체적인 노력이 필요하다.

첫째, 다독이다. 말을 잘하기 위해서는 책을 많이 읽어야 한다. 다독에 의한 다양한 지식의 입력이 부족하면 내면의 깊은 사고체계가 만들어지지 않아 표현력과 전달력의 한계를 갖게 된다. 위대한 사상가나 훌륭한 성취를 이룬 위인들의 글을 읽으며 자신의 지식체계를 풍부하게 만드는 학습과정이 필요하다. 자신의 말이 논리력과 합리성, 설득력을 갖추기 위해서는 뇌의 기억시스템에서 최상의 언어조합을 만들어 낼 수 있는 지식체계가 구축되어 있어야 한다.

말은 뇌의 기억시스템을 활용하는 것이기 때문에 뇌에 어떤 정보가 반복해서 많이 입력되어있느냐에 따라 출력되는 말이 달라지게 된다. 이와 같이 말은 과거 학습과 경험을 통해 기억된 정보를 활용하여 소리의 형태로 표출되는 것이기 때문에 많은 지식을 채워주는 읽기가 중요한 것이다. 읽기를 통해 입력된 정보는 뉴런에 저장되며 뉴런 간의 시냅스 연결을 통해 언어와 관련된 신경회로를 형성한다. 책 읽기, 정보탐색, 전문지식 습득 등은 다독에 속한다.

둘째, 다견이다. 아무리 지식체계가 훌륭하게 구축되어있다고 하더라도 훌륭한 말을 하는 모델을 모방할 수 없다면 훌륭한 말을 하는 것이 쉽지가 않다. 그 모델이 부모가 될 수도 있고 스승이 될 수도 있으며 전혀 관계없는 사람이 될 수도 있다. 말을 잘하기 위해서는 훌륭한 사람들이나 성공한 사람들의 이야기를 많이 듣고 그들을 모델링해야 한다. 보고 듣는 모든 정보는 자신의 지식체계가 되어 신경회로를 재배열하여 최상의 언어구사능력을 갖출 수 있도록 업그레이드시켜준다. 수용과 경청, 공감 등은 다견에 속한다.

셋째, 다연이다. 많은 지식체계를 구축하고 모델의 우수성과 탁월성을 모델링한다고 해도 반복적인 인출 과정이 부족하면 인출 정보와 관련된 전용신경회로가 구축되지 못한다. 이렇게 되면 새로운 인출 과정에서 불필요한 심리적 간섭과 부정적 정서가 생겨 심층적인 내용들이 제대로 표출되지 못할 수도 있다. 반복해서 밖으로 인출된 말은 굵은 전용신경회로를 형성하기 때문에 언제라도 쉽게 불려나올 수 있도록 활성화된 상태로 대기하게 된다. 인간은 사회적 존재이기 때문에 다른 사람들 앞에서 자신의 생각과 신념을 자연스럽게 표현할 수 있어야 한다. 그렇게 되기 위해서는 반복적인 인출 경험이 필요하다. 스피치, 토론, 발표, 일상적인 대화 등은 다연에 속한다.

넷째, 다작이다. 생각을 말로 하면 두배의 성취력을 갖게 되고 글로 쓰면 열 배의 성취력을 갖게 된다. 다독은 지식을 축적시키는데 도움을 주는 것이고 다작은 지식을 지혜화하는 것이다. 다작을 통해 논리적이고 합리적인 말을 할 수 있는 전용신경회로를 구축하게 된다. 글을 쓰는 사람의 말이 깊이가 다른 이유가 여기에 있다. 신문 사설을 필사하거나 일기 쓰기, 창작하기, 메모하기 등은 다작에 속한다.

많은 사람들이 착각하고 있는 것이 우리의 존재가 말을 만든다고 생각하는 것이다. 우리의 존재가 말을 만드는 것이 일반적으로 맞는 말이지만 반대로 말이 우리의 존재를 만들기도 한다. 말이 뇌신경과 연결되어 있기 때문에 자주 사용한 말이 우리의 존재와 정체성을 만들게 된다. 그래서 말을 어떻게 사용해야 하는지 잘 알아야 하는 것이다.

안정된 심리상태에서 말을 할 때 뇌에 저장된 기억시스템에서 최대한 적합한 조합을 만들어 표출한다. 하지만 뇌는 특정한 상황에서 사용할 수 있는 모든 조합을 시험해본 후에 언어를 조합하고 그것을 선택하여 인출하는 것이 아니라는 사실을 알아야 한다. 자주 인출되었던 말과 관련된 전용신경회로에 의해 말이 우선적으로 표출되는 것이다. 만약 자주 인출되었던 굵은 전용신경회로를 구축하지 못한 상태에서 지나친 각성이나 불안을 느끼게 되면 뇌는 큰 혼란에 빠지게 되어 논리적인 말을 하지 못하게 될 수도 있다.

그래서 평소 자주 입력된 지식체계와 자주 들었던 말, 자주 인출했던 말들이 굵은 전용신경회로를 만들어 우선적으로 선택되고 그 상황에 적합한 배열을 만들어 조합할 수 있게 해야 한다. 그렇기 때문에 다독, 다견, 다연, 다작이 중요한 것이다.

뇌는 그 무엇이든 반복하면 그것을 사실로 받아들이고 강한 믿음을 만들어 스스로를 통제하게 된다. 반복적으로 입력된 지식과 모델링, 인출에 의해 말과 관련된 전용신경회로가 만들어지면 그것과 관련된 신념을 만드는 고차원적인 뇌가 만들어져 이후에 사용하는 말이 바뀌게 되는 것이다. 사용하는 말이 바뀐다는 것은 곧 경험이 바뀌게 된다는 것을 의미한다. 말은 입에서 내는 단순한 소리가 아니라 삶의 흔적과 경험을 담고 있기 때문에 말을 바꾼다는 것은 삶의 경험을 바꾸는 것과 같은 의미를 가진다.

우리의 경험에 말이라는 특정한 틀을 씌우게 되면 그 말이 새로운 경험을 만든다. 경험에 어떤 말을 붙이는가에 따라 전혀 다른 느낌을 갖게 되는 것이다. 예를 들어 '조금 힘든 일'에 대해 말을 바꾸어 '일이 힘들어 죽겠어'라고 하면 힘들어 죽는 경험이 기억되어 신념으로 굳어지게 된다. 마찬가지로 '화가 나서 미치겠다'라는 말을 '기분이 살짝 나빠지려고 하네'로 바꾸면 경험이 바뀌게 된다. 이것은 우리 뇌가 경험을 기억화할 때 언어로 부호화시켜 저장하기 때문이다.

이와 같이 자신의 경험에 어떤 언어를 사용하는가에 따라 경험이 바꾸거나 조작될 수 있다. 즉 우리가 경험에 붙이는 말이 곧 자신의 편집된 경험이 되고 특정한 정서까지도 연결시키게 되는 것이다.

그것은 어떤 경험이 기억될 때 경험 당시에 느꼈던 특별한 신경적 반응을 함께 연합해서 저장하기 때문이다. 이처럼 어떤 말을 경험에 붙였느냐에 따라 경험과 정서가 달라지게 된다.

경험은 언어로 부호화되어 저장되기 때문에 언어로 표현될 수 없는 경험은 존재하기가 어렵다. 언어는 생각과 정서, 행동을 일으키는 신경회로에 같은 뿌리를 두고 있기 때문에 언어로 표현될 수 없다면 경험에 대한 개념이 존재하지 않는 것으로 볼 수 있는 것이다. 예를 들어 긍정적인 언어 신경회로가 강하게 구축되어있는 사람은 '우울하다', '좌절', '미워하다', '불행하다'와 같은 언어 신경회로가 존재하지 않는다. 그렇기 때문에 그러한 경험을 할 수가 없다.

반대로 부정적인 언어 신경회로가 강하게 구축되어있는 사람은 '할 수 있다', '성공', '사랑하다', '도전하다'와 같은 언어 신경회로가 존재하지 않는다. 그렇기 때문에 그러한 경험을 할 수가 없다. 이러한 메커니즘을 이해하면 왜 말을 존재의 집이라고 하는지를 쉽게 알 수가 있다. 그래서 말을 바꾸면 우리의 존재와 정체성이 바뀌고 운명까지도 바뀌게 되는 것이다. 우리의 모든 경험은 어떤 말을 덧입히는가에 따라 전혀 다른 형태로 기억된다. 결국 말을 바꾸면 우리의 경험이 바뀌게 될 뿐만 아니라 운명까지도 바뀌게 되는 것이다.

변형 어휘

일반적으로 단어와 어휘는 같은 뜻으로 많이 쓰이지만 정확히 구분이 가능하다. 단어는 자립적으로 사용이 가능한 낱말이며 어휘는 일정한 범위 안에서 쓰이는 낱말의 수효를 뜻하는 전체를 말한다.

즉, 말의 최소단위인 단어가 어떤 형태를 갖추면 어휘가 되는 것이다. 그런데도 많은 사람들이 단어와 어휘를 혼용해서 같은 뜻으로 사용하는 경우가 많은데 그 이유가 두 가지 모두 말의 형태로서 변화와 성취를 위한 놀라운 힘을 가지고 있기 때문이다.

우리 뇌에는 천억 개가 넘는 뇌세포에 과거의 학습과 경험이 언어로 부호화되어 기억시스템을 형성하고 있다. 뇌세포의 병렬적인 시냅스 연결에 의해 신경회로를 만들어 특정한 신경적 반응과 정서를 현재 상태에서 재연시킬 수 있는 연합기억을 이루게 된다. 그래서 특정 단어나 어휘를 사용하는 것만으로도 과거의 학습과 경험을 지금 여기에서 감정적으로 재연할 수 있을 뿐만 아니라 경험 당시에 겪었던 특정한 신경적 반응까지도 함께 불러오게 되는 것이다. 단순히 특정한 말을 사용했을 뿐인데 정서와 신경적 반응이 재연되는 이유가 바로 연합된 기억 시스템 때문이다.

말이 가진 위대한 힘을 알고 나면 자신이 어떤 말을 반복적으로 많이 사용해야 하는지에 대해 알게 된다. 그 이유는 자신이 한 말이든 다른 사람이 한 말이든 상관없이 자신의 뇌에 그대로 피드백되어 흔적을 남기기 때문이다. 하마 돼지라는 절대 긍정의 별명을 가진 나는 내 삶에서 말이 어떠한 영향력을 미쳤는지에 대한 분명한 경험을 갖고 있다. 멘탈에 대한 깊이 있는 공부와 다양한 체험을 반복하는 과정에서 반복적으로 사용하는 말을 긍정적으로 바꾸는 것만으로도 나의 정서와 생각, 행동까지도 바꾸게 된다는 사실을 깨달았다.

나는 학창시절 여러 사람 앞에서 스피치를 할 때 지나친 각성으로 긴장과 불안이 높아져 스트레스를 받은 기억이 있다. 나는 지금도 새로운 환경과 낯선 사람들 앞에서 진행되는 대중연설은 어느 정도의 긴장과 각성을 느낀다. 이런 상황에서 좀 더 편안하고 자연스러운 스피치를 위해 스스로의 정서와 신경적 반응을 통제할 수 있는 변형 어휘를 사용하게 되면서 많은 변화가 생겼다.

'오늘 많은 사람들과의 새로운 만남이 나를 설레게 하는군', '약간의 각성이 나를 활력 있게 만들어주는군', '오늘도 어김없이 설렘이 찾아오는군' 등의 변형 어휘를 사용하여 심리적 안정감을 유지시켰다.

변형 어휘를 반복해서 사용하게 되면서 대중연설이나 강의를 할 때 불안을 느끼는 것이 아니라 오히려 설렘과 활력을 느끼게 되었고 말을 긍정적으로 바꾸어 심리적 상태를 안정적으로 바꾼 것이다. 이처럼 말을 간단하게 바꾸는 것만으로 정서가 바뀌게 된다.

사람들은 평소 마음의 여유와 배려심이 많다가도 차에 올라타 운전대만 잡으면 마음의 여유가 사라지면서 조급해지고 배려심도 부족해지기 쉬워진다. 나도 가끔 운전을 할 때 조급하고 배려심이 없어지는 나 자신을 발견하고 깜짝깜짝 놀랄 때가 있다. 이럴 때 변형 어휘를 사용하여 내가 원하는 긍정적인 정서와 생각, 행동을 할 수 있도록 스스로를 조절하고 통제할 수 있게 노력한다.

예를 들어 운전 중 갑자기 끼어들기를 한 차량 때문에 신경질과 짜증을 내며 욕설을 하거나 화를 내는 것이 아니라 '저분이 많이 급하셨나 보구나', '저분은 참 운전을 용감하게 하시는구나', '저 친구는 정말 급한 일이 있나 보다' 등의 변형 어휘를 사용하게 되면서 어떤 상황에서도 나 자신의 정서와 생각, 행동을 통제할 수 있게 되었다. '저분', '급하셨나', '용감', '하시는구나', '저 친구는' 등의 말들은 뇌에 언어로 부호화되어 기억될 때 긍정적인 감정이나 존중 등과 관련된 특정한 신경적 반응이 긍정적으로 함께 연합되어 있기 때문에 변형 어휘의 선택이 나 자신의 감정과 행동 상태를 결정짓는 마중물 역할을 하게 되는 것이다.

누군가가 나를 화나게 하는 상황에서 간단한 수식어 하나만 사용해도 극한 감정상태에서 벗어나 자유로운 감정상태를 경험할 수 있다. '정말 짜증나', '화가 나서 미치겠어', '미워죽겠어'라는 말 대신에 '약간 기분이 안 좋아지려고 하네', '살짝 약이 오르네', '마음이 조금 불편해지려고 하네'라는 수식어를 써서 어휘를 조금만 바꾸어 주어도 감정이 완화되거나 긍정적으로 전환되는 경험을 할 수 있게 된다.

이처럼 긍정적인 변형 어휘는 우리의 정서와 생각, 행동을 긍정적으로 통제하고 변화시키는 강력한 힘을 가지고 있다.

말이 가진 위대한 성취력과 견인력, 창조력을 이해하고 활용할 수 있다면 자신의 정서와 생각, 행동을 원하는 상태로 통제할 수 있게 된다. 우리는 모두가 서로 다른 유전과 학습, 경험에 의해 생략, 왜곡, 일반화된 필터가 만든 마음의 지도를 가지고 살아간다. 습관적으로 사용하는 말을 바꾸면 마음의 지도가 바뀔 뿐 아니라 경험까지도 함께 바뀌게 되면서 경험에 대한 감정과 행동도 함께 바뀌게 된다.

우리는 세상을 있는 그대로 만나는 것이 아니라 생략, 왜곡, 일반화된 주관적인 마음의 지도를 사용하여 만난다. 그렇기 때문에 실제 세상을 객관적으로 만나지 못하고 생략, 왜곡, 일반화된 주관적인 필터에 의해 만들어진 세상모형으로 만나게 되는 것이다. 일상적으로 사용하는 말을 바꾸어 자신의 세상모형을 만드는 마음의 지도를 바꾸는 선택을 할 수 있다면 지금과는 다른 새로운 세상을 경험할 수 있게 된다.

마음의 지도는 초능력을 일으키는 네 가지 열쇠 중에 어느 것을 사용해도 바꿀 수 있지만 단순하고 짧은 말 한마디만으로도 얼마든지 바꿀 수가 있다. 우리의 경험뿐만 아니라 기억을 회상하거나 심층적인 생각과 감정을 말로 표현할 때도 마찬가지로 마음의 지도에 의해 생략, 왜곡, 일반화의 과정을 거친다. 그래서 표현되는 말을 바꾸면 정서와 생각, 행동이 함께 바뀌게 되는 것이다. 왜냐하면 말은 뇌의 기억시스템을 활용하는 것이고 모든 기억은 경험 당시의 특별한 정서나 신경적 반응이 함께 프로그래밍되어 있기 때문이다.

변형 어휘의 위대한 힘을 느끼고 싶다면 습관적으로 사용하는 일상적인 언어습관부터 조금씩 바꾸어야 한다. 특정 단어나 어휘를 새롭게 선택하여 반복해서 지속적으로 사용하게 되면 뇌신경회로가 재배열되고 기억된 모든 경험이 영향을 받기 때문에 어떤 말을 사용하는가에 따라 자신의 존재와 정체성까지 바뀌게 되는 것이다.

부정적인 언어를 좀 더 나은 긍정적인 언어로 대체하는 것만으로도 정서나 생각, 행동의 변화를 직접 경험할 수가 있다. '걱정스럽다'는 말을 '준비하는 마음'으로 고치고 '불안한 마음'이라는 말을 '조금 염려하는 마음'이라는 말로 바꾸게 되면 부정적인 정서와 생각, 행동이 긍정적으로 바뀌게 되는 것을 알 수 있다. '실패했다'를 '성공을 위한 디딤돌을 하나 더 만들었다'로 고치고 '두려움'을 '놀라움'으로 고치는 것만으로도 정서와 생각, 행동이 좀 더 긍정적으로 바뀌게 된다.

언어는 존재의 집이면서 정서와 생각, 행동을 이끌어내는 마중물이기도 하다. 그래서 우리가 사용하는 말 1%만 바꾸어도 삶이 99%가 바뀐다고 하는 것이다. 말을 바꾸면 우리의 삶이 바뀐다. 문제에 맞추어진 말을 바꾸어 원하는 상태에 초점을 맞추는 순간 말이 가진 힘에 의해 원하는 것이 창조되기 때문이다. 다시 한번 강조하지만 우리가 사용하는 말은 뇌신경과 연결되어 있기 때문에 말을 바꾼다는 것은 뇌신경회로의 배열을 바꾸어 존재와 정체성까지 바꾸게 되는 것이다.

말이 가진 치유의 힘

신체적인 질병의 80%가 심인성 질환과 관련이 있다는 통계가 있다.
이 논리로 보면 사람의 마음상태에 따라 신체적인 질병이 더 악화될
수도 있고 호전될 수도 있다는 것이다. 우리가 하는 말이 뇌신경과 연
결되어 있기 때문에 말을 바꾼다는 것은 뇌신경회로를 재배열하고 관
련된 화학물질을 분비하여 마음상태뿐만 아니라 몸 상태까지 바꾸게
된다. 그래서 희망과 믿음을 주는 말이 마음과 몸 상태를 건강하게 바
꾸어 치유의 힘을 갖게 만드는 것이다.

의학의 아버지로 불리는 히포크라테스는 사람의 생명을 다루는 의사
에게 세 가지 중요한 무기가 있다고 강조하며 "의사의 첫 번째 무기는
언어이고, 두 번째 무기는 메스이며, 세 번째 무기는 약"이라고 했다.
히포크라테스가 병을 치유하는 의사에게 첫 번째 중요한 것이 수술용
칼이나 치료약이 아니라 언어가 더 중요하다고 한 이유가 있다.
그것은 우리가 하는 말과 듣는 말이 뇌신경회로에 연결되어 있어 의사
의 긍정적인 말이 치유를 담당하는 환자의 잠재의식에 직접적인 영향

을 미쳐 마음과 몸 상태를 긍정적으로 변화시키기 때문이다.

사람의 생명을 다루는 의사가 하는 말은 심신이 허약한 상태에서 심리적 의지 대상을 찾고 있는 환자에게 절대적인 영향력을 미치게 된다. 말을 담당하는 언어중추신경이 우리 몸의 모든 신경계를 다스리며 뇌세포 중 98%가 말의 영향을 받는다고 한다. 몸이 아픈 환자는 마음도 함께 약해져 치유를 담당하는 의사에게 절대적 의존관계가 될 수밖에 없다. 그렇기 때문에 의사의 말 한마디가 치유를 위한 수술용 칼이나 치료 약보다 더 큰 치유효과를 가지게 되는 것이다.

아리스토텔레스는 "자신이 무엇을 말해야 할지 아는 것만으로는 충분하지 않다. 그것을 어떻게 말해야 할지를 알아야만 한다"고 했다. 환자는 의사로부터 의학적 진단명을 듣는 순간 증세가 더 악화된다. 그것은 말이 뇌신경회로와 연결되어 있어 진단명을 듣게 되면 그와 관련된 신경회로를 활성화시키고 병을 더 진행시키는 화학물질을 많이 분비하게 되면서 병을 악화시키기 때문이다. 예를 들어 의사가 내리는 '우울증', '조울증', '암', '심장질환', '대인공포증'과 같은 진단명은 환자를 그 진단명에 구속시키고 공포를 갖게 만든다.

의사가 내린 진단명에 대한 환자의 믿음이 강화되어 스스로를 통제하게 되면서 자신의 면역체계를 점점 약화시켜 무기력하고 우울한 정서와 생각, 행동을 하게 만들어 점점 병을 더 악화시키게 된다. 반대로 의사가 '많이 좋아졌네요', '점점 더 건강해지고 있어요', '조금만 더 노력한다면 완전히 회복할 수 있을 것 같아요' 등의 말을 하게 되면 환자는 활력과 치유와 관련된 뇌신경회로가 활성화되고 면역체계도 더 강화되어 병이 실제로 나아지는 효과가 나타나게 되는 것이다.

이처럼 말은 사람의 마음과 몸을 병들게 하여 죽이기도 하고 건강하게 만들어 살릴 수도 있는 힘을 가지고 있다. 말은 뇌신경과 연결되어 있기 때문에 습관적으로 사용하는 말을 바꾸게 되면 뇌의 신경화학적 작용이 바뀌게 된다. 이와 같이 입 밖으로 뱉은 말은 어떤 말이든 말과 관련된 현실을 만들어내는 초능력을 가지고 있는 것이다.

특히 다른 사람에게 영향력을 행사할 수 있는 사람은 말이 가진 위대한 힘을 긍정적으로 사용할 수 있는 언어구사능력을 갖추어야 한다. 말이 사람의 마음에 활력과 희망을 심어주어 생명을 살릴 수 있는 치유의 힘을 가지고 있기 때문에 '영향력을 가진 사람의 말 한마디가 그만큼 중요하다. 영향력을 가진 사람의 말이 사람의 마음을 어둡게 하거나 무기력하게 하여 병들게 할 수도 있고 심한 경우 멀쩡한 사람을 죽일 수도 있기 때문이다.

칼은 유용하게 잘 사용하면 맛있는 음식을 만드는 훌륭한 도구가 되지만 잘못 사용하면 자신뿐 아니라 다른 사람까지도 해치는 살상 무기가 될 수도 있다. 말도 마찬가지로 양날의 칼과 같아서 어떻게 사용하는가에 따라 우리 삶의 독이 되기도 하고 약이 되기도 하는 것이다.

어릴 때 할머니가 들려주던 재미있는 옛날이야기에 귀를 쫑긋 세우고 완전한 몰입 상태에서 들었던 기억을 몇십 년이 지나도 생생하게 회상할 수 있고 그 당시의 경험을 재연할 수도 있다. 그것은 할머니의 이야기가 의식을 우회하여 잠재의식에 바로 선명하게 입력되어 지워지지 않는 장기기억이 되기 때문이다. 말은 입에서 나오는 단순한 소리가 아니라 뇌신경회로에서 우리의 생각과 정서가 연합된 심층적인 마음이 표출된 의미어이다.

인간은 천억 개가 넘는 뇌세포 간의 시냅스 연결이 만든 신경회로의 숫자만큼 다양한 말을 구사할 수 있는 존재이다.

인간의 뇌는 하나의 뇌세포가 다른 수만, 수십만 개의 이웃 뇌세포와 병렬적 연결을 만들기 때문에 그 연결의 숫자만큼 다양한 생각과 정서, 말, 행동을 만들어낼 수 있는 가소성을 가지고 있다. 그리고 경험이 뇌에 저장될 때 언어로 부호화되는 과정에서 경험 당시의 특별한 정서나 생각이 연합되며 특정한 신경적 반응까지 프로그래밍된다.

이렇게 형성된 신경회로는 반복적으로 활성화되면서 광케이블처럼 굵은 전용신경회로를 구축하게 된다.

스토리텔링은 감성적 전달을 위해 이야기의 문맥에 전달자가 원하는 메시지와 감정 등을 하나의 치밀한 패키지로 압축하는 것이기 때문에 정서가 함께 연합되어 수신자의 뇌에 강력한 전용신경회로를 구축하는 효과가 있다. 스토리텔링을 통해 입력된 기억은 뇌의 장기기억시스템에 저장되기 때문에 잘 지워지지 않으며 연합기억 형태로 고차원적인 뇌에 작용하여 사고와 정서, 행동을 통제하는 힘을 가지게 된다.

우리 뇌가 논리적이고 이성적인 정보나 단순한 메시지 전달방법에 대해 민감성과 수용성이 떨어져 있기 때문에 반응과 변화가 반감될 수밖에 없다. 하지만 스토리텔링은 가랑비에 옷 젖는 줄 모르는 것처럼 정서가 잠재의식에 함께 묻어 들어오기 때문에 듣는 뇌에 전용신경회로를 형성하여 긍정적인 변화를 유도하는 강력한 힘을 가지게 된다. 뇌에서는 의식적으로 들어오는 정보에 대해서 분석과 이해, 판단, 계산 등을 하지만 잠재의식에 바로 들어온 정보에 대해서는 의식적 차원의 작업을 생략한다.

상대의 변화를 위해서는 다양한 언어적인 수단과 도구를 사용할 수 있지만 그중에서도 가장 효과가 뛰어난 방법이 바로 스토리텔링이다. 스토리텔링은 논리적이고 이성적인 단순한 메시지 전달방법이 아니라 감정과 메시지가 하나의 패키지 정보로 연합되어 장기기억에 그대로 저장되기 때문이다. 우리의 똑똑한 뇌는 실제 경험과 패키지로 압축된 스토리에 대해 구별할 수 있는 기능이 없기 때문에 스토리텔링은 직접 경험한 것과 비슷한 효과를 기대할 수 있는 것이다.

상담과 코칭을 진행할 때도 의식적 차원에서 이성과 논리를 가지고 상대를 설득하는 것보다 상대가 정서적 경험을 가질 수 있도록 해주는 것이 훨씬 더 효과적이다. 스토리텔링은 의식을 우회해서 잠재의식에 바로 접근할 수 있는 의사소통방법으로서 직접적으로 메세지를 전달하지는 않지만 아주 강하게 상대의 마음과 행동의 변화를 이끌어낼 수 있는 힘을 가지고 있다.

- 스토리텔링은 특정한 메시지를 이야기 형태로 전달하여 기존의 뇌에 프로그래밍되어 있는 기억과 정서를 새로운 스토리에 맞게 재배열하여 원하는 변화를 유도할 수 있는 새로운 전용신경회로를 구축한다.
- 스토리텔링은 부호화된 언어기억에 강렬한 정서를 연합시켜 특정한 신경적 반응을 일으키는 프로그램을 작동시킨다.
- 강렬한 정서를 불러일으키는 단 1회의 스토리텔링으로 뇌에 굵은 전용신경회로를 만들 수 있다.
- 스토리텔링은 논리적이고 이성적인 의식의 여과기를 우회하여 잠재의식에 바로 접근할 수 있기 때문에 영구적인 장기기억 형태로 뇌에 기억된다.
- 스토리텔링은 이야기에 정서가 연합되어 이야기가 통째로 전용신경회로를 만들기 때문에 이후 비슷한 자극과 단서에도 스토리텔링의 효과가 그대로 재연된다.

■ 스토리텔링은 상대가 트랜스 상태에서 받아들이기 때문에 고도로 집중된 최면적 효과를 기대할 수 있다.

스토리텔링은 이야기의 전개 속에 감정과 메시지를 삽입한다. 이야기가 언어로 부호화되어 뇌에 기억되는 과정에서 강렬한 정서를 연합시켜 특정한 신경적 반응을 일으키도록 프로그래밍된다.

스토리텔링의 방법은 자신의 실제 경험을 바탕으로 이야기를 그대로 전달하거나 각색하여 사용해도 되고 동화나 전설, 신화, 주변의 정보 등을 활용하기도 한다. 단순히 이야기를 전달하는 것이 목적이 아니라 상대의 변화가 목적이기 때문에 이야기 속에 분명한 메시지나 교훈이 될만한 사례가 포함되는 것이 중요하다.

특히 상대가 완전히 감정이입이 될 수 있도록 재미있고 사실적으로 감정을 덧입혀 전달하는 것이 효과적이다. 스토리텔링은 처음 시작이 힘들 뿐 여러 번 반복해서 하다 보면 이야기를 스스로 각색하거나 편집할 수 있게 되며 나중에는 창작까지 할 수 있는 능력을 갖게 된다.

스토리텔링은 메타포와 같은 것이며 자신의 이야기도 스토리텔링의 좋은 자원이 될 수 있다. 스토리텔링은 가랑비에 옷 젖는 줄 모르는 것처럼 트랜스 상태에서 아무런 정보간섭 없이 뇌에 스며들기 때문에 부드러운 접근이지만 그 효과는 강력한 것이다. 굳이 긴 문장이 아니더라도 처음에는 짧고 간단한 문장으로 스토리텔링을 반복하게 되면 나중에는 다양한 이야기를 활용할 수 있는 언어구사능력과 더불어 다양하게 창작할 수 있는 능력까지도 가질 수 있게 된다.

비유

우리의 경험이 뇌에 기억의 형태로 저장될 때 언어로 부호화되어 입력된다. 이때 부호화된 언어에는 특정한 정서가 함께 연합되어 기억되기 때문에 모든 기억에는 정서가 함께 묻어있다. 그래서 기억을 불러내는 비유적인 말은 과거의 정서를 함께 불러낸다.

비유란 어떤 개념을 설명하거나 전달하려 할 때 현상이나 사물에 빗대어 설명하는 것이다. 일상생활에서 무심코 사용하는 비유를 바꾸는 것만으로도 느낌과 감정상태가 바뀌는 경험을 할 수 있게 된다.

그래서 더 좋은 느낌과 감정을 유지시킬 수 있는 적절한 비유의 선택이 중요한 것이다.

- 삶은 치열한 경쟁이다.
  ☞ 삶은 재미있는 게임이다.
- 삶은 계산하는 것이 더 중요하다.
  ☞ 삶은 디자인하는 것이 더 중요하다.

- 그 사람은 우유부단해서 마음에 안 들어.
  - ☞ 그 사람은 바위처럼 무게가 있어 믿음직스러워.
- 삶은 함정 투성이다.
  - ☞ 삶은 새로운 도전과 실험의 연속이다.
- 진흙탕에 빠져 망했다.
  - ☞ 성공으로 가는 디딤돌을 놓고 있다.
- 끝없이 추락하고 있다.
  - ☞ 새로운 실험과 항해를 하고 있다.
- 또 힘든 하루가 시작된다.
  - ☞ 오늘도 설렘이 있는 새로운 도전이 기대된다.
- 모든 사람들이 나의 실수를 비난하고 있어.
  - ☞ 모든 사람들이 가족처럼 나를 응원하고 있어.

간단히 비유를 바꾸는 것만으로도 생각과 정서, 행동이 바뀌는 경험을 할 수 있다. 비유를 활용하여 초능력 사용법인 TESA의 생각과 정서, 말, 행동을 바꾸면 뇌의 신경화학적 작용과 반응이 함께 바뀌면서 관련된 전용신경회로가 구축된다. 이렇게 구축된 전용신경회로가 개인의 신념체계와 세상모형을 만든다. 우리 뇌는 모든 경험을 감각기관에서 수용하여 처리하기 때문에 감각을 바꿀 수 있는 적절한 비유를 활용할 수만 있다면 경험과 기억까지도 원하는 상태로 바꿀 수가 있다.

비유와 학습

우리의 감각기관은 엄청난 양의 새로운 자극과 정보를 쉬지 않고 받아들이지만 기존의 기억시스템과의 초점이 일치되지 않는 대부분의 자극과 정보는 생략한다. 그 많은 정보들 중에서 선택되어 들어온 정보는 감각피질에서 처리된 후 기존의 장기기억시스템에 저장된 비슷한 정보들과 비교과정을 거친다. 새로 입력된 정보가 과거의 학습과 저장되어 있는 기억들과 얼마나 유사한지 비교함으로써 새로운 정보를 인식하고 해석할 수 있게 되는 것이다.

새로운 학습과 경험은 기존의 기억시스템을 바탕으로 이루어지기 때문에 기억이 없다면 새로운 학습이 어렵거나 불가능하다. 만약 기존의 기억된 패턴이 없으면 뇌는 초점이 일치되지 않기 때문에 일시적으로 혼란을 느끼며 새로운 학습이 힘들어지는 것이다. 새로운 학습과 경험에 대한 인식과 해석은 기존의 기억시스템에 저장된 정보와 정서에 의존하고 있다. 그렇기 때문에 기존의 기억은 새로운 인식을 구조화할 뿐만 아니라 인식한 특정 정보에 초점을 일치시켜 그것과 관계없는 대부분의 정보를 생략시키게 된다.

이처럼 뇌의 정보처리는 새로운 인식을 할 때 기존의 기억시스템과 비교와 비유를 통하여 이루어진다. 비교와 비유는 가장 효율적인 학습 방법으로서 기존의 기억시스템에 저장된 아는 것과의 연결을 짓는 것이다. 이러한 뇌의 비교 기능과 비유법을 활용하면 모르는 것을 학습할 때 쉽게 이해하고 기억하는데 도움이 된다. 비유법은 다른 것에 빗대어 표현하는 수사법으로서 '~처럼', '~같이'와 같은 비유적 표현을 사용한다. 일상 언어에서 사용되는 대부분의 비유적 표현은 이미 친숙하고 잘 알려져 있는 것에서 덜 알려져 있는 것으로 단어의 범위를 확장함으로써 이루어지게 된다.

비유법은 기억시스템에 있는 기존의 기억을 다시 발화시키기 때문에 본질적으로 기억을 활용하여 학습의 효율성을 높일 뿐만 아니라 다른 사람들과의 의사소통에서도 긍정적인 영향을 미친다. 비유법은 길고 복잡한 설명이나 논리적인 언어구사능력이 필요한 것이 아니라 기존의 기억시스템에 저장된 정보나 정서를 재연시키기 위해 초점을 일치시키는 언어구사능력이다. 그래서 비유법을 잘 활용하면 짧고 단순한 표현을 사용하면서도 탁월한 소통능력과 설득력을 가지게 되는 것이다.

- 그 친구는 곰처럼 미련하다.
- 아버지는 황소처럼 부지런했다.
- 그녀의 입술은 앵두처럼 붉다.
- 하얀 팝콘처럼 핀 벚꽃이 아름답다.

- 어머니의 품속 같은 고향이 그립다.

이와 같이 비유법은 기존의 기억시스템에 저장된 정보와 감각을 재연시켜 현재 상태에서 비슷한 이해와 감정을 느끼게 해준다.

비유는 의식적 차원에서의 이해와 분석, 판단 등의 절차를 거치지 않고 잠재의식에 바로 접근하여 장기기억에 저장된 비슷한 기억과 연결된다. 그래서 의식적 차원에서의 논리적 사고 프로세스를 거칠 때보다 수용성과 학습효과가 뛰어나며 다른 사람들과의 본질적인 소통에도 도움이 되는 것이다.

비유법은 의사소통 과정에서 설득 효과를 내는 언어 패턴이다.

의사소통에서 비유는 현실의 본질과 현실에 대해 생각하고 접촉하는 세상모형 사이에 생각하는 방식을 결정짓는 중요한 역할을 하기 때문에 다른 사람을 설득할 때도 아주 효과적인 언어 기법이라고 할 수 있는 것이다. 일상생활에서도 사람들은 저마다 자신만의 세상모형으로 새로운 학습과 경험을 하기 때문에 공통적인 경험으로 기억되어 있는 것에 대한 비교나 비유법을 활용하는 경우가 많다. 대부분의 일상적인 언어 패턴을 보면 잠재의식에 깊이 뿌리내리고 있는 개념적 비유들을 활용해 인식과 해석을 한다는 것을 알 수 있다.

언어의 힘

우리는 모두가 일상생활 속에서 어떤 특정 약물에 중독된 상태로 살아가고 있다. 세상의 모든 사람들이 이 약물을 복용하고 있으며 약물의 효과가 너무 강력해서 뇌신경회로를 바꿀 수 있을 만큼 영향을 미친다. 이 약물은 한번 복용하면 중독되어 평생을 복용해야 하며 이 약물을 복용하지 않고서는 정상적인 사회생활을 할 수가 없을 정도로 약효가 강력하다. 이 약물은 종류가 다양하며 기존의 복용하던 약물과 전혀 다르다. 이 약물을 계속 복용하게 되면 뇌신경회로에 강한 자극을 가해 새로운 전용신경회로를 형성하게 된다.

의학의 아버지인 히포크라테스는 이 약물을 의사가 가져야 할 첫 번째 무기라고 강조했다. 그 이유는 의사가 환자에게 이 약물을 투여하는 순간 환자의 상태가 긍정적으로 변화하기 때문이다.

특히 성장과정에 있는 어린이와 청소년에게 이 약물을 투여하면 자기효능감이 증대되고 자신감과 자존감, 긍정적인 자기 개념이 형성된다.

이 약물에 반복적으로 노출되면 뇌에서 긍정과 관련된 화학물질을 분비시켜 어린이와 청소년의 감정적인 상태까지도 긍정적으로 바꾸며 성인이 된 이후의 삶을 결정짓는데도 크게 영향을 미친다.

만약에 스포츠 선수가 이 약물을 복용하면 자신의 평소 실력보다 훨씬 뛰어난 수행능력과 경기력을 발휘할 수 있게 된다. 중요한 것은 이 약물을 복용하면 선수의 멘탈과 신체적, 생리적 상태까지 긍정적으로 바꾸면서도 도핑검사에서 아무런 문제가 되지 않는다는 것이다.

안타깝게도 이렇게 좋은 약물을 많은 사람들이 일상생활 속에서 사용하고 있으면서도 대부분의 사람들이 이 약물의 긍정적인 효력을 제대로 알지 못하고 그것을 활용하는 능력도 부족하다.

오히려 이 좋은 약물을 부정적으로 잘못 사용하는 사례가 늘어나면서 자신과 가족, 주변 사람들에게 상처를 주는 심각한 부작용이 생기기도 한다. 모든 사람이 이 약물을 복용하지만 많은 사람들이 이 약물을 적정하게 사용하는 방법을 잘 모르기 때문에 자신의 상태를 좀 더 긍정적으로 변화시키지 못하는 것이다.

이 약물을 잘못 사용하여 부정적인 신경회로가 활성화되면 개인의 존재와 정체성을 무기력하고 부정적으로 만든다. 이렇게 생긴 부작용은 회복기간도 오래 걸릴 뿐만 아니라 완전한 회복도 쉽지가 않다.

그래서 이 약물을 잘 사용할 수 있는 방법을 배워야 한다.

이 강력한 약물의 이름은 바로 '언어'이다. 언어가 우리의 건강한 삶, 성취하는 삶, 행복한 삶을 창조하는 씨앗이 된다. 그래서 우리가 사용하는 말을 바꾸면 우리의 삶이 바뀌게 되는 것이다.

선택

우리가 일상생활 속에서 사용하는 말과 생각의 80%가 부정적이라는 사실은 부정적인 말이나 생각이 무조건 나쁜 것이 아니라 우리의 안전과 생존에 도움이 되기 때문이다.

우리 뇌에는 밤하늘의 별보다 더 많은 신경회로가 형성되어 있으며 그 많은 신경회로 중에서 특정한 회로를 선택하여 생각과 느낌, 말, 행동을 만들어낸다. 그 많은 신경회로 중에서 어떤 신경회로를 선택하여 반복적으로 자주 사용하는가에 따라 관련된 다른 신경회로를 함께 활성화시켜 우리의 생각과 정서, 말, 행동을 만들어내는 것이다.

유전적으로 이미 형성되어 있는 신경회로 중에서 특정한 학습과 경험, 피드백에 의해 반복적으로 자극된 신경회로가 굵게 형성되어 우선적으로 선택되고 쉽게 활성화된다.

수많은 학습과 경험, 피드백을 통해 형성된 기존의 신경회로에서 어떠한 자극과 정보를 반복적으로 선택했는가에 따라 우리의 상태를 만들게 되며 이것을 확률이라고 한다. 이 선택과 확률이 반복되고 고착화되면 그것이 개인의 세상모형이 되고 마음의 지도가 되는 것이다.

개인의 학습과 경험, 기억, 가치관, 신념, 문화, 종교, 감정, 태도, 습관 등이 주관적인 자신만의 세상모형을 만드는 필터가 되어 모든 선택의 준거로 작용한다.

우리는 매초마다 방대한 자극과 정보가 뇌로 유입되지만 그중에서 극히 일부만 인지하고 나머지 정보는 생략해버린다. 생략을 통해 부분적인 정보만 인지하는 것은 반복적인 학습과 경험, 피드백에 의해 특정한 신경회로가 선택되어 만들어진 주관적인 필터의 작용 때문이다.

이렇게 자기중심적이고 주관적인 필터가 만든 왜곡된 세상모형으로 또다시 자기중심적이고 주관적인 편향된 선택을 하기 때문에 실제 세상이 아닌 세상의 일부밖에 인지하지 못하는 것이다. 이것이 우리가 가진 인식의 한계이며 경계이다.

우리는 헤아릴 수 없을 만큼 많은 신경회로 중에서 특정한 신경회로를 선택하여 만든 자신만의 주관적인 세상모형을 가지게 된다. 이미 생략, 왜곡, 일반화된 자기중심적이고 주관적인 세상모형으로 생각과 정서, 말, 행동을 선택하여 자신의 상태를 만드는 것이다. 우리의 생각과 정서, 말, 행동을 바꾸면 뇌신경회로가 바뀌게 되고 필터와 세상모형까지도 함께 바뀌는 이유가 여기에 있다.

우리는 자신만의 세상모형으로 언제나 자기중심적이고 주관적인 선택을 할 수밖에 없다. 흔히 사람들은 모두가 다르다고 말을 할 때 다르다는 말의 뜻은 그 사람의 필터와 세상모형이 다르다는 뜻이다.

사람들은 누구나 자신만의 학습과 경험, 피드백에 의해 선택된 특정한 신경회로가 만든 세상모형을 가지고 있기 때문에 모두가 다를 수밖에 없는 것이다. 그 세상모형으로 자신의 상태를 선택하며 외부의 자극과 정보도 선택적으로 받아들인다.

위대한 성취를 이룬 사람들의 공통점은 그들이 가진 마음의 필터와 세상모형이 다르다는 사실이다. 그들은 일반인들이 가지고 있는 높은 부정의 비율을 긍정의 비율로 바꾸어 긍정적인 마음의 필터와 세상모형을 갖고 있었기 때문에 남다른 성취결과를 얻을 수 있었던 것이다. 긍정과 부정은 모두 우리 안에 이미 존재하고 있는 소중한 자원이며 어느 것을 더 많이 선택하는가에 의해 삶의 성취결과가 달라지게 된다.

긍정을 많이 선택하든 부정을 더 많이 선택하든 그것은 선택할 수 있는 확률일 뿐이며 새로운 생각과 정서, 말, 행동에 의해 신경회로를 바꾸면 확률도 함께 바뀌게 되는 가변성을 가지고 있다. 결국 신경회로를 바꾸는 TESA의 선택에 의해 확률은 달라질 수 있으며 부정과 긍정의 비율도 바뀔 수가 있는 것이다. 근본적으로 부정이 나쁜 것이 아니라 부정을 너무 많이 선택했기 때문에 부정의 확률이 높아 나쁜 결과를 만드는 것일 뿐이다.

누구라도 자신이 가지고 있는 자원과 다른 사람이 가지고 있는 자원, 환경적인 자원을 일치시킬 수만 있다면 그 어떤 성취도 실현시킬 수 있다. 이 세 가지 성취자원을 일치시키기 위해서는 먼저 자기 안에 있는 자원부터 일치시킬 수 있어야 한다. 자기 안에 잠재된 자원을 일치시키기 위해 필요한 것이 초능력 사용법인 TESA의 생각과 정서, 말, 행동을 일치시키는 것이다. 먼저 자기 안에 자원이 일치될 수 있을 때 다른 자원들을 끌어들일 수 있는 자성을 가질 수 있기 때문이다.

어떤 기자가 간디의 부인에게 "남편이 어떻게 그토록 많은 것을 성취할 수 있었습니까?"라고 물었다. 그러자 부인은 아주 간단하게 대답했다. "간단해요. 그는 자신의 생각과 말, 행동을 항상 일치시키는 사람이니까요." 초능력을 사용할 수 있는 핵심 열쇠를 세 가지나 가지고 있었던 간디가 위대한 성취를 이룰 수 있었던 것은 당연한 결과이다. 자신의 삶에서 이루고 싶은 간절한 목표가 있다면 그 목표에 생각과 정서, 말, 행동을 일치시켜야 한다.

이 네 가지가 일치되었다는 것은 자신의 모든 자원과 에너지를 사용할 수 있는 전용신경회로가 구축되었다는 것을 의미한다.

전용신경회로가 구축되었다는 것은 자신이 원하는 목표에 자신의 모든 자원과 에너지의 초점을 일치시켜 숨겨진 초능력을 활용할 수 있는 상태를 만들었다는 것이다. 이와 같이 완전한 일치시키기가 될 때 초능력을 활용한 기적적인 성취를 실현할 수 있게 된다. 성취를 실현시킬 수 있는 끌어당김의 자성은 지금 여기에서 무엇을 생각하고 느끼며 말하고 행동하는가에 따라 결정되기 때문이다.

중요한 것은 우리의 뇌는 그 무엇이든 반복하면 사실로 받아들이고 그것에 대한 믿음을 만들어 스스로를 통제하게 된다는 사실이다.

어떤 생각을, 어떤 정서를, 어떤 말을, 어떤 행동을 일치시켜 반복하는가에 따라 자신의 존재와 정체성이 형성된다. 즉 자신의 생각과 정서, 말, 행동을 원하는 목표에 일치시키고 반복할 때 그 어떤 것도 이룰 수 있는 초능력을 얻을 수 있게 되는 것이다.

사람들은 자원이 없거나 부족한 것이 아니라 자신이 가지고 있는 자원을 활용하지 못하고 그것에 초점을 일치시키지 못하는 상태에 머물러있을 뿐이다. 상태는 얼마든지 바꿀 수 있으며 간절히 원하는 것에 자신의 생각과 정서, 말, 행동을 일치시킬 수만 있다면 반드시 현실적인 성취의 결과를 얻을 수 있게 된다.

Chapter 5

행동

하는 것과 되는 것의 차이

비일상적 실재인 자신의 꿈과 목표를 일상적 실재인 현실로 바꾸기 위해서는 세 가지 단계가 필요하다.

첫 번째 단계는 '모르는 것'의 수준을 벗어나 '아는 것'의 단계로 올라가는 것이다. 우리는 아는 것의 단계로 올라가기 위해 끊임없이 지식을 습득하고 이론적인 체계를 갖추어야 한다.

두 번째 단계는 '아는 것'을 바탕으로 실행할 수 있는 '하는 것'의 단계로 올라가는 것이다. 우리는 하는 것의 단계로 올라가기 위해 끊임없이 도전하고 실행을 반복해야 한다.

세 번째 단계는 '하는 것'의 반복에 의해 아무런 의식적 노력이 필요 없는 '되는 것'의 단계로 올라가는 것이다. 우리는 되는 것의 단계로 올라가기 위해 뇌에 자동화된 전용신경회로를 구축하여야 한다.

그래야만 되는 것의 단계에 올라갈 수 있다. 우리는 되는 것의 수준에 의해 서로가 다른 독특한 존재가 되는 것이다.

아인슈타인은 어떤 문제에 대해 그 문제를 만들어낸 그 당시의 의식수준으로는 그 문제를 해결할 수 없다고 말했다. 그 문제를 해결하기 위해서는 먼저 문제를 만들어낸 의식수준을 벗어나 차원을 다르게 해야 한다는 말이다. 이 말은 문제에만 초점이 맞추어져 있는 수준으로는 그 문제에서 벗어나기 어렵다는 뜻이다. 그래서 문제에만 맞추어져 있는 초점을 원하는 것으로 전환해야 하는 것이다.

가난한 현실이 문제라면 이 가난한 상태를 만들고 유지하는 것이 자신의 의식이기 때문에 먼저 자신의 의식수준을 부자가 되는 것으로 바꾸어 가난한 문제를 해결해야 한다. 가난한 상태에 맞추어져 있는 현재의 의식으로는 가난한 문제를 해결할 수가 없기 때문이다. 현재 자신의 의식수준을 바꾸지 않은 상태에서는 어제와 같은 오늘을 반복하고 오늘과 같은 내일을 반복할 가능성이 높아진다. 결국 어제와 같은 오늘과 오늘과 같은 내일이 반복되는 중독된 패턴을 갖게 되어 가난한 삶에서 벗어나는 새로운 선택을 할 수 없는 것이다.

가난한 현실의 삶이 문제인데 가난한 문제에만 초점을 맞추는 것은 자신의 모든 자원과 에너지를 가난을 유지시키는데 사용하게 되어 가난에 점점 더 종속되는 삶의 결과를 얻게 된다. 가난을 벗어나기 위해서는 가난한 현실에 맞추어져 있는 자신의 초점과 의식수준을 원하는 것으로 바꾸어야 한다. 자신의 내면적인 변화가 없다면 현실의 가난은 영원한 삶의 굴레가 될 수밖에 없기 때문이다.

우리가 그 무엇을 성취하기 위해서는 먼저 자기 안에 그 무엇을 만들어야 하는 것이 성공의 법칙이다. 가난한 삶의 굴레에서 벗어나고 싶다면 자기 안에 먼저 부자가 된 자신을 만들 수 있어야 한다. 부자가 되는 방법을 반복해서 생각하고 느끼며 말하고 몸으로 실천하여 마음과 몸을 일치시키는 변화가 필요한 것이다. 먼저 자신의 마음속에서 원하는 부자에 대한 초점을 맞추고 이미 부자로 변화된 자신의 상태를 반복한다. 반복에 의해 그것은 마음속에서 사실이 되고 그 사실은 믿음으로 굳어져 자신과 환경의 모든 자원을 부자가 되기 위해 일치시키게 되면서 마음속 부자가 현실적인 부자로 변하게 된다.

사람들은 현실을 바꾸고 싶어하면서도 막연한 바램과 기대만으로 현실이 변화할 수 있을 것이라는 착각을 한다. 하지만 변화를 위해서는 '아는 것'과 '하는 것'의 수준으로는 안 된다. '아는 것'과 '하는 것'은 단기기억시스템에서의 의미기억이 되기 쉽다. 그래서 장기기억시스템의 내현기억인 '되는 것'의 수준이 필요한 것이다. 중요한 것은 자기 안에 먼저 '되는 것'의 단계를 만들 수 있을 때 외부의 '되는 것'의 단계가 이루어질 수 있다는 사실이다.

운동선수는 하나의 기술을 몸으로 익히기 위하여 수없이 많은 반복을 통해 의식적 개입 없이도 몸이 자동적으로 반응하는 상태를 만든다. 이 상태가 바로 내현기억시스템이다. 현재 자신의 삶에 변화가 필요하다면 일반적인 '하는 것'의 차원이 아닌 '되는 것'의 차원이 되어야 한다. 자신의 상태가 먼저 '되는 것'으로 바뀌는 순간 자기 자신뿐만 아니라 다른 사람과 환경의 변화도 저절로 일어나게 되는 것이다.

감각정보의 개념

　인간은 기억시스템의 도움으로 자기인식이 가능하며 다른 사람과의 소통도 가능하다. 기억시스템에서 생각과 정서, 말, 행동이 일어나기 때문에 기억이 없다면 우리의 존재가 무의미하게 될 뿐만 아니라 지각과 해석이 불가능하며 의사소통 자체도 불가능하게 된다.

　기억은 언어로 부호화되어 뇌에 저장되며 언어에는 정서가 함께 덧입혀져 있어 기억을 떠올릴 때 특정한 언어와 정서가 함께 불려 나온다. 그렇기 때문에 특정한 언어를 사용하게 되면 그 언어가 기억될 때 덧입혀진 정서도 함께 불려나오게 된다. 그래서 어떤 언어를 사용하는가에 따라 정서가 달라지는 것이며 말을 바꾸면 우리의 정서가 바뀌고 생각과 행동도 함께 바뀌게 되는 것이다.

　우리는 언어를 통하여 현실을 느끼고 사고하며 서로 간의 공감각을 형성하여 소통하게 된다. 사람들과의 소통 과정에서 어떤 행동과 태도에 대한 공감각은 그것이 오감을 통해 이루어지는 감각적인 표현인지 아니면 주관적 해석을 통한 표현인지에 따라 달라진다. 개인이 세상을 접촉하고 내면의 생각을 표현할 때 어떤 세상모형을 가지고 있는가에 따라 소통의 관문인 공감각이 바뀌게 되는 것이다.

표현에 대한 접촉과 경험은 두 가지 개념으로 이해할 수 있다.

첫째, 어떤 행동과 태도에 대한 언어가 감각에 기초하고 있다면 그 언어는 실제를 그대로 나타내고 있다고 볼 수 있다. 물론 받아들이는 사람의 세상모형에 의해 생략, 왜곡, 일반화되어 실제를 완전하게 표현하거나 받아들이지는 못하지만 표현할 때의 상태는 실제를 그대로 반영하고 있는 것이다. 예를 들어 '그는 고개를 숙이고 공원 벤치에 앉아 있었다', '그녀는 말을 할 때 어깨를 들썩이며 흐느끼는 목소리로 자주 눈물을 보였다', '그가 나를 꼭 안아주었다' 등의 표현은 사람의 감각적인 경험을 그대로 나타내고 있다.

둘째, 어떤 행동과 태도에 대해 비감각적이고 주관적인 해석을 하게 되면 소통 과정에서 그것이 서로 동일한 의미를 지니지 않는 경우가 많아진다. 소통 과정에서 어떤 행동과 표현에 대한 해석은 각자의 세상모형을 만드는 필터에 따라 다르기 때문에 그것이 실제와 달라지게 되는 것이다. 주관적 해석은 내적 표상의 영향을 받아 각자가 다르게 할 수 있기 때문에 해석적인 표현은 오감적인 경험의 구조를 자신의 세상모형에 맞추어 조작할 수가 있다.

뇌에서 하는 해석은 자신의 주관적인 경험을 바탕으로 이루어지기 때문에 감각적인 표현과 차이가 생기게 된다. 예를 들어 '그는 불안한 모습으로 고개를 숙이고 산만한 행동을 하고 있다', '그녀는 슬픈 얼굴로 이야기하며 모든 희망을 잃어버린 사람처럼 보였다' 등의 표현은 어떤 감각적인 경험에 대하여 주관적인 해석을 하고 있는 것이다.

이러한 주관적이고 비감각적인 언어가 사용되면 감각적인 실제 경험이 주관적인 필터에 의해 해석되기 때문에 실제와 달라지게 된다. 사람들은 자신의 실제 경험을 나타낼 때 생략, 왜곡, 일반화된 주관적 경험을 바탕으로 한 비감각적 해석과 설명을 통해 실제와 다른 표현을 하는 것이다. 이처럼 비감각적으로 표현된 사람의 행동은 실제 감각과 다를 수 있으며 그것을 관찰하고 접촉하는 사람도 다르게 해석할 수 있기 때문에 서로의 공통점을 찾지 못할 수도 있다.

중요한 것은 감각적인 표현과 비감각적인 표현은 서로 다르다는 것을 알아차리는 능력을 가져야 한다는 사실이다. 지도는 영토가 아니듯이 비감각적인 주관적 해석은 실제 경험이 아닐 수도 있다. 그래서 우리는 감각에 기초한 표현을 사용하는 훈련을 더 많이 해야 하는 것이다. 자신과 다른 사람의 감각에 대해 해석을 한다는 것은 자신과 상대의 사이에 거울을 두는 것이며 감각에 기초한 표현은 거울을 투명한 유리창으로 바꾸는 것과 같다. 우리의 삶에서 때로는 거울도 필요하고 유리도 필요하다.

■ 감각에 기초한 표현
  ☞ 손바닥으로 때리다.
  ☞ 팔짱을 끼고 있다.
  ☞ 얼굴이 창백하다.
  ☞ 음성이 떨린다.

☞ 목욕물이 뜨겁다.

☞ 신맛과 단맛이 나는 사과다.

☞ 바닷물이 차갑다.

■ 비감각적 표현

☞ 그는 불안을 느끼고 있다.

☞ 그는 거만한 태토를 보이고 있다.

☞ 그녀는 모든 희망을 다 잃어버렸다.

☞ 그 사람은 두려움을 갖고 있다.

☞ 목소리가 작은 것으로 보아 자신감이 부족하다.

☞ 그 사람은 항상 산만하다.

☞ 사람들이 무력하게 보인다.

사람들과의 관계 속에서 감각에 기초한 언어로 소통하는 것은 자신과 다른 사람의 실제에 더 가까이 접근하는 중요한 통로가 되며 감각에 기초한 표현과 비감각적인 표현을 분류하는 대조적 반응이 우리의 분류지각능력과 언어능력을 향상시켜 주게 된다. 우리는 사회화되어 가는 과정에서 수많은 학습과 경험으로 형성된 신경회로에 의해 비감각적이고 주관적 해석을 많이 사용할 수밖에 없다. 중요한 것은 감각에 기초한 표현과 비감각적인 표현은 우리가 선택할 수 있으며 그 선택은 상황과 대상에 따라 달라진다는 사실을 아는 것이다.

생각과 몸

다음의 두 가지 주장 중에서 어느 것이 더 마음에 와닿는가?

먼저 나의 생각이 나의 몸을 만든다는 주장이다. 내 몸은 생각을 만들지 않기 때문에 나의 정신세계가 몸뿐만 아니라 세상까지도 통제하고 창조하게 된다는 것이다. 반대로 나의 몸이 나의 생각을 만든다는 주장이다. 내 생각은 몸을 만들지 못하기 때문에 나의 몸이 세상과 접촉하고 소통하게 되면서 생각이 만들어진다는 것이다.

생각이 먼저인가 아니면 몸이 먼저인가에 대한 질문은 닭이 먼저인지 달걀이 먼저인지에 대한 영원히 풀리지 않는 물음과도 같다.

중요한 것은 무엇이 먼저인가에 대한 판단이나 정의가 아니라 두 가지는 따로 구분할 수 없는 상관성을 가진 다른 형태의 하나라는 사실을 깨닫는 것이다. 즉 생각이 몸을 만들고 몸이 생각을 만들기 때문에 내 생각 안에 몸이 있고 내 몸 안에 생각이 있다는 홀로그램적인 관계로 이해할 수 있다. 자신의 생각을 바꾸면 몸이 바뀌고 몸을 바꾸어도 생각이 바뀌는 상관성을 가지고 있기 때문에 이 둘은 구분할 수 있으나 분리될 수 없는 하나의 시스템으로 이해할 수 있는 것이다.

사람의 몸은 60조개가 넘는 세포로 이루어져 있으며 생각은 천억 개가 넘는 뇌세포가 다양한 시냅스 연결을 통해 형성된 특정한 신경회로에서 만들어진다. 그래서 생각을 바꾸면 뇌회로가 바뀌는 것이고 뇌회로가 바뀌어도 생각이 바뀌게 된다. 그리고 뇌는 몸의 부분이기 때문에 생각이 곧 몸을 바꾸고 몸이 곧 생각을 바꾸는 상관성을 가지는 것이다. 반대로 몸의 일부인 신경회로가 새로운 학습과 경험, 피드백에 의하여 바뀌면 신경회로에서 생성되는 생각은 언제든지 변화할 수 있는 가소성을 가지고 있다. 이처럼 생각과 몸은 어느 것이 먼저이든 상관없이 하나를 바꾸면 나머지 하나도 자동적으로 바뀔 수밖에 없는 상관성을 가지고 있는 것이다.

지금 당장 모든 행동을 멈추고 심호흡을 크게 3회 실시한 후에 아주 신맛이 나는 노란 레몬을 먹는 느낌을 생생하게 상상해보면 실제로 입안에 침이 고이는 신체적인 변화를 느낄 수 있다. 우리는 단순하고 짧은 상상만으로 몸을 변화시킬 수 있는 것이다. 또 지난 과거 중에서 아주 행복했던 추억이나 설렘을 주었던 성취경험을 회상하는 것만으로도 입가에 미소가 머금어지고 활력과 자신감이 생기면서 몸은 활력이 넘치는 상태로 변화하게 된다. 단지 상상하고 생각만 했을 뿐인데도 우리 몸은 변화하게 되며 이렇게 변화된 몸의 상태가 다시 생각과 정서에 영향을 미치는 순환적인 심신상관성을 가지게 되는 것이다.

반대로 한 시간 동안 땀 흘리며 열심히 운동을 하게 되면 운동을 시작하기 전과 분명히 다른 몸 상태가 되어 기분과 생각까지 달라진다.

또 몸이 아프거나 누적된 스트레스와 피로 때문에 무기력한 상태가 되면 기분이 가라앉거나 생각이 정리되지 않는 부정적인 정서상태를 경험하게 된다. 우리의 몸이 바뀌게 되면 기분과 생각이 함께 바뀌게 되고 기분과 생각이 바뀌게 되면 몸이 함께 바뀌게 되는 심신상관성을 가지고 있다. 이처럼 생각과 몸은 어느 것을 먼저 바꾸어도 서로에게 영향력을 행사하여 함께 변화할 수밖에 없는 비국소성의 연결고리를 가지고 있는 것이다.

생각은 뇌세포의 다양한 연결인 신경회로에서 만들어지고 생각을 만드는 신경회로는 몸의 일부이다. 그래서 뇌는 몸의 부분이면서 생각을 만드는 뿌리와 같다. 그렇기 때문에 생각을 바꾸는 것이 곧 뇌를 바꾸는 것이고 뇌를 바꾸는 것은 곧 몸을 바꾸는 것과 같은 것이다.

반복적인 생각에 의해 중추신경이 바뀌면 말초신경에 그 신호가 전달되어 뇌와 몸 전체가 변화할 수밖에 없게 된다.

이처럼 우리의 존재는 특정한 생각의 초점을 일치시키는 것만으로도 몸 상태를 바꿀 수가 있고 몸 상태를 바꾸는 것만으로도 생각을 바꿀 수가 있다. 무엇을 반복적으로 생각하는 자체가 우리의 존재가 되고 그 존재에 의해 삶의 성취결과를 얻게 되는 것이다.

재학습

우리의 존재는 타고난 유전을 바탕으로 반복적인 학습과 경험이 쌓여 구축된 전용신경회로에서 만든 신념체계에 의해 결정된다.

뇌는 그 무엇이든 반복하면 전용신경회로를 구축하여 사실로 받아들이고 믿음을 만들어 그것을 실현시키기 위한 의지를 가지게 된다.

때로는 견디기 힘들 만큼의 충격적인 사건이나 경험에 의해 단 한 번만에 전용신경회로가 만들어지기도 하지만 대부분 반복에 의해 구축되는 경우가 많다.

만약 어릴 때 충격적인 사건이나 스스로 감당하기 어려운 경험, 폭언이나 폭행 등이 반복되면 뇌의 특정 신경망이 과민하게 반응하는 패턴이 형성된다. 이러한 경험이 반복적으로 지속되면 부정적인 전용신경회로를 구축한다. 이와 같이 충격적인 사건이나 경험은 성장과정에서뿐만 아니라 성인이 된 이후의 삶에서도 지속적으로 재연되면서 부정적인 삶의 결과를 초래할 수 있다.

충격적이거나 강한 정서적 의미가 있는 부정적인 경험은 오랜 시간이 지나도 처음 경험했을 때와 유사한 자극과 단서에도 과거의 경험을 현재에서 그대로 재연하게 된다. 우리의 경험은 특정한 신경적 반응을 일으키게 되는 정서적 반응이 함께 연합되어 기억의 형태로 저장되어 있기 때문이다. 그래서 부정적인 전용신경회로가 활성화되면 뇌는 아주 미세한 자극에도 과거의 부정적인 패턴을 활성화시켜 스스로 스트레스를 받고 고통에 빠지게 되는 것이다.

지금 현재에서 그 무엇도 자신을 공격하거나 괴롭히지 않는데도 불구하고 과거에 경험했던 부정적인 기억시스템을 활성화하여 재연하는 과정에서 자신의 사고와 행동을 축소시키고 제한하는 부정적인 각본을 실행시키게 된다. 이것이 긍정적인 자원과의 연결을 약화시키거나 차단하는 트라우마가 되기도 하며 우울증이나 학습된 무력감으로 나타나기도 한다. 그것이 무엇이든 잘못된 인생 각본이 짜여지면 지금 여기의 삶뿐만 아니라 미래의 삶까지도 통제하는 힘을 가지기 때문에 자신의 무한 성취자원과 멀어지거나 단절되고 자신의 제한된 자원들과의 한정된 연결만을 짓게 되는 것이다. 이것이 자신의 경계를 축소시키는 부정적 자기 제한 신념이다.

부정적 자기 제한 신념을 만든 시작은 주변 환경이지만 지금 현재에서 이것에 대한 신념체계를 실행시키는 것은 자기 자신이다. 물론 초기의 선택과 결정이 부모나 권위자에 의해 조작된 것이 대부분이지만 그 조작을 수용한 것은 결국 자기 자신이기 때문이다. 그렇기 때문에 새로운 선택에 의해 부정적 자기 제한 신념을 얼마든지 바꿀 수가 있다.

한 사람의 삶은 대부분 어린 시기에 짜여진 기본적인 인생 각본에 의해 펼쳐지며 이때 만들어진 각본은 다른 환경과의 교류를 통해 살아가면서 지속적으로 업그레이드되거나 수정된다. 그래서 성장과정에서 어떤 사람과 어떤 관계로 연결되고 접촉하는가에 따라 자신의 인생 각본이 긍정적으로 쓰이기도 하고 부정적으로 쓰이기도 하는 것이다.

중요한 것은 이렇게 만들어진 인생 각본은 언제든지 자신의 자유의지로 바꿀 수가 있다는 사실이다.

우리의 삶이 무대 위에서 펼쳐지는 한 편의 연극이고 우리가 배우의 역할을 맡고 있다면 어떤 시나리오를 가지고 있느냐에 따라 자신이 해야 할 연기와 작품이 달라진다. 만약 연극 무대에서 펼쳐지는 연기가 마음에 들지 않는다면 자신의 시나리오를 바꾸어야 한다. 잘못된 시나리오는 하루라도 빨리 바꾸어야 하는 이유가 잘못된 시나리오를 가지고 최선을 다하는 연기는 최악의 작품이 될 수 있기 때문이다.

변화의 선택은 자신의 자유의지로 얼마든지 할 수 있는 것이다.

성장과정에서 잘못된 학습과 경험이 반복되어 부정적인 조건형성이 되고 그것이 뇌에 시나리오로 만들어지면 성인이 된 이후에도 과거에 만들어진 시나리오에 의해 경험 당시의 정서와 행동이 재연될 가능성이 높아진다. 오랜 시간이 지나도 뇌에 강하게 프로그래밍된 부정적인 시나리오는 미세한 자극과 단서만 주어져도 지금 현재에서 과거의 고통을 재연하는 악순환을 계속하게 된다.

우리 주변에는 과거의 잘못된 시나리오로 인해 힘들어하는 사람들이 너무나 많다. 그들은 본인뿐만 아니라 가족과 주변 사람들까지 힘들게 만들고 있으면서도 정작 자신의 문제를 제대로 알아차리지 못하고 변화의 필요성도 크게 느끼지 못한다.

그들은 대부분 성장과정에서 부모나 주변 사람들의 잘못된 사고와 정서, 행동을 그대로 수용하여 내사시킨 상태에 있는 경우가 많다. 그렇기 때문에 완전한 자기로서 살아가는 것이 아니라 부모나 권위자의 어두운 그림자가 드리워진 상태에서 조종당하는 삶을 살아갈 수밖에 없다. 이미 성인이 되어 어느 누구도 자신을 구속시키거나 통제하지 않지만 과거의 부정적인 학습과 경험을 통해 만들어진 잘못된 시나리오에 의해 보이지 않는 심리적 통제를 당하고 있는 것이다.

우리가 어떤 학습을 완성시키기 위해서는 단기기억시스템에서의 의식적인 반복을 통해 장기기억시스템인 잠재의식에 완전히 자동화시켜야 한다. 수많은 의식적 반복을 통해 잠재의식에 접근을 하든지 의식을 우회하여 잠재의식에 바로 접근을 하든지 상관없이 잠재의식 차원에서는 모두 사실로 받아들이게 된다. 사실로 받아들인 자극과 정보에 대해서는 믿음을 만들고 그 믿음에 스스로 통제당한다. 우리는 이러한 믿음에 의해 만들어진 신념으로 살아가며 그 신념이 인생 각본이 되어 우리의 삶을 통제하게 되는 것이다.

반복에 의해 특정 신경망이 활성화되면 전용신경회로가 구축되어 특정 대상에만 초점을 맞추고 나머지 회로들을 차단하거나 걸러낸다. 이렇게 되면 초점 대상만을 인지하고 반응하는 패턴이 형성되기 때문에 특정한 신경적 반응을 일으키는 중독상태에 빠지게 된다.

우리의 모든 행동은 뇌에 프로그래밍된 결과물이기 때문에 뇌가 부정에 중독된 상태라면 새로운 변화를 위한 수용성과 유연성을 잃어버리고 고정된 각본에 의한 패턴만 되풀이하게 될 가능성이 높아진다.

다행한 것은 우리 뇌는 재학습을 통해 얼마든지 변화할 수 있는 신경가소성의 능력을 갖고 있으며 그것을 선택할 수 있는 자유의지를 가지고 있다는 사실이다. 우리의 삶에서 잘못된 시나리오가 긍정적이고 성취하는 삶의 걸림돌이 되고 있다면 지금 즉시 잘못된 시나리오를 바꾸는 결단과 행동을 해야 한다.

우리의 삶에서 학습이 가능하면 탈학습도 가능하다는 사실을 아는 것이 중요하다. 학습과 탈학습이 가능하다는 것은 긍정적인 삶의 결과를 만들어내는 재학습도 가능하다는 의미이다. 우리의 유연한 뇌는 새로운 자극과 입력이 주어지면 얼마든지 새로운 신경망을 생성시키거나 강화시켜 기존의 중독된 각본을 바꿀 수가 있다. 다만 안타깝게도 많은 사람들이 뇌의 신경가소성을 긍정적으로 활용할 수 있는 새로운 선택과 결단을 하지 못하고 과거의 부정적인 각본에 중독된 포로가 되어 살아가고 있는 것이다.

그래서 기존의 잘못된 학습에서 벗어나 더 나은 선택과 결정을 할 수 있는 탈학습과 재학습이 필요하다. 더 나은 선택과 결정으로 재학습을 통해 그동안 우리의 삶을 통제하고 구속했던 부정적인 인생 각본을 긍정적으로 바꾸게 된다면 삶의 결과가 달라지게 될 수 있다. 새로운 생각과 정서, 말, 행동을 반복하는 초능력 사용법인 TESA의 훈련 프로그램은 인생 각본을 바꾸는 탈학습과 재학습 과정이다.

행동의 통제

다원화된 사회에서 살아가는 현대인들은 다양한 인간관계와 복잡한 과제나 일을 수행하는 과정에서 의도하지 않게 여러 가지 스트레스를 받을 수밖에 없다. 어떻게 보면 우리의 삶 자체가 스트레스의 연속이라고 할 수도 있다.

사람들이 심한 스트레스나 시련이 닥쳤을 때 가장 일반적으로 보이는 반응은 그것으로부터 안전하게 벗어나고자 하는 회피적 행동을 선택하는 것이지만 상황에 따라 싸움을 선택할 수도 있고 그 자리에 그대로 얼어붙는 선택을 할 수도 있다. 충격적인 경험이나 사건, 오랜 기간 누적된 좌절로 인해 학습된 무기력 증세에 중독된 상태가 아니라면 현재의 스트레스와 시련이 주는 고통에서 벗어나기 위해 최선의 행동을 우선적으로 선택하게 된다.

뜨거운 난로 위에 손을 올렸을 때 뜨거움의 고통에서 벗어나기 위해 손을 재빨리 떼게 되고 한여름의 무더위에서 벗어나기 위해 햇빛을 피하여 그늘을 찾거나 시원한 에어컨 바람이 있는 실내에서 더위를 피하는 행동을 한다. 이와 같이 고통을 피하기 위한 회피적 행동과 즐거움을 주는 지향적 행동을 선택하는 것은 모든 인간이 갖고 있는 자연스러운 생존본능기전이다. 뇌는 스트레스와 시련에 대해 생존에 위협이 되는 부정적인 정보로 받아들이기 때문에 그것에서 벗어나기 위한 회피적 행동을 먼저 선택하게 된다. 특히 스트레스와 시련의 고통이 너무 강하게 느껴질 때 뇌에서는 그것을 매우 위험한 신호로 해석하여 신속하게 현재의 고통에서 벗어나는 반응을 먼저 하는 것이다.

이처럼 뇌는 본능적으로 스트레스와 시련이 주는 고통을 회피하고 즐거움과 안전함을 지향하고 있다. 그래서 현재의 고통스러운 상황에서 벗어나기 위해 즐거움을 주는 대상이나 상황을 갈구하게 된다. 사람들이 심한 스트레스와 시련이 주는 고통 때문에 마음이 힘들 때는 종교에 의지하거나 평소 자신이 신뢰하는 사람에게 도움을 받을 수 있는지를 떠올리는 것도 생존본능기전이 발현되는 것으로 이해할 수 있다. 이러한 기전은 뇌가 고통스러운 상황에서 벗어나 즐겁고 안전한 상황으로 옮겨가기 위한 자연스러운 선택이라고 볼 수 있는 것이다.

고통스러운 상황을 벗어나기 위한 회피적 행동으로 때로는 크게 소리를 지르거나 운동을 하는 등 신체활동으로 마음상태를 전환하기도 한다. 만약 고통스러운 상황에서 벗어나기 위해 잘못된 회피적 행동을 선택하게 되면 술이나 게임, 유흥, 도박, 약물에 의존할 수도 있다. 특히 과거의 부정적인 경험이 만든 신경회로가 부정적인 정서에 중독된 상태라면 최악의 회피적 행동을 반복적으로 선택하는 중독상태에 빠지게 될 위험이 더 높아지게 된다.

스트레스나 시련이 주는 고통이 과거의 부정적인 경험을 재연하여 감정의 뇌가 통제력을 가지게 되면 전두엽의 자유의지 기능을 정지시켜버린다. 이 상태에서 뇌는 정상적인 인식능력이 떨어진 채로 심한 불안이나 공포를 느끼게 되면서 강력한 진정효과를 낼 수 있는 강한 자극을 찾게 된다. 자기인식을 객관적으로 할 수 있는 뇌 영역이 정상적인 기능을 하지 못하기 때문에 극단적인 자극을 주는 술이나 게임, 도박, 약물에 의존하는 잘못된 선택을 하게 되는 것이다.

뇌가 이러한 경험을 반복적으로 하게 되면 완전한 중독현상을 나타내게 된다. 이후에 과거의 충격적인 경험이나 사건을 회상하면 마음과 신체가 그 당시에 느낀 직관적인 감각을 그대로 다시 경험하기 때문에 중독된 패턴을 계속 사용하게 되는 것이다. 이러한 중독상태는 뇌간과 변연계를 과잉 활성화시켜 두려움과 공포에 심리적으로 압도당하고 생리적, 신체적으로도 흥분상태를 유지하게 만든다.

많은 사람들이 의식적으로는 이성과 자유의지의 힘을 빌려 과거의 나쁜 중독상태에서 벗어나려고 노력하지만 늘 똑같은 문제 상황에 빠져드는 선택을 반복한다. 이러한 비정상적인 선택을 하는 이유가 전두엽의 자유의지가 작동되지 않는 상태에서 동물적 뇌에 변연계가 뇌를 장악하여 외부의 자극과 정보에 상관없이 자신의 내면에서 중독된 패턴을 작동시키기 때문이다.

분절하기

어떤 문제가 크면 클수록 문제 해결에 대한 불확실성과 모호성의 정도가 더 커진다. 인간관계에서 불확실성과 모호성을 걷어내고 문제 해결을 위한 명확한 사실을 파악하기 위해 복합적으로 엉켜있는 커다란 전체 덩어리를 축소시키거나 적당하게 분절시키는 과정이 필요하다.

문제의 크기가 크면 클수록 불확실성과 모호성이 증가하기 때문에 작은 부분으로 분절하거나 고립시켜 부분의 변화를 통해 전체에 작용하게 만들어야 한다. 이처럼 분절을 통해 전체성을 이루고 있는 복잡한 문제가 조각으로 나누어지면서 문제가 쉽게 해결되고 원하는 것을 이룰 수 있는 방법을 찾을 수 있게 된다.

학습과정에서도 커다란 전체 과제를 부분으로 조각내어 단계별로 학습하게 되면 부분이 연결되어 크고 완전한 전체성을 이루게 되면서 학습능률을 더 높일 수 있다. 그 어떤 복잡한 과제도 적절하게 분절시키면 단순해져 쉽고 빠르게 학습할 수 있게 되는 것이다.

사람의 심리적인 부분도 마찬가지로 전체적인 문제가 생기게 되면 문제를 일으킨 부분을 따로 조각내어 부분에 대한 피드백을 제공하여 변화를 주는 것이 전체의 문제를 쉽게 해결하는데 도움이 된다.

부분이 연결되어 전체를 만들고 있기 때문에 전체를 이루고 있는 특정 부분은 다른 부분들과 다른 개념이 아니라 비국소성으로 상호작용하고 있다. 그렇기 때문에 부분을 조각내어 바꾼다는 것은 전체를 바꾸는 것과 같다. 이것을 홀로그램적으로 이해하면 부분과 부분은 비국소성으로 모두 연결되어 있기 때문에 작은 부분에 전체가 들어있는 것으로 볼 수도 있는 것이다.

심리적으로 어떤 문제가 발생했을 때 다양하고 복합적으로 연결된 감정과 정신활동에 대해 여러 개의 작은 조각으로 분절한 후에 상호연결의 배열을 바꾸게 되면 문제 해결이 쉬워진다. 전체로 접근할 때 알아차리지 못했던 복합적인 문제가 분절을 통해 알아차릴 수 있다면 그것에 가장 적합한 대처를 할 수가 있기 때문이다. 부분을 변화시키면 연결된 다른 부분이 함께 변화하기 때문에 부분을 변화시킨다는 것은 결국 전체를 변화시키는 것과 같은 것이다.

분절은 전체를 조각으로 나누는 것이지만 그 조각의 실마리를 통해 전체를 바꿀 수 있는 가장 빠른 선택이 되기도 한다. 그것이 학습이든 심리치유이든 분절은 부분의 변화를 통해 건강한 전체성을 변화시키고 완성해가는 과정이다. 분절의 궁극적인 목적은 문제 해결을 위한 하나의 작은 실마리를 통해 건강한 전체성을 이루는 것이다.

관성의 법칙

사람의 마음과 행동은 수시로 변화하는 가소성을 가지고 있으면서도 현상태를 그대로 유지하려는 일정한 관성도 함께 가지고 있다.

관성은 외부의 힘이 작용하지 않으면 물체가 현재 상태를 그대로 유지하기 위해 정지해있거나 직선상으로 일정한 운동 상태를 그대로 이어가는 것을 말한다.

우리 삶에서도 마찬가지로 변화하지 않으려는 관성에 의해 중독된 패턴을 갖고 있는 사람과 변화하려는 관성에 의해 중독된 패턴을 갖고 있는 사람이 있다. 어떤 사람은 변화를 거부하고 어떤 사람은 변화를 추구하는 관성을 가지고 있는 것이다. 변화를 거부하고 현실에 안주하는 사람은 거대한 바위와 같은 무게로 변화하지 않으려는 관성을 가지고 있으며 끊임없이 변화를 추구하는 사람은 둥근 공이 아무런 저항없이 굴러가는 것처럼 계속 변화하려는 관성의 힘을 가지고 있다.

만약 우리의 삶에서 새로운 변화를 위한 관성이 필요하다면 반복적인 새로운 학습과 경험, 피드백을 제공해주어야 한다.

관성은 일반적으로 현상태를 그대로 유지하려는 성질을 갖고 있지만 현재의 상태를 새롭게 변화시킬 수 있는 자극이 주어지기만 한다면 변화된 상태의 관성을 유지하게 된다. 우리는 고정된 관성을 선택할 수도 있고 끊임없이 변화하는 관성을 선택할 수도 있다. 중요한 것은 그 선택에 의해 우리 삶의 결과가 창조된다는 사실이다.

정지해있는 우리의 상태는 외부 또는 내부에서 어떠한 자극이나 힘을 가하지 않으면 움직이지 않는다.

- 우리는 반복적인 일상에 심리적, 신체적, 생리적 리듬과 패턴이 형성되어 그 주기에 맞는 화학물질을 분비하여 항등성을 유지하며 변화하지 않으려는 관성을 가지고 있다. 뇌는 변화하지 않고 현상태를 그대로 유지하는 것이 더 편안하다는 것을 알기 때문에 변화를 거부하는 것이다.
- 외부에서의 자극이든 내부에서의 자극이든 핵심은 본인의 뇌 프로그램이 변화하지 않으면 기존의 상태를 그대로 유지하려는 관성에 의해 그 어떤 변화도 일어나지 않는다는 사실이다. 모든 변화는 우리 안에서부터 일어나는 것이다.
- 관성을 벗어나 스스로 변화할 수 있는 자신의 에너지가 없을 경우 새로운 변화를 위해서 역치를 뛰어넘는 강한 자극이 필요하다. 강한 것, 반복적인 것, 선명하고 오감적인 자극이 변화를 위한 관성을 갖게 해주는 에너지가 된다.

■ 사람이 가진 관성은 중독상태에 머물러있는 것이며 중독에서 벗어날 수 있는 역치를 가진 새로운 자극이 주어지지 않으면 중독에서 벗어나는 새로운 변화는 기대하기 어렵다.

움직이고 있는 물체나 우리의 상태는 외부 또는 내부의 힘이 작용하지 않으면 같은 방향과 속도로 영원히 움직인다.

■ 중독된 습관은 외부의 저항이나 마찰이 없다면 자신의 사명과 비전을 향해 계속 나아간다.
■ 많은 사람들이 외부의 저항과 마찰이라는 간섭에 의해 뇌의 프로그램을 부정적으로 변화시켜 놓았기 때문에 앞으로 나아가지 못하거나 움직이지 않게 되는 것이다.
■ 우리의 삶에서 저항과 시련, 마찰이 없을 수 없다.
다만 저항과 시련, 마찰로 인해 생긴 부정적인 관성을 극복할 수 있는 강력한 멘탈의 힘이 필요할 뿐이다.
■ 팽이는 계속 움직이려 하지만 채찍이 새로운 자극을 계속 주지 않으면 외부의 저항과 마찰에 의해 팽이는 멈추게 된다. 이것이 우리가 살아가면서 자신을 업그레이드하기 위한 공부를 계속 해야 하는 이유이다.

물체는 스스로 어떤 마음이나 의향도 지니지 않고 있다.
하지만 사람의 마음은 다르다. 외부의 자극이 없어도 긍정적인 마음을 창조할 수 있는 힘을 가지고 있다.

- 물체는 어떠한 의도도 없이 현재 상태로 존재하지만 인간은 긍정적인 의도를 가지고 변화를 선택할 수 있는 존재이다.
- 드러난 행동이면에 있는 긍정적 의도를 파악할 수 있다면 현재의 고정된 상태를 바꿀 수 있는 힘을 얻게 된다.
- 현재의 고정된 상태를 바꾸는 힘의 시작은 내 안에 있을 수도 있고 외부에서 주어지는 자극일 수도 있다.
- 우리는 긍정적인 변화와 성취를 위한 모든 자원을 갖고 있는 상태로 존재하고 있으며 그것은 언제든지 사용이 가능하다.
- 자원을 발견하고 이끌어내어 활용할 수 있는 능력은 우리의 선택에 의해 결정된다. 우리는 모두가 관성의 법칙에 의해 통제당하고 있지만 관성을 새롭게 바꾸는 선택을 할 수 있는 능력도 동시에 가지고 있다.

관성은 좋고 나쁨이 있는 것이 아니라 우리의 상황과 상태에 따라 어떤 관성을 선택하여 삶의 성취자원으로 활용할 수 있는가에 의미가 있는 것이다. 현재의 고정된 상태를 그대로 유지시키는 관성이든 현재의 변화하는 상태를 그대로 유지하는 관성이든 그것이 우리 삶에 긍정적인 영향을 미쳐야 한다. 관성은 현재 상태를 그대로 유지시키려는 힘을 갖고 있기 때문에 새로운 변화를 위한 관성을 원한다면 현재의 관성을 넘어설 수 있는 더 큰 힘이 필요하다.

가속도의 법칙

속력이나 속도의 증가율을 가속도라고 한다.

물체에 가해진 힘에 의해 생성되는 가속도는 그 힘의 크기에 비례하게 된다. 변화하지 않으려는 관성을 가진 물체를 움직이게 하려면 역치를 뛰어넘는 외부의 힘이 가해져야 하며 이때 질량이 클수록 그 물체를 움직이게 하는 데는 더 큰 힘이 요구된다. 그것은 큰 질량에 작은 힘을 가하면 가속도가 작아지기 때문이다.

어떤 대상이든 힘을 가하면 가한 힘의 크기만큼 가속도를 만들어낼 수가 있으며 변화가 일어나는 가속도의 크기가 작다면 가해진 힘이 약한 것이다. 만약 우리 삶의 성취가 작다면 자신이 가진 에너지가 약하다는 의미이다. 그래서 작은 인물을 키우는 데는 작은 힘으로도 충분하지만 큰 인물을 만드는 데는 더 큰 힘이 있어야만 가속도가 생기게 되는 것이다.

우리의 삶에서 성취를 위한 가속도를 얻기 위해서 가해지는 자극의 크기와 지속이 중요하다. 가해지는 자극의 크기만큼 가속도가 생기기 때문에 더 큰 변화를 원한다면 더 큰 자극이 제공되어야 한다.

물체에 가해진 힘에 의해 생성된 가속도가 그 힘의 크기에 비례하듯이 우리의 삶에서도 자신과 환경의 자원을 증폭시켜 변화와 성취를 위한 에너지와 동기를 얻어야 한다.

- 동기를 부여하는 자극의 크기에 따라 변화를 위한 가속도의 크기가 달라지게 된다.
- 내부와 외부에서 변화를 일으키게 하는 자극의 크기가 작다면 가속도의 크기도 작아진다.
- 동기를 부여하는 긍정적인 자극이 제공되지 않으면 기존의 변화하지 않으려는 관성이 작용되어 가속도가 사라진다.
- 동기를 부여하는 자극의 크기가 크면 변화와 성취를 위한 가속도는 더욱더 커진다. 자극이 반복되면 그 가속도는 관성이 함께 작용되어 지속성을 가지게 된다.
- 삶의 가속도를 키우기 위해서는 계속적인 자기계발과 공부를 통해 반복적인 자극을 추가하는 것이 필요하다.

주어진 힘에 대한 가속도는 물체의 질량에 의존한다. 큰 질량은 동일한 힘이 작용되면 가속도가 작아지기 때문에 큰 질량을 움직여 가속도를 얻기 위해서는 더 큰 힘이 필요하다. 사람도 마찬가지로 큰 변화를 위해서는 더 큰 힘이 필요한 것이다.

- 질량이 큰 물체를 움직이기 위해서는 많은 힘이 필요하듯이 자기 주관이나 신념의 관성을 강하게 가진 사람이 변화를 위한 가속도를 얻기 위해서는 더 큰 자극을 필요로 한다.
- 부정적인 경험에 의해 형성된 관성을 긍정적으로 변화시키기 위해서는 더 많은 자극이 필요하다.
- 작은 리더십이나 약한 라포관계로는 큰 꿈과 목표를 가진 사람을 움직이지 못한다. 그래서 큰 꿈과 목표를 가진 상대를 성장시키기 위해서는 먼저 자기 자신의 리더십을 키우고 멘탈을 더 강하게 만들어야 하는 것이다.
- 큰 인물은 큰 힘의 작용이 있어야 큰 가속도를 낼 수가 있다.
  상대가 변화를 위한 가속도를 얻지 못했다면 자신의 힘이 부족하거나 라포가 형성되지 못한 상태에 있기 때문이다.
- 큰 질량에 큰 힘이 작용하여 가속도가 붙으면 관성이 작용하여 더 큰 에너지를 얻게 되듯이 큰 인물이 큰 자극을 받아 움직이면 엄청난 가속도를 얻게 되어 큰 성취를 이룰 수 있게 된다.
- 마음의 그릇이 작은 사람은 사소한 말과 작은 자극에도 쉽게 반응하고 움직이지만 가속도가 오래 지속되지 못한다.

어떤 질량을 가진 물체에 힘을 가하면 가속도를 만들어낼 수 있듯이 어느 누구든지 적절한 자극과 힘을 가한다면 변화와 성취를 위한 가속도를 얻을 수 있다.

- 사람들은 누구나 자신만의 성취자원을 자기 안에 가지고 있으며 적절한 자극을 가하기만 하면 원하는 성취를 위한 가속도를 얼마든지 얻을 수가 있다.
- 다른 사람이 성공했다면 또 다른 사람도 성공할 수 있다.
  우리에게 중요한 것은 우리 안에 있는 무한 성취의 자원과 에너지를 알아차리고 그것을 활용할 수 있는 능력을 가지게 하는 자극이다. 그 자극의 크기가 성취를 위한 가속도가 된다.
- 누구든지 역치를 뛰어넘는 알맞은 자극을 가한다면 원하는 삶의 성취결과를 창조하게 해주는 가속도를 이끌어낼 수가 있다.
- 우리는 성취자원이 없는 것이 아니라 고정된 관성에 묶여 가속도를 만들어내지 못할 뿐이다.
- 자극에 의해 자신의 성취자원을 증폭시키는 변화의 가속도가 붙게 되면 변화하는 관성이 유지된다. 가속도의 법칙은 '시작이 반이다'라는 말처럼 첫 시작에 많은 힘이 필요하지만 한번 변화를 위한 관성이 붙기 시작하면 더 큰 변화와 성취를 위한 가속도가 생기게 되는 것이다.

지금까지 자신의 삶에서 변화와 성취가 작았다면 그것은 자신의 능력과 자원이 부족한 것이 아니라 가속도를 얻는 힘을 활용하지 못하는 상태에 머물러 있었기 때문이다. 누구든 자원이 없는 사람은 없다.

다만 자원이 없는 상태가 있을 뿐이며 그 상태는 우리의 선택에 의해 얼마든지 바꿀 수 있는 것이다.

작용과 반작용

　모든 작용은 그 크기만큼 방향이 반대인 작용이 있다.

받은 만큼 돌려주고 주는 만큼 돌려받는 것이 작용과 반작용의 법칙이다. 농부가 봄에 씨앗을 뿌리고 가을에 수확하는 것과 마찬가지로 우리 삶의 현상들은 어떤 원인에 의해 결과가 나타나는 것이지 하늘에서 갑자기 결과가 떨어지는 것은 아니다. 우리의 삶에서 마음에 어떤 씨앗을 심느냐에 따라 뿌린 씨앗대로 결실을 얻을 수 있게 되는 것이다.

넓은 의미에서 보면 작용과 반작용은 우리 삶에 보편적으로 널리 적용되고 있는 삶의 법칙이다.

　충돌은 서로가 반대의 위치에서 같은 방향의 힘이 부딪혀 반대의 힘에 의해 특정한 형태의 변형을 일으키는 것이다.

　　■ 자동차가 충돌하면 반대의 힘에 의해 두 차 모두 흠집이나 파손이 생기듯이 인간관계에서 서로가 충돌하면 작용하는 힘만큼 반

대의 힘에 의해 서로 상처를 입게 된다.

- 인간관계에서 충돌은 서로의 다름을 인정하지 못하고 서로를 공격하거나 내 것만 옳다고 주장할 때 일어난다.
- 서로가 절대적으로 틀린 것이 아니라 서로 다르다는 것을 알고 상대의 긍정적인 의도를 공감해주고 수용할 수 있다면 대부분의 충돌은 막을 수 있다.
- 상대의 표출된 행동과 숨겨진 긍정적인 의도를 분리한다면 충돌을 피하고 상호존중속에 수용과 화합할 수 있는 관계가 된다.

보복의 법칙은 받은 만큼 돌려주는 것으로 '이에는 이'라는 반작용이 나타난다.

- 보복의 법칙은 자신이 상처 입은 만큼 상대에게 그대로 되돌려주는 것이다. 하지만 현실에서는 받은 것보다 더 많이 돌려줄 수도 있고 적게 돌려줄 수도 있으며 아예 돌려주지 않을 수도 있다.
- 보복의 법칙은 자신을 무시하고 비난하는 대상에게는 미움과 증오로 갚아주는 것이다. 하지만 자신이 주었던 미움과 증오는 다시 자기 자신에게로 되돌아온다.
- '원수는 외나무다리에서 만난다'는 말처럼 특정한 작용이 일어난 것은 특정한 시기나 장소에서 해결을 위한 만남이 언젠가는 이루어지게 된다.
- 사람과의 관계에서 긍정이든 부정이든 감정개입의 크기가 보복의

크기와 비례한다.

■ 보복의 법칙에서 더 나은 선택을 하고 좀 더 자유로워지기 위해서는 마음의 지도와 관점을 바꾸어야 한다.

호혜성의 법칙은 자신에게 어떤 혜택을 주었거나 마음의 빚이 있는 사람에게 자신이 받은 만큼 은혜를 갚는 것이다.

■ 호의적인 사람에게는 자신도 호의를 베풀어 받은 만큼 그 이상으로 돌려주고 싶은 것이 인지상정이다.

■ 인간관계에서 긍정적인 정보와 피드백을 받으면 긍정적인 반응과 태도를 보이게 된다.

■ 자기 내면의 긍정적인 에너지를 외부로 내보내면 긍정적인 외부의 에너지가 반응으로 돌아오게 된다.

■ 인간관계에서 긍정적인 생각과 말을 반복하면 긍정적인 사람과 긍정적인 관계가 형성된다.

■ 개인의 성향과 세상모형에 따라 호혜성의 크기와 반응의 차이가 있다. 받은 만큼 돌려주고 베푼 만큼 돌려받는 것이 우리의 삶에서 일어나는 작용과 반작용의 법칙이다. 또한 자기 안에 있는 내적 표상이 만든 외부 연결이 그와 같은 현실적인 반응과 결과를 만드는 것도 모두 작용과 반작용의 법칙이라고 할 수 있다.

■ 얻고 싶은 것이 있다면 자신이 먼저 그것을 상대에게 줄 수 있어야 한다. 내가 먼저 줄 수 있을 때 원하는 것을 얻을 수 있다.

어떻게 공식 l

갓난아기가 배가 고파서 울면 엄마는 아기가 원하는 것이 무엇인지 직관적으로 금방 알아차리고 젖을 물린다. 아기는 자신의 간절한 부름에 엄마가 응답할 것이라는 믿음을 갖고 있기 때문에 자신이 원하는 것을 이룰 수 있는 울음을 통해 엄마의 반응을 이끌어내게 된다.

아기는 현재 상황에서 '어떻게' 해야 엄마가 자신이 원하는 것을 주는지를 잘 알고 있기 때문에 울음이라는 전략을 선택하여 엄마의 반응을 이끌어낸 것으로 볼 수 있다.

우리의 삶에서 원하는 것이 있다면 아기의 간절한 울음과 같은 기능을 하는 질문이라는 형태의 신호를 보내야 한다. 자신이 원하는 목표에 간절한 마음으로 초점을 일치시키고 '어떻게'라는 질문을 사용하여 가장 좋은 방법으로 신호를 보내야 하는 것이다.

사람의 뇌는 성장과정에서 반복적인 학습과 경험을 통해 형성된 기억 시스템에 의해 어떠한 질문에도 답을 하게끔 세팅되어 있다. 그것이 스스로에게 하는 질문이든 타인의 질문이든 상관없이 모든 질문에 답을 하게끔 뇌에 이미 프로그래밍되어 있기 때문에 원하는 답을 얻기 위한 제대로 된 질문이 필요한 것이다.

모든 것은 우리의 마음에서 만들어지며 마음에 의해 달라진다. 뇌신경회로의 수가 밤하늘의 별보다 더 많기 때문에 우리의 마음은 그 무엇이든 창조할 수 있는 위대한 능력을 가지고 있다. 이처럼 마음이 곧 우주와 같다고 보는 관점에서 우리의 존재를 소우주라고 비유해서 표현하기도 한다. 사람의 존재와 마음이 소우주라면 사람의 존재와 마음이 바뀌면 우주가 바뀔 수도 있다는 논리가 성립될 수 있다.

양자적 관점에서 보면 자신이 간절히 원하는 것에 초점을 맞추고 '어떻게' 하면 원하는 것을 성취할 수 있을지에 대한 일치된 질문을 지속적으로 반복하게 되면 우주의 모든 자원과 에너지가 질문에 일치되어 어떤 형태로든 자신의 성취를 돕게 된다. 어떻게 보면 우리 삶에서 얻게 되는 모든 성취의 결과는 '어떻게'라는 질문에 대한 응답이라고 할 수도 있다. 초점에 대한 질문과 질문에 대한 초점이 일치되면서 원하는 성취를 이루기 위한 강력한 자성을 갖기 때문에 현실에서의 원하는 성취를 실현할 수 있는 모든 자원과 에너지가 일치되는 것이다.

- 나는 지금 일시적으로 무기력한 상태에 있다. '어떻게' 하면 지금 나의 무기력한 상태를 활력 있는 상태로 바꾸어 내가 원하는 성취를 이룰 수 있을까?
- 삶의 모든 결과는 내가 가진 신념에 의한 것이다. 지금 현재 나의 나약한 신념을 확고한 성공신념으로 바꾸기 위해

서 무엇을 '어떻게' 해야 할까?

■ 위대한 업적과 성취를 이룬 사람들이 보통 사람들과 다른 결정적
인 차이점은 무엇이며 '어떻게' 하면 나도 그와 같은 위대한 업적
과 성취를 이룰 수 있을까?

■ 올림픽에서 금메달을 획득한 선수는 '어떻게' 그 힘든 훈련과정을
이겨낼 수 있었을까? 지금 내가 겪고 있는 고통이 그들이 겪었던
고통보다 더 큰 것일까? '어떻게' 하면 위대한 성취를 이룬 선수들
이 사용했던 성공의 핵심기법을 내 삶에 적용할 수 있을까?

■ 초라하고 보잘것없는 과거를 가진 사람이 '어떻게' 삶의 시련과 역
경을 딛고 훌륭한 성취를 이룰 수 있었을까?

■ 나는 '어떻게' 나의 자유의지를 더 강하게 만들 수 있을까?
지금 현재의 나를 긍정적으로 변화시키기 위해 멘탈훈련을 '어떻
게' 하는 것이 도움이 될까?

■ 내 안에 잠든 거인을 깨우기 위해 나의 멘탈을 '어떻게' 훈련하는
것이 좋을까?

'어떻게'라는 질문을 의식적으로 반복하게 되면 무한한 자원과 에너지
의 보고인 잠재의식에서 그에 대한 답을 찾아주게 된다.

잠재의식은 초점이 맞추어진 반복적인 질문에 대한 분명한 답을 찾기
위해 24시간 작동되며 그 답을 찾지 못하면 365일, 평생 동안 그 답을
찾기 위해 쉬지 않고 노력을 한다.

하마 돼지라는 별명을 가진 나는 '어떻게'라는 질문을 통해 내가 원

하는 모든 목표를 성취할 수 있었다. 나 자신의 경험으로 볼 때 사명과 목표에 초점을 맞추고 그것을 성취하기 위한 전략을 선택하여 '어떻게' 실행할 것인가의 반복적인 질문을 했던 것이 내가 원하는 성취를 실현 시켜주었던 핵심적인 열쇠였다.

그리고 '어떻게' 살아가는 것이 가치 있는 삶이며 나의 사명은 무엇이고 그것을 실현하기 위한 목표는 무엇인가라는 반복적인 질문에 나 자신의 사명과 목표, 전략이 선택되고 현실에서의 결과를 만들어냈던 것이다. 나 자신의 생생한 경험으로 '어떻게'라는 질문 방법이 우리 삶의 변화와 성취를 창조하는 결정적인 열쇠라는 사실을 잘 알고 있다. 그래서 성공의 핵심적인 열쇠가 되는 '어떻게'라는 질문 방법에 '어떻게 공식'이라는 이름을 붙인 것이다.

우리는 흔히 하늘이 무너져도 솟아날 구멍이 있다고 말한다.
이 말에는 '어떻게 공식'을 활용하여 더 나은 선택을 하라는 메시지가 포함되어 있다. 하늘이 무너진 것만큼 절망적인 상황에서도 '어떻게' 하면 더 나은 상태로 변화할 수 있을까라는 질문에 초점이 모아지는 순간 이미 더 나은 상태를 만들어내기 위한 변화는 시작되기 때문에 만들어진 공식이다.

많은 사람들이 절망적인 상황에서 벗어날 수 있는 전략인 '어떻게 공식'을 사용하지 않고 쉽게 포기하는 선택을 하여 자신을 절망의 수렁에 더 깊이 빠지도록 만든다. 지금 현재의 절망적인 상황을 조금이라도 긍정적인 상황으로 변화시킬 수 있는 자원과 에너지가 자기 안에 존재하고 있다는 것을 망각한 채로 자신의 초점을 절망적인 상황에만 일치시켜 무기력한 상태에 머무는 어리석은 선택을 하게 되는 것이다.

　이러한 무기력한 상태는 문제 상황에만 자신의 초점을 일치시키기 때문에 긍정적인 자원과 성취 에너지를 선택하여 변화할 수 있는 능력을 잃어버리게 만든다. '어떻게 공식'을 통해 작은 변화라도 할 수 있는 실마리를 찾게 되면 자신의 내적인 자원과 에너지가 외부의 비슷한 자원과 에너지를 찾아내어 더 많은 연결을 짓고 더 나은 상태로 변화할 수 있는 새로운 힘을 얻게 된다. 우리 삶의 모든 성취결과는 우리가 어떤 신념을 가지고 어떠한 자원과 에너지를 사용하는가에 의해 창조되는 것이다. 자신의 성공신념과 일치하는 외부자원과의 연결을 짓기 때문에 '어떻게 공식'을 활용하여 자신의 현재 상태를 바꾸어야 한다.

　생각해보면 하마 돼지라는 별명을 가진 나 자신이 사용했던 초능력적인 에너지와 자원은 '어떻게 공식'을 활용할 수 있었기 때문에 가능했었다. 내가 다른 사람들보다 탁월한 자원과 에너지를 더 많이 가진 것은 결코 아니었다. 나 자신이 이룬 많은 성취결과는 내가 남들보다 우수성과 탁월성을 더 많이 가진 것이 아니라 초점 맞추기와 '어떻게 공식'을 활용하여 나 자신의 숨겨진 우수성과 탁월성을 선택한 것일 뿐이었다.

　그렇기에 다른 어느 누구라도 초점 맞추기와 '어떻게 공식'을 활용할 수만 있다면 나 자신이 이룬 성취의 크기보다 더 큰 성취를 이룰 수 있게 된다는 것이 절대적인 사실이다. 안타깝게도 많은 사람들이 탁월성의 자원과 에너지가 자기 안에 가득하다는 사실을 망각한 채로 살아가고 있다. 그들이 우수성과 탁월성을 가지지 못한 것이 아니라 그것에 초점을 맞추지 못하고 '어떻게 공식'을 자기 삶의 성공 지렛대로 활용하지 못하는 상태에 머물러있을 뿐이다.

누구라도 성공을 위한 초점 맞추기와 '어떻게 공식'을 자신의 삶에·활용한다면 원하는 성취를 이룰 수가 있다는 것이 나의 경험에서 얻은 확신이다. 누군가 할 수 있다면 다른 사람도 할 수가 있다. 그것은 절대적인 사실이다. 우리의 초점과 질문이 잘못되어 성취할 수 있는 자신의 상태를 선택하지 못해 성취하는 삶과 멀어져 있을 뿐이지 성취자원과 에너지를 갖고 있지 않는 사람은 없다.

우리의 뇌는 어떠한 질문에도 답을 하게끔 세팅되어 있기 때문에 '어떻게 공식'을 활용할 수만 있다면 원하는 상태와 목표를 성취할 수 있는 더 나은 선택을 할 수가 있다. '어떻게' 하면 원하는 목표를 성취할 수 있을지에 대한 질문이 반복되면 그 질문에 우리의 생각과 정서, 말, 행동이 일치되기 때문에 원하는 성과를 얻을 수 있는 초능력을 가질 수 있게 된다. 우리의 똑똑한 뇌는 어떠한 질문에도 답을 구하도록 이미 세팅되어 있기 때문에 반복적인 질문을 통하여 자신이 원하는 것을 구할 수 있게 되는 것이다.

어떻게 공식 II

　나는 누구인가에 대한 초점이 일치된 질문을 계속해서 반복하면 나의 존재와 정체성에 대한 답을 찾을 수 있게 된다. 우리의 똑똑한 뇌는 어떠한 질문에도 답을 하게끔 이미 프로그래밍되어 있기 때문에 초점이 일치된 반복적인 질문에 대한 답을 반드시 구해준다.

　그래서 현실이 아무리 힘든 상황에서도 어떻게 하면 지금보다 더 좋은 상황을 만들 수 있는지에 대한 초점이 일치된 질문을 반복해야 하는 것이다. 초점이 일치된 질문에 대한 답을 지금 당장 구할 수 없다고 하더라도 어떻게라는 반복된 질문이 지금 현재의 부정적인 상황을 긍정적으로 바꾸는 최선의 선택이 된다는 것은 분명하다.

- 어떻게 하면 지금 현재의 힘든 상황에서 벗어날 수 있을까?
- 어떻게 하면 지금 현재의 상황보다 더 긍정적인 상황을 만들 수 있는 선택과 행동을 할 수 있을까?
- 어떻게 하면 지금보다 더 큰 성취를 이룰 수 있을까?

- 어떻게 하면 지금 현재의 무기력한 삶에서 벗어나 활력 있는 삶을 살아갈 수 있을까?
- 어떻게 하면 내 꿈을 성취한 미래를 만들 수 있을까?
- 어떻게 하면 지금 현재의 힘든 경제상황에서 벗어나 더 풍요를 누리는 부자가 될 수 있을까?

어떻게라는 초점이 일치된 질문에 우리 뇌는 반드시 원하는 답을 구해준다. 성취하는 시기와 크기의 차이가 있을 뿐 어떻게라는 질문에 답을 주지 않는 경우는 없다. 이것이 바로 우리 삶의 성취결과를 얻게 해주는 어떻게 공식이다.

공부를 할 때 질문의 수준이 답의 수준을 결정짓게 되듯이 우리 삶에서도 마찬가지로 어떻게 공식을 활용하여 원하는 답을 구할 수 있는 제대로 된 질문을 할 수 있어야 한다. 우리 삶의 수준을 높이고 싶다면 스스로에게 던지는 질문의 수준을 높여야 하는 것이다.

시위를 떠난 화살이 목표지점에 초점을 일치시켜 정확하게 명중되듯이 수준 있는 질문은 수준 있는 선택을 위한 생각과 정서, 말, 행동에 초점을 일치시키고 모든 자원과 에너지를 활용할 수 있게 한다.

성공한 사람은 성공과 관련된 질문을 하고 그 결과 성공에 가까이 갈수 있는 더 나은 답을 얻는다. 결국 성공과 관련된 질문이 성공을 불러오는 것이다. 훌륭한 질문이 훌륭한 사람을 만들고 훌륭한 사람이 훌륭한 인생을 살아가는 지혜를 갖게 된다. 그래서 아름다운 질문을 하는 사람은 언제나 아름다운 대답을 얻게 되는 것이다.

우리는 어떠한 상황에서든 최선의 전략을 사용하여 최고의 결과를 만들 수 있는 선택권이 있다. 지금 현재의 상황이 최선을 선택할 수 있는 기회가 상실된 어려운 그 상황에서도 새로운 최선을 선택할 수 있도록 질문의 초점을 모아야 한다. 어떤 어려운 상황에서도 어떻게 하면 더 좋은 선택이 가능할지에 대해 지속적으로 초점이 일치된 질문을 하는 것이 중요하다. 예를 들어 가난한 현실에서 벗어나기 위해서는 어떻게 하면 부자가 될 수 있는지에 대한 질문을 끊임없이 반복해야 한다. 우리의 똑똑한 뇌는 초점이 일치된 어떠한 질문에도 답을 구해주기 때문에 부자가 되기 위한 반복적인 질문을 통해 전용신경회로를 구축하게 되면 부자가 되는 결과를 얻을 수 있다.

나의 경험으로 볼 때 아직까지 초점이 일치된 반복적인 질문에 답을 얻지 못한 경우는 없었다. 중요한 것은 원하는 것에 초점이 일치된 질문을 할 수 있어야 하는 것이며 그 질문을 중단하지 않아야 한다는 것이다. 원하는 것에 초점이 일치된 어떻게 공식이라는 질문은 우리의 생각과 정서, 말, 행동을 초점에 일치시켜 원하는 답을 얻게 해준다. 그리고 숨겨진 능력을 사용할 수 있게 하여 기적적인 성취경험을 할 수 있도록 해주는 것이 어떻게 공식이 가진 힘이다.

초점이 일치된 질문은 현실이 아닌 반복적인 상상에 대해서도 그것에 대한 믿음을 강화시키기 때문에 상상은 이미 현실로 변화하게 된다. 이처럼 어떻게 공식이라는 초점이 일치된 질문은 마음속에서만 존재했던 상상에 대해서도 그것을 현실화시키기 위해 변화와 성취를 일으키는 불씨를 지핀다. 또한 불필요한 정보간섭을 없애기 위해 초점과 일치되지 않는 관심 영역을 차단하기도 한다. 이처럼 어떻게 공식을 활용하여 초점이 일치된 질문에는 강력한 믿음이 만들어져 반드시 그것을 현실로 바꾸는 힘이 작용하게 된다.

어떻게 공식은 문제에 잘못 맞추어진 초점을 자신이 원하는 목표로 전환시켜주는 힘을 갖고 있다. 문제 상황에만 자신의 초점이 일치되면 그 문제의 수렁에 깊이 빠지게 되어 헤어나오지 못할 수도 있기 때문에 초점을 자신이 원하는 목표로 전환하는 것이 중요하다. 문제에 잘못 맞추어진 초점을 자신이 원하는 목표로 전환시키고 그것을 실행시키기 위해서 어떻게 공식을 사용해야 하는 것이다. 어떻게 공식을 긍정적으로 사용하게 되면 최악의 상황에서도 긍정적인 관점에서 현재의 문제에 접근할 수 있기 때문에 전화위복의 결과를 만들어낼 수 있게 된다.

- 현재의 사건이 나에게 어떻게 문제가 되는가?
- 현재의 문제를 원만하게 해결할 수 있는 여러 가지 방법 중에 최선의 방법을 어떻게 선택할 것인가?
- 현재의 문제로 인해 생긴 긍정적인 부분은 무엇이며 그것을 어떻게 찾을 수 있는가?
- 현재의 문제에 제대로 대처하여 더 좋은 결과를 얻기 위해서는 구체적으로 무엇을 어떻게 하는 것이 좋을까?
- 현재의 문제를 해결하기 위해 가장 먼저 준비하고 실행해야 하는 것은 무엇이며 그것을 어떻게 알 수 있을까?
- 현재의 문제를 해결하기 위해 나의 생각과 정서, 말, 행동을 어떻

게 일치시킬 것인가?

어떻게 공식이라는 초점이 일치된 질문은 우리의 생각과 정서, 말, 행동을 바꾸고 자신의 운명까지도 바꿀 수 있는 힘을 가지고 있다.

초점이 일치된 어떻게 공식이라는 질문에 새로운 행동을 시작하게 하는 힘이 있고 새로운 행동은 생각과 정서, 말을 바꾸어 성취를 위한 네 가지 열쇠를 원하는 것에 초점을 맞추게 해준다. 이 네 가지 열쇠가 원하는 것에 초점을 일치시키게 되면 잠재된 초능력을 활용하여 기적적인 성취결과를 창조해낼 수 있게 된다.

최악의 순간에도 초점이 일치된 어떻게 공식을 활용하면 언제나 최선의 선택을 할 수 있고 그러한 선택이 오히려 어려운 상황을 전환시켜 더 큰 성취를 이룰 수 있게 해주는 디딤돌을 얻기도 한다.

어떻게 공식을 활용하여 초점이 일치된 질문을 할 수 있는 능력은 누구나 가지고 있는 평범한 자원이며 그것을 언제든지 사용할 수도 있다. 다만 많은 사람들이 어떻게 공식을 활용한 질문을 통해 원하는 결과를 얻지 못하는 것은 원하지 않는 것에 초점이 일치된 부정적 질문을 사용하여 원하지 않는 결과를 선택하고 있기 때문이다.

우리가 원하지 않는 것을 피하기 위해 그것에 대한 생각과 정서, 말, 행동에만 초점을 맞추고 반복하면서 점점 더 문제의 수렁에 깊이 빠지게 되는 경우가 많다. 원하지 않는 것이 현실화되지 않기를 바라는 마음은 긍정적인 의도를 갖고 있는 것이지만 실제로는 부정적인 문제에 초점을 맞추고 있는 것이나 마찬가지이다. 이렇게 되면 원하지 않는 문제가 현실적으로 더 커지게 된다.

어떻게 공식은 원하지 않는 현재의 문제 상태에 맞추어진 초점을 원하는 것으로 바꾸는 초점 전환하기이다. 우리의 똑똑한 뇌는 반복적으로 입력된 어떻게라는 질문에 대한 답을 완벽하게 구하고 그것을 성취하기 위한 가장 최선의 방법을 찾아 더 나은 선택을 할 수 있게 해준다. 뇌는 어떠한 질문에도 답을 하게끔 세팅되어있기 때문에 질문의 수준이 답의 수준을 결정하게 된다. 어떻게라는 질문이 우리 뇌의 특정 신경회로를 활성화시켜 우리의 상태를 결정하도록 만들어 질문에 맞는 답을 반드시 구해주게 되는 것이다.

그래서 원하는 것이 있다면 어떻게라는 질문을 반복하여야 한다.
우리 뇌는 어떻게라는 질문에 대한 답을 찾아 현실적인 문제를 반드시 해결하고 원하는 것을 얻게 해주는 능력을 갖고 있기 때문이며 이것이 문제에 맞추어진 초점을 원하는 목표로 전환해야 하는 이유이다.

아이의 뇌신경회로는 어른의 뇌신경회로보다 유연성과 감수성이 훨씬 높아 외부 자극과 정보에 영향을 더 많이 받게 되며 그만큼 변화할 수 있는 높은 가소성을 가지고 있다. 가소성을 많이 가진 성장기에는 부모의 절대적인 영향을 받을 수밖에 없기 때문에 부모의 생각과 정서, 말, 행동을 그대로 모델링하고 내사하여 자기대상을 만든다.

자기대상은 대부분 어릴 때부터 형성되며 자신을 거울처럼 비추는 부모의 태도와 말, 행동, 피드백에 의해 형성된다.

정상적인 성장과정에서는 다양한 외부 자극과 정보, 피드백을 통해 자기 자신을 지켜내기 위한 심리적 내성과 건강한 자기대상을 형성하기 때문에 스스로를 지킬 수 있는 강한 자기 응집력을 만든다.

그렇기 때문에 자기 응집력을 키우기 위해서는 어릴 때부터 건강한 자기대상을 만드는 좋은 환경을 제공해주는 것이 무엇보다 중요하다.

성장과정에서 부모와 주변 어른들이 제공하는 외부의 자극과 피드백을 긍정적으로 제공해줌으로써 건강한 자기대상을 만들 수가 있다.

하지만 경험하지 않아야 할 부정적인 경험과 피드백이 반복되거나 꼭 경험해야 할 긍정적인 경험과 피드백이 제공되지 못할 때 심리적 내성과 자기 응집력이 약해진다. 자기 응집력이 약한 사람으로 성장하게 되면 외부에서 부정적인 정보가 들어오거나 정서적으로 충격적인 사건을 경험하게 될 때 자신을 방어하지 못하고 수동적이 되거나 부정적인 상황에 통제당하게 되면서 자유의지를 상실하여 궁극적으로 자기 자신을 상실하게 될 가능성이 높아진다. 그래서 성장기에 건강한 자기대상을 만들어 바른 인성과 태도를 형성하기 위해서 부모의 일관성 있는 바른 역할 모델과 코칭능력이 필요한 것이다.

아이는 자신의 거울뉴런을 작동시켜 부모의 생각과 정서, 말, 행동을 그대로 모델링하고 자기대상을 만들어 부모를 닮아가기 때문에 부모의 또 다른 모습인 부모의 그림자로 살아가게 될 가능성이 매우 높아진다. 더불어 부모가 보여주는 일관성 있는 태도와 피드백에 의해 자기대상을 만들고 행동을 조건형성시켜 자신의 존재와 정체성을 만들기 때문에 한 사람의 자기 응집력과 자기대상을 형성하는데는 부모의 역할이 절대적인 영향력을 가지게 되는 것이다.

성장과정에서 바른 인성과 태도를 형성하기 위해서는 부모의 공감과 격려가 가장 중요하다. 이러한 부모의 공감과 격려가 제공되고 라포가 전제된 상황에서 행동주의 심리학에 바탕한 강화와 처벌이라는 두 가지 코칭방법을 효율적으로 활용할 수 있어야 한다. 강화와 처벌을 활용한 코칭은 아이에게 허용한계를 분명하게 제시하여 허용한계 안에서의 행동에 대해서는 보상을 제공하고 허용한계를 벗어날 경우에는 처벌을 하는 것이다. 이때 부모가 처벌의 개념을 잘못 이해하여 체벌과 무시, 비난, 폭력적인 피드백을 반복하게 되면 인성이 파괴되는 심각한 문제가 생기게 된다.

인간의 뇌는 본능적으로 즐거움과 쾌락을 추구하는 심리를 가지고 있으면서 고통과 스트레스는 회피하려는 심리를 가지고 있다.

그렇기 때문에 즐거움과 보상을 제공하는 강화를 통해 지향적 동기를 유발하고 고통과 상실을 느끼게 되는 처벌을 통해 회피적 동기를 적절하게 유발할 수 있다면 행동을 형성하거나 수정하는데 도움이 된다.

강화와 처벌은 모두 중요한 교육적 기능을 가지고 있지만 처벌은 부작용을 초래할 위험성이 있으므로 가능하면 처벌을 적게 사용하고 강화를 많이 사용하는 것이 인성교육에 긍정적인 효과를 준다. 처벌을 줄이면서 바른 행동을 형성하거나 수정하는 부적 강화의 효과를 높이기 위해서는 규칙을 정하는 것이 필요하다.

강화와 처벌은 두 가지 모두 행동 형성과 수정을 위한 중요한 코칭 도구이다. 두 가지 도구를 활용하여 교육적 효과를 더 높이기 위해서는 먼저 행동에 대한 분명한 허용한계와 명료한 규칙을 세워야 한다.

허용한계와 규칙이 분명하게 세워져 있으면 부모의 처벌과 잔소리가 줄어들게 되고 아이와의 갈등이나 부딪힘도 줄어들게 된다. 명료한 규칙을 만들고 일관성 있게 적용하는 것은 처벌받을 행동을 하지 않게 하는 구속력을 갖도록 하기 때문에 반복된 처벌에 의해 발생하는 저항과 갈등 상황을 줄일 수가 있다.

성장기의 아이는 부모의 반복적인 생각과 정서, 말, 행동을 모델링하여 자기대상과 응집력을 만들고 자신의 존재와 정체성을 형성한다. 그래서 아이는 부모의 모든 것을 모델링하여 부모의 또 다른 모습인 부모의 그림자로 살아갈 수밖에 없는 존재가 된다고 하는 것이다.

만약 잘못된 코칭이나 부정적인 성장환경에 의해 자기대상이 부정적으로 형성되었거나 자기 응집력이 약해지면 성인이 된 이후에도 별것 아닌 주변의 자극에 쉽게 마음의 상처를 받게 되고 우울한 정서와 무기력 현상 때문에 심리적 고통을 겪게 될 수도 있다. 그래서 성장과정에서 부모의 역할이 절대적이라고 하는 것이며 먼저 부모의 멘탈을 강화하는 공부와 훈련이 필요한 것이다.

성인의 경우도 마찬가지로 학습과 경험, 주변 사람들과의 관계에서 받는 피드백에 의해 자기대상은 변화하게 된다. 그래서 성인이 된 이후에도 새로운 학습과 경험, 피드백에 의해 얼마든지 자신의 상태를 바꿀 수 있다. 뇌의 신경가소성은 나이에 관계 없이 새로운 자극과 정보가 반복해서 들어오면 계속적으로 신경회로의 배열을 바꾸고 새로운 조합을 만들기 때문에 원하는 자기대상을 만드는 변화가 가능한 것이다. 이것이 성인이 된 이후에도 우리가 계속적으로 멘탈에 대한 공부와 훈련을 게을리하지 말아야 하는 중요한 이유이다.

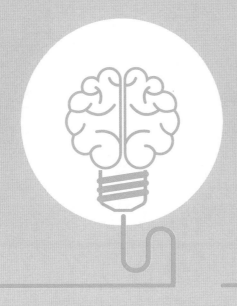

Chapter 6

변화

뇌의 지도

사고로 팔이 절단되면 신체에서 팔은 더 이상 존재하지 않지만 뇌에서는 팔에 대한 신경지도가 여전히 존재한다. 현실에서의 팔은 없어졌지만 뇌의 신경지도에는 팔이 그대로 존재하는 것이다. 그래서 팔이 절단되어 없어졌는데도 여전히 팔의 존재를 생생하게 느끼게 되는 것이며 심지어 날씨가 흐려지거나 비가 오는 날에는 현실 속에 존재하지 않는 팔에서 아픔을 느끼기까지 한다.

이것은 사고가 나서 팔을 절단하기 전까지 팔로 하는 수많은 활동과 자극으로 인하여 뇌에 팔과 관련된 신경지도가 생생하게 존재하기 때문에 일어나는 현상이다. 몸에서 사라진 팔에 대한 뇌의 지도는 계속해서 팔에 대한 표시를 나타내면서 활성화되기 위한 감각신호를 애타게 기다리고 있다. 현실적으로 몸에서는 팔이 없어졌지만 뇌에서는 잃어버린 팔을 움직일 수 있는 생생한 감각이 살아있기 때문에 팔에 대한 환상통을 느끼게 되는 것이다.

이러한 현상은 뇌의 운동 명령센터에서 팔이 떨어져 나간 것을 모르기 때문에 일어난다. 뇌가 몸에서 없어진 팔에 계속해서 운동 명령신호를 보내는 착각을 하게 되는 것이다. 그래서 뇌의 착각에 의해 실질적인 운동감각을 경험하게 된다. 뇌는 그 무엇이든 반복하면 사실로 받아들여 굵은 전용신경회로를 구축하여 그와 관련된 믿음을 만든다. 그리고 그 믿음이 자신의 몸을 통제한다. 그것이 현실이든 가상이든 진짜든 가짜든 가리지 않고 반복적인 자극과 입력이 들어오게 되면 그와 관련된 뇌의 지도를 만들어 흔적을 남기게 되는 것이다.

팔이 절단되고 없어졌는데도 뇌에는 과거에 반복해서 사용했던 신경지도가 살아있듯이 우리가 어떠한 생각과 정서, 말, 행동을 반복하는가에 따라 뇌에 새로운 신경지도가 그려진다. 그리고 반복에 의해 뇌에 그려진 지도는 차츰 과거와 현실, 미래를 바꾸는 신념으로 자리 잡아간다. 왜냐하면 나는 누구인가라는 질문에 대한 가장 빠른 답이 지금 여기에서 반복적이고 지속적으로 생각하고 느끼고 말하고 행동하는 것이기 때문이다.

이것이 나의 존재에 대한 절대적인 정의가 될 수는 없지만 우리의 뇌는 반복적인 생각과 정서, 말, 행동을 하게 되면 그와 관련된 굵은 전용신경회로를 형성하게 된다는 것은 분명하다. 이 전용신경회로가 뇌의 지도와 세상모형을 만들게 되는 것이다.

이성적인 뇌

우리는 이성적일 때도 있고 감정적일 때도 있지만 완전한 이성적인 존재와 완전한 감정적인 존재가 될 수는 없다. 우리는 이성적인 존재에 가까운가 아니면 감정적인 존재에 가까운가에 대한 해답을 얻기 위해 뇌에 대한 이해가 필요하다.

먼저 뇌의 진화적 관점에서 보면 첫 번째 뇌인 뇌간과 소뇌 영역인 생명의 뇌는 심장박동과 호흡, 몸의 균형과 움직임을 조율한다.

두 번째 뇌인 중뇌는 변연계이며 감정조절을 위한 화학물질 분비, 생리조절, 섭식, 싸움과 도주, 성행위 등의 역할을 맡고 있다.

세 번째 뇌인 대뇌신피질은 인지능력과 창의력의 중추로서 고차원적인 뇌의 기능을 맡고 있으며 이성, 계획, 창조, 통합의 역할을 한다.

세 가지 뇌는 전체성으로 작동되며 하나가 변하면 나머지도 함께 변하게 되는 상관성과 비국소성을 가지고 있기 때문에 구분은 할 수 있으나 분리는 할 수 없다. 이 세 가지 뇌가 맡고 있는 역할을 전두엽에서 전체성으로 통합하여 운영하는 것이다. 그중에서 이성적인 뇌는 대뇌신피질 영역으로 의식적인 생각과 신념의 형태로 자기를 표현한다.

- 나는 할 수 있다.
- 노력하면 성공할 수 있다.
- 지금 화가 나지만 참을 수 있다.
- 지금보다 훨씬 더 좋아질 것이다.
- 맛있는 음식을 먹고 너무나 행복하다.

감정의 뇌는 변연계에서 주로 맡고 있으며 소뇌와 뇌간과의 긴밀한 관계 속에 감정과 느낌, 신체반응으로 자기를 표현한다.

- 떨리는 기분
- 속이 뒤틀리는 느낌
- 심장이 쿵쾅거리는 반응
- 호흡이 빠르고 얕아지는 변화
- 비통한 심정
- 쓰러지는 반응
- 뻣뻣하게 굳어버리는 반응
- 분노하며 방어적인 행동

이성적인 뇌는 감정의 뇌를 통해 정보를 받기 때문에 감정이 어디에서 어떻게 생기는지 알 수 있는 탁월한 능력을 가지고 있다.

하지만 이성적인 뇌는 이미 표출된 감정이나 감각, 생각 자체를 완전하게 통제하거나 없애지는 못한다. 이성적인 뇌에서 왜 그런 느낌을 받는지 이해한다고 해서 느끼는 방식이 바뀌지는 않기 때문이다. 그래도 그 이유를 알면 격렬한 신체반응에 어쩔 수 없이 무기력하게 끌려가지 않도록 대처할 수는 있다. 패턴 깨기나 관점 바꾸기, 앵커링 등을 통해 감정의 뇌에 완전히 통제당하지 않게 조절할 수 있는 것이다.

우리의 삶이 지치고 힘들수록 이성적인 뇌가 감정에 자리를 내주는 일이 더 빈번히 생기게 된다. 그래서 이성적인 뇌와 감정의 뇌 사이에 적절한 균형을 회복하여 자신의 반응과 처세방식에 스스로 책임을 느낄 수 있게 해야 한다. 그러기 위해서 우리의 자유의지를 강화하는 멘탈에 대한 공부와 훈련이 필요한 것이다.

자유의지는 자신의 판단과 선택, 행동을 스스로 조절하고 통제할 수 있는 전두엽의 고유한 기능이다. 우리의 존재는 특정한 원인에 의해 이미 결정된 인과관계적인 법칙에 영구적으로 구속되는 삶을 살아가는 것이 아니다. 각본 이론과 같은 결정론적인 관점이 분명히 존재하지만 우리의 존재는 지금 현재에서의 자유의지로 생각과 느낌, 말, 행동을 선택하여 반복함으로써 얼마든지 원하는 상태로의 변화가 가능하다.

초능력 사용법인 TESA의 네 가지 열쇠가 되는 생각과 정서, 말, 행동이 바뀌면 뇌의 전용신경회로가 새롭게 바뀌기 때문에 이성적인 뇌가 지배권을 가질 수 있게 된다. 이성적인 뇌가 지배권을 가지게 될 때 감정의 뇌와 상보적인 협력관계를 회복할 수 있게 되는 것이다.

전두엽의 기능

사랑하는 남녀가 함께 보내는 시간이 많아지고 더 깊은 애착을 느끼게 되면 표면적으로 드러나는 감정의 변화뿐만 아니라 뇌의 신경화학적인 변화도 함께 일어나게 된다. 강렬한 사랑에 빠지면 기분을 상승시키는 도파민과 세로토닌 같은 물질의 분비량이 늘어난다. 반대로 이별은 감정조절이나 정서적 유연성과 관련이 있는 물질의 분비량을 급속하게 줄어들게 만든다.

이와 같이 뇌에서 세로토닌 분비량이 급속하게 줄어들면 감각장애나 충동성이 생기며 뇌의 특정 부위가 과도하게 활성화되거나 무기력해지게 된다. 이렇게 뇌의 특정 부위가 과도하게 활성화되거나 무기력해지면 주의력의 전환이 힘들어지고 융통성이 줄어들게 되어 자신만의 경직된 사고와 왜곡된 세상모형에 갇혀버린다. 이 상태에서 특정한 대상이나 생각, 행동에 집착하는 성향이 나타나게 되는 것이다.

격렬한 사랑에 빠지게 되면 상대에 대한 생각을 멈출 수 없고 함께 있지 못하면 마음이 불안해지며 일상의 다른 모든 일들을 우선해서 사랑하는 사람을 더 만나게 되는 것도 신경화학적인 변화 때문이다.

사랑하는 사람을 생각만 해도 기분이 황홀해지며 행복해지고 만나면 헤어지기가 싫어진다. 그러다가 상대가 전화를 받지 않거나 연락이 되지 않을 때 화가 나고 조급해지는 심리상태가 되며 함께 있지 못하면 다른 일이 손에 잡히지 않는 가벼운 강박과 집착적인 태도를 보이는 것도 모두가 신경회로와 화학물질의 작용이다.

만약 이러한 두 사람의 사랑하는 관계가 어떤 이유로 인하여 깨지기라도 하면 화학물질의 분비에 이상이 생기게 되면서 큰 정신적 상실감과 분노의 감정에 휩싸이게 된다. 더 심한 경우 화학물질 분비의 급속한 변화로 지나친 강박이나 충동적인 감정, 질투심, 스토킹에 몰입하는 부작용을 나타내기도 한다.

이러한 증상이 심해지면 상대에 대해 편협되고 일방적인 특정한 감정을 갖게 되면서 자신의 감정을 조절하지 못하거나 충동적이 되어 과격한 행동을 하게 될 수 있으며 성폭력의 가해자가 될 수도 있는 위험성을 갖게 된다. 이때 인간을 인간답게 하고 뇌의 CEO 역할을 하는 전두엽이 제기능을 하지 못할 경우 생리적 욕구를 채우기 위해 나쁜 범죄자가 되는 선택을 하게 될 수도 있는 것이다.

다행히 우리의 위대한 뇌는 부정적인 화학물질의 작용과 유혹에 견디어낼 수 있는 훌륭한 전두엽의 자유의지를 가지고 있다.

자신의 사고와 행동을 스스로 조절하고 통제할 수 있는 전두엽의 자유의지는 반복적인 인성교육과 멘탈훈련을 통해 강화할 수가 있기 때문에 우리를 동물적 수준에 머물지 않게 해준다. 멘탈에 대한 공부와 훈련을 통해 대뇌피질의 30%를 차지하는 전두엽의 기능을 우리가 원하는 긍정적인 상태로 얼마든지 바꿀 수 있다.

전두엽의 자유의지가 뇌 전체를 항상 조절하고 통제할 수는 없지만 자유의지를 좀 더 많이 활용할 수 있는 상태를 만들기만 한다면 부정적인 상태를 만드는 신경화학적인 작용과 유혹을 견디어낼 수 있는 마음의 내성과 응집력을 더 키울 수 있게 된다. 전두엽의 기능을 더 활성화시키기 위해서 원하는 상태를 유지할 수 있는 초능력 사용법인 TESA의 네 가지 열쇠를 사용하는 방법을 알고 있어야 한다.

초능력 사용법인 TESA의 생각과 정서, 말, 행동의 네 가지 열쇠를 반복해서 사용하는 멘탈훈련을 통하여 자유의지를 강화시켜주는 것이 필요하다. 멘탈공부와 TESA의 네 가지 열쇠를 활용하는 훈련은 전두엽의 기능을 활성화시켜 우리를 더 인간답게 살아갈 수 있도록 감정을 조절하고 통제할 수 있는 자유의지를 갖게 해준다.

원하는 목표에 자신의 생각과 정서, 말, 행동을 일치시키고 반복하게 될 때 전용신경회로가 더 굵게 강화되면서 자신만의 긍정적인 신념체계를 형성하여 감정의 통제에서 자유로워질 수 있게 된다.

이 상태에서 사용하는 힘을 초능력이라고 하며 이 능력은 누구나 가지고 있는 평범한 자원이다. 다만 자신의 성취를 위해 그 자원을 사용할 수 있는 사람과 사용하지 못하는 사람으로 나누어질 뿐이다.

뇌의 착각

우리 뇌가 가진 별명이 착각의 챔피언이다.

기존의 기억시스템에 저장된 정보와 비슷한 자극이 들어오면 뇌는 같은 것으로 범주화시켜 쉽게 착각하게 된다. 이것은 우리가 세상을 접촉하는 방식이 감각기관인 눈과 귀로만 이루어지는 것이 아니라 뇌에 저장된 기존의 기억시스템을 활용하여 전체성을 이루어 세상과 접촉을 하기 때문이다. 즉 과거의 학습과 경험에 의해 뇌에 저장되어 있는 기억시스템의 정보와 같거나 비슷한 자극에 뇌신경회로가 우선적으로 반응하여 쉽게 활성화되면서 착각을 하게 되는 것이다.

우리의 존재는 특정한 학습과 경험을 통해 형성된 기억시스템에 의해 어떠한 신경회로를 형성하고 있느냐에 따라 달라지게 된다.

그리고 기억이 걸쳐져 있는 신경회로의 형태가 새로운 학습과 경험, 피드백을 결정짓는다. 뇌는 그 무엇이든 반복하면 그것과 관련된 신경회로를 우선적으로 활성화시키고 반복해서 활성화된 신경회로는 광케이블처럼 굵게 형성되면서 믿음을 만들어 우선적으로 실행된다.

이렇게 형성된 믿음이 우리를 통제하고 그 믿음에 의해 착각을 하기 때문에 인식하는 대부분의 알아차림이나 접촉이 절대적인 진리나 준거가 아닐 수도 있는 것이다. 우리의 뇌는 주의를 분산시키는 여러 가지 자극과 조건들 때문에 근본적으로 착각을 할 수밖에 없는데도 불구하고 자신이 인지하고 있는 것이 절대적인 진리라고 주장하며 그것에 대한 강력한 믿음을 만들어 그 믿음에 통제당하며 살아간다.

이와 같이 우리의 똑똑한 뇌는 반복적인 학습과 경험에 의해 강하게 형성된 전용신경회로가 만든 믿음 때문에 구조적으로 착각을 할 수밖에 없다. 그 믿음에 의해 생략, 왜곡, 일반화되기 때문에 실제 세상이 아닌 자신의 주관적인 세상모형으로 세상과 소통하게 되는 것이다. 그렇기 때문에 우리 뇌의 인식과 해석 능력은 어떤 관점으로, 어떤 포지션에서, 어떤 주변 조건의 영향을 받아 관찰하는가에 따라 모두가 다른 세상을 창조하게 된다. 그래서 우리는 같은 세상을 살아가면서도 각자가 다른 세상모형을 가지고 다른 삶을 살아가게 되는 것이다.

뇌를 착각의 챔피언이라고 하는 이유가 바로 지각과 인식, 해석의 한계 때문이며 이것은 뇌의 일반적인 기능이다. 중요한 것은 우리 모두가 그러한 착각 속에 살아가는 존재라는 것을 알아차리는 것이다.

지금 이 순간에도 자신의 세상모형이 만든 믿음에 통제당한 상태로 살아가고 있다는 사실을 망각한 채로 모두가 자신만의 착각 속에 살아가고 있다. 결국 우리 뇌를 어떻게 착각시켜 어떠한 믿음을 만드느냐에 따라 우리 삶의 성취결과가 결정되는 것이다.

넛지 이론

구내식당의 음식을 재배열하는 것만으로도 특정 음식의 소비량을 무려 25%씩 올리거나 내릴 수 있다. 이처럼 겉으로 보기에는 사소하고 작은 요소라 해도 사람들의 행동양식에 커다란 영향을 미치게 된다.

스웨덴 왕립과학원 노벨위원회는 심리적인 가정을 경제학적 의사결정 분석의 대상으로 통합하는데 기여한 공로를 인정해 미국 시카고대학의 리처드 세일러 교수를 노벨경제학상 수상자로 발표했다.

세일러 교수는 행동경제학을 널리 알린 경제학자이다. 그는 똑똑한 선택을 유도하는 선택 설계의 힘을 '넛지'라고 정의하였다. '넛지'의 사전적 의미는 '팔꿈치로 살짝 찌르다'라는 뜻을 가지고 있으며 강제성이 아닌 자발적인 선택과 참여를 유도해서 처음 선택 설계자들이 의도한 바를 이루는 방법론이라고 할 수 있다.

예를 들어 '화장실을 깨끗하게 사용하시오'라는 문구보다 소변기에 파리 모양의 스티커를 붙여놓는 아이디어만으로 소변기 밖으로 새어나가는 소변량을 80%나 줄일 수 있는 것이 바로 넛지효과이다. 그 외에 구매의사를 묻는 것만으로도 구매율을 35% 올릴 수 있으며 높은 금연율 뉴스를 보는 것만으로 금연 효과를 높일 수 있게 된다. 특정 상품에 대한 설문조사에 응했던 소비자가 구매행동을 할 가능성이 더 높아지는 것도 넛지효과로 볼 수 있다.

넛지는 주의를 환기시킨다는 뜻을 지니고 있으며 타인의 선택을 유도하는 부드러운 개입을 뜻한다. 옆 사람의 팔을 잡아끌어서 어떤 행동을 강제로 하게 하는 것이 아니라 단지 팔꿈치로 툭 치면서 상대가 자결성을 가지고 어떤 행동을 할 수 있도록 유도한다는 의미를 가지고 있다. 넛지는 선택 설계자가 취하는 하나의 방식으로서 사람들에게 어떤 선택을 강요하거나 금지시키지 않고 예상 가능한 방향으로 행동을 변화시키는 것이다. 물론 여기에는 선택 설계자의 보이지 않는 암시나 개입이 작용하고 있다.

일방적인 지시나 명령, 강요가 아니다. 상점의 물건을 눈에 잘 띄는 위치에 두는 것이 넛지이며 상품 구매를 강요하거나 직접적으로 설명하는 것은 넛지가 아니다. 비용을 많이 들이지 않고 사람들의 자유의지를 존중하면서도 초기설정을 약간만 바꿈으로써 긍정적인 태도변화를 이루어낼 수 있는 것이 넛지이다. 정리하자면 넛지는 약간의 초기설정을 바꿈으로써 강압하지 않는 부드러운 개입으로 사람들이 자유의지를 갖고 더 좋은 선택을 할 수 있도록 유도하는 방법이다. 사람들의 선택에는 선택 설계자의 보이지 않는 의도된 암시가 작용하여 행동에 영향을 미치고 있는 것이다.

거울뉴런

거울뉴런이란 이탈리아의 한 생리학자가 원숭이를 관찰하는 과정에서 원숭이의 모방 능력을 발견하여 붙인 이름이다. 한 원숭이가 다른 원숭이나 사람들의 행동을 보기만 해도 자기가 직접 움직일 때와 마찬가지로 뇌에서 반응하는 뉴런이 있다는 것을 발견했다. 이후 인간의 뇌에도 원숭이의 뇌와 같은 기능을 하는 보다 더 정교한 신경 메커니즘이 있다는 것을 알아냈고 이를 거울뉴런이라고 했다.

우리는 옆에 있는 사람이 환하게 미소 짓는 모습을 보면서 자신도 미소를 짓게 되고 가까운 사람이 슬퍼서 우는 모습을 보면 함께 슬퍼진다. 그리고 놀이공원에서 공포체험을 할 때 옆에 있는 사람의 비명소리에 함께 공포를 더 많이 느끼고 별로 웃기지도 않는 이야기에 많은 사람들이 웃으면 자신도 함께 웃게 된다. 사랑하는 사람이 아프면 자신도 아프고 사랑하는 사람이 행복하면 자신도 행복해진다. 이처럼 우리는 어떤 사람과 어떤 관계를 맺으며 생활하는가에 따라 서로에게 영향력을 행사하는 상관성을 가지고 있다.

우리는 거울뉴런의 작용 때문에 하루 동안 어떤 환경에서 어떤 사람들과 자주 만나느냐에 따라 자신의 존재와 정체성에 지속적인 영향을 받을 수밖에 없다. 이와 같이 사람들과의 관계에서 자신의 존재와 정체성이 영향을 크게 받을 수밖에 없는 것은 뇌에 거울뉴런이라는 특별한 신경세포가 존재하고 있기 때문이다.

거울뉴런은 언어 습득과 새로운 기술에 대한 학습 및 모방, 의사소통, 인간관계, 개인의 존재와 정체성 등에 대해 쉽게 설명해줄 수 있는 핵심적인 열쇠가 된다. 부정적인 감정을 나타내는 사람과 함께 생활하면 부정적인 사람으로 변하고 우울한 사람과 함께 생활하면 자신도 함께 우울해지는 것이 거울뉴런의 작용 때문이다. 거울뉴런이 사람의 정신상태와 감정까지도 흉내를 내며 다양한 인간관계에서 소통능력을 향상시키는 중요한 역할을 하고 있는 것이다.

결국 인간관계에서의 경청과 수용, 공감까지도 거울뉴런이 관여하게 되며 모든 학습과 경험에도 거울뉴런이 작용하게 된다. 거울뉴런의 역할과 기능을 이해하면 우리가 어릴 때의 성장환경이 얼마나 중요한지를 알 수 있다. 그리고 현재 자신과 인간관계를 맺고 있는 사람들이 얼마나 중요한지도 알 수 있게 된다.

인간을 사회적 동물이라고 하는 이유가 사람들과의 관계 속에서 거울뉴런에 의해 학습과 경험, 피드백을 받아 자신의 존재와 정체성을 만들기 때문이다. 그래서 거울뉴런의 기능과 역할을 이해하고 충분히 활용할 수 있다면 원만한 의사소통과 더불어 자신이 원하는 긍정적인 결과를 얻는데도 큰 도움이 된다.

의사소통 과정에서 뇌는 일상적인 대화뿐만 아니라 다양한 질문과 그 질문에 대한 답을 찾아 반응하고 신경회로를 활성화한다.

그래서 어떠한 질문을 하는가가 매우 중요한 것이며 거울뉴런은 말로써 하는 언어뿐만 아니라 표정, 자세, 태도, 행동 등의 신체적 언어도 함께 스캔하게 되며 수집한 모든 정보를 뇌에 기억시킨다.

뇌는 그 무엇이든 반복하면 사실로 받아들여 신경회로를 활성화시키고 믿음을 강화한다. 이렇게 강화된 믿음이 실행되면서 자신만의 강력한 신념체계가 형성된다. 스스로를 통제하는 강력한 믿음을 현실적으로 실행하려는 의지를 지속할 수 있을 때 원하는 삶의 성취결과를 만드는 성공신념이 생기게 되는 것이다.

우리 삶의 모든 성취결과는 어떠한 신념체계를 갖고 살아가는가에 의해 달라진다. 거울뉴런에 의해 반복적으로 활성화된 신경회로는 고속도로와 같은 전용신경회로를 만들어 완전한 개인의 신념체계를 형성하여 존재와 정체성을 만들게 된다. 이와 같이 반복에 의해 뇌에 전용신경회로가 구축되면 강력한 신념체계를 형성하여 스스로를 통제하게 되면서 이후의 모든 학습과 경험은 강화된 신념체계와 전용신경회로의 간섭과 통제를 받게 되는 것이다.

결국 우리는 어떤 환경 속에서 어떤 사람과 어떤 관계를 맺으며 생활하는가에 따라 서로에게 영향력을 행사하는 상관성을 가지고 살아간다. 그래서 성장과정에서의 좋은 환경과 좋은 사람을 많이 만나는 것이 중요하다. 하지만 삶이 언제나 좋은 환경과 좋은 사람과의 관계만 있는 것이 아니기 때문에 평소에 심리적 내성과 회복력을 강화시키고 긍정적인 세상모형과 건강한 멘탈상태를 만들어야 하는 것이다.

주변 환경과 사람들이 자신에게 부정적인 영향력을 행사하려 할 때 그러한 압력에 통제당하지 않기 위해서는 거울뉴런의 역할이 중요하다. 문제에 잘못 맞추어진 초점을 원하는 것으로 전환할 수 있는 긍정적인 세상모형과 전두엽의 자유의지가 충분한 역할을 할 수 있을 때 거울뉴런이 정상적인 기능을 할 수 있다. 비록 주변여건이 부성적이라 하더라도 자신의 긍정적인 세상모형과 자유의지가 충분한 역할을 한다면 거울뉴런이 그것을 긍정적으로 인식하고 해석하게 된다. 그렇기 때문에 어떠한 충격과 자극에도 적응할 수 있는 건강한 멘탈과 마음의 회복력을 가지는 것이 중요하다.

건강한 멘탈상태와 마음의 회복력은 대부분 성장과정에서 형성되지만 성인이 된 이후에도 주변의 어떤 사람들과 관계를 맺고 어떠한 학습과 경험을 반복하는가에 따라 새롭게 바뀔 수 있다. 그 과정에서 거울뉴런은 모든 정보와 자극을 그대로 스캔하여 자신의 전용신경회로를 더 강하게 구축하고 신념체계를 형성하여 자신만의 독특한 세상모형을 만들게 된다.

인간의 마음과 몸은 하나의 시스템으로써 상호보완적인 관계로 운영된다. 마음과 몸은 서로 다른 체계를 가진 하나의 시스템으로 비국소성을 가지고 있기 때문이다. 마음을 만들어내는 뇌의 뉴런은 천억 개가 넘으며 다른 뉴런들과 병렬적으로 시냅스 연결을 짓고 있다. 모든 뉴런은 서로 연결된 비국소성을 가지며 하나의 뉴런에는 뇌 전체 뉴런의 정보가 연결 상태로 존재하기 때문에 홀로그램적으로 작동된다.

마찬가지로 신체의 각 부위도 상호 유기적으로 협응을 하며 비국소성을 가지고 작동되기 때문에 홀로그램적으로 볼 수 있는 것이다.

여기서 상호보완적이라는 것은 몸이 마음을 돕고 마음이 몸을 돕는 상호의존적 관계라는 의미이다. 비국소성은 몸과 마음이 서로 연결되어 있으며 세부적으로 마음을 만들어내는 뇌의 뉴런도 모두 연결되어 있고 신체부위와 장기도 모두 서로 연결되어 있다는 뜻이다.

그리고 홀로그램은 부분 속에 전체가 다 들어있기 때문에 몸속에 마음이 있고 마음속에 몸이 들어있다는 것을 말한다. 중요한 것은 이 모든 것이 상호 유기적이고 통합적으로 함께 작용한다는 사실이다.

그래서 마음과 몸을 구분할 수는 있지만 분리할 수는 없는 하나의 체계라고 하는 것이며 우리는 몸을 바꾸기 위해 마음을 활용할 수도 있고 마음을 바꾸기 위해 몸을 활용할 수도 있는 것이다. 또한 신체의 특정 부위 한 가지를 변화시켜 다른 신체의 변화를 가능하게 할 수도 있으며 뇌의 특정 신경회로를 바꾸어 나머지 모든 신경회로를 함께 바꿀 수도 있다.

예를 들어 '거울 시각 피드백'은 수직으로 놓인 거울에 한쪽 손을 비추어 다른 쪽 손의 변화를 이끌어내는 훈련방법으로써 신체를 이용한 치료기법이다. 거울 시각 피드백은 사고로 한쪽 팔을 잃어버린 환자가 겪는 환상통을 치료하는데도 탁월한 효과가 검증되었다. 자신의 신체 이미지를 사용하여 행동을 가상으로 시각화함으로써 불일치된 운동신호를 바로잡는 것이다. 이것은 우리의 마음과 몸이 모두 비국소성으로 연결되어 있어 상호보완적이고 홀로그램적으로 운영되기 때문에 나타나는 치유효과이다.

거울 시각 피드백은 심리치료에서뿐만 아니라 다양한 분야에서 활용이 가능하다. 오목렌즈를 활용하여 과거의 부정적인 정서나 나쁜 기억을 축소시키거나 분리시킬 수 있다. 반대로 볼록렌즈를 활용하여 과거의 성취경험과 긍정적인 정서나 기억을 선명하게 연합시키게 되면 자신감과 활력을 얻을 수도 있다. 그것이 마음이든 몸이든 상관없이 어느 한 가지를 바꾸면 나머지 모두가 함께 변화할 수 있는 비국소성이다.

습관의 중독

　우리의 똑똑한 뇌는 그 무엇이든 반복해서 많이 사용하게 되면 신경회로를 굵게 형성하여 전용신경회로를 구축하게 된다. 반복적인 학습과 경험으로 전용신경회로가 구축되면 자신만의 신념체계를 형성하여 자신의 존재와 정체성을 강화한다. 그것이 자신의 사명과 관련된 것이든 목표와 신념에 관한 것이든 상관없이 많이 사용한 만큼 관련된 전용신경회로를 만들어 스스로를 통제하게 된다. 이와 같이 반복적으로 많이 사용하는 것이 전용신경회로가 되어 자신만의 신념체계를 형성하고 존재와 정체성을 만들게 되는 것이다.

　그래서 우리는 일상생활 속에서 좋은 생각이나 정서, 말, 행동을 많이 사용하고 좋지 않은 생각이나 정서, 말, 행동은 많이 사용하지 않아야 한다. 뇌는 그 무엇이든 반복하면 습관을 만들고 반복된 습관에 의해 차츰 중독현상을 나타내기 때문에 어떤 선택을 반복하느냐에 따라 자신의 존재와 정체성을 결정짓게 된다. 습관적인 행동을 계속 반복하게 되면 관련된 전용신경회로가 구축되어 그 행동이 패턴이 되고 더욱 강화되면서 자신의 의지와 상관없이 점점 더 자동화되어간다.

　예를 들어 오랫동안 반복해서 담배를 피우던 사람이 금연을 하겠다고 굳은 결심을 하게 되면 의식에서는 일시적으로 금연에 대한 의지를 키우게 된다. 하지만 오랜 습관에 중독된 잠재의식에서는 여전히 담배를 피우고 싶은 충동에서 헤어나지 못하는 불일치를 겪게 된다.

의식적으로는 백해무익한 담배를 끊겠다고 결심을 해보지만 뇌가 담배를 피우고 싶은 굵은 신경회로와 화학물질에 통제된 상태에 있기 때문에 담배를 다시 찾게 되는 금단현상이 나타날 수밖에 없는 것이다.

마찬가지로 특정한 감정이나 행동이 반복에 의해 습관을 만드는 중독현상이 일어나게 되면 의식적 차원에서 그 감정과 행동을 아무리 바꾸려 노력해도 변화가 어려워지게 된다.

　반복에 의해 중독된 상태에서는 특별한 방법을 사용하거나 주변의 도움을 받지 않고서는 그 상태에서 벗어나는 변화가 쉽지 않다.

그것이 담배가 아니라 술이나 마약, 게임, 약물 등 어느 것이든 마찬가지로 한번 중독되면 쉽게 벗어나기 어려운 이유이다. 이러한 나쁜 중독으로 인하여 자신의 정신과 신체가 점점 더 망가져가도 그 중독에서 쉽게 벗어나지 못하는 이유가 중독 자체에 이미 정신과 신체가 길들여져 있기 때문이다. 오랜 기간 반복된 습관에 의해서 강화된 신경회로와 화학물질의 분비가 중독상태를 만들기 때문에 그것에서 벗어날 수 있는 전두엽의 자유의지를 실행하는 것이 결코 쉬운 일이 아니다.

　전두엽의 자유의지가 활성화될 수 있는 최소한의 회복력조차 잃게 만드는 것이 중독된 습관이다. 완전한 중독상태에서 혼자만의 의지로 벗어나는 것이 쉽지가 않기 때문에 전문가나 가족의 도움이 절실히 필요하다. 그래서 나쁜 중독상태가 되기 전에 전두엽의 자유의지를 키워야 하며 만약에 이미 중독상태가 되었다면 전문가의 도움을 받아서라도 빨리 중독상태에서 벗어나야 한다. 다행히 뇌의 가소성은 새로운 학습과 경험을 반복하게 되면 새로운 중독된 패턴을 만들기 때문에 변화가 가능하다. 중독에서 벗어나는 변화가 쉽지는 않지만 변화가 불가능한 것은 아니며 중요한 것은 새로운 전용신경회로를 만드는 것이다.

뇌의 신경회로는 그 무엇이든 자주 사용하게 되면 활성화되어 연결이 굵게 강화되고 반대로 자주 사용하지 않으면 연결이 차단되거나 약해진다. 즉 아무리 좋은 전용신경회로도 자주 사용하지 않으면 위축되거나 연결이 끊어져서 그 기능을 상실하게 된다. 그래서 좋은 생각과 정서, 말, 행동을 반복해야 하는 것이다.

원하는 상태를 만들기 위한 생각과 정서, 말, 행동과 관련된 신경회로를 반복적으로 사용하여 활성화시키게 되면 더 굵게 강화되어 자신의 존재와 정체성까지도 변화시키는 전용신경회로가 만들어진다. 그래서 사명과 목표, 성공신념, 전략에 생각과 정서, 말, 행동의 초점을 맞추고 반복하여 굵은 전용신경회로를 만들어두는 것이 중요하다. 그렇기 때문에 성공신념과 자신의 긍정적인 존재를 만드는 전용신경회로를 더 많이 활성화시키고 강화할 수 있도록 초능력 사용법인 TESA의 생각과 정서, 말, 행동을 반복해야 하는 것이다.

우리의 뇌는 무엇이든 반복적으로 제공되는 것에 대해서는 사실로 받아들이고 그것에 대한 믿음을 만들어 스스로를 통제한다. 뇌는 그것이 긍정이든 부정이든 상관없이 그 경험이 지속적으로 반복되거나 정서적 의미를 가진 사건이 충격적으로 들어오게 되면 그와 관련된 강력한 전용신경회로를 형성하게 된다. 이러한 경험에 의해 광케이블처럼 굵고 강한 전용신경회로가 만들어지게 되면 언제든지 빠르게 활성화되기 쉬운 상태로 존재하게 되는 것이다.

심지어는 오랜 기간 반복된 경험이 습관화되고 중독된 패턴을 자동화시키면서 유전에까지 영향을 미치게 된다. 그것은 유전자가 고정된 것이 아니라 우리의 반복적인 생각과 정서, 말, 행동의 영향을 받아 언제든지 변화하고 진화할 준비가 되어 있기 때문이다. 이처럼 우리의 존재는 오랜 기간 반복된 생각과 정서, 말, 행동에 의해 형성된 전용신경회로가 자동화된 습관을 만들고 그 상태를 유지할 수 있는 중독된 기저선을 만들어 스스로를 통제하게 되는 것이다.

주관적 필터

우리의 뇌는 인체의 모든 기능을 조절하고 생명을 유지시키는 가장 중요한 역할을 한다. 외부의 심한 충격에 의해 잠시라도 뇌가 제기능을 하지 못하게 되면 우리 몸에 심각한 문제가 생기기 때문에 아주 단단한 두개골 안에 안전하게 자리 잡고 있다.

두개골 안에 안전하게 자리 잡은 뇌는 바깥세상과 직접적인 접촉과 소통을 할 수 없기 때문에 다섯 가지 감각을 통하여 외부세계를 탐색하며 접촉하게 된다. 그래서 세상을 있는 그대로 보고 접촉하는 것이 아니라 자신의 제한된 감각에 기초하여 특정한 자극과 정보에만 부분적인 알아차림과 접촉이 이루어지는 것이다.

이러한 제한된 접촉을 바탕으로 자신의 주관적인 세상모형이 만들어지면 이후의 모든 학습과 경험은 이 세상모형에 의해 알아차림과 접촉이 이루어진다. 자신의 주관적 실재인 세상모형을 만들어 실제 세상과 접촉하고 소통하기 때문에 다양하고 광대한 세상을 전체적으로 접촉하지 못하게 되는 것이다. 즉 모든 경험은 자신의 세상모형에 맞추어 생략, 왜곡, 일반화의 과정을 거쳐서 이루어진다.

이처럼 생략, 왜곡, 일반화된 자신만의 필터에 의해 학습과 경험을 하게 되고 학습과 경험에 의해 변화된 필터가 만든 주관적인 세상모형으로 자신과 다른 사람, 세상을 인식하고 접촉하게 된다. 그래서 우리가 알고 있는 대부분의 사실과 진실은 자신의 주관적인 세상모형이 만들어낸 가짜일 수도 있는 것이다.

우리의 세상모형은 마음의 필터에 의해 만들어진다.

필터는 개인의 독특한 주관적 학습과 경험, 정서, 믿음, 언어, 종교, 이념, 가치관, 문화 등의 영향을 받아 만들어지며 이 필터에 의해 사고와 언어, 행동과정에서의 입력과 출력이 걸러지게 된다. 필터에 의해 걸러서 주관적으로 지각하게 되는 세상은 자신의 필터가 만든 주관적인 실재일 뿐이다. 그런데도 우리는 자신의 제한된 주관적 세상모형으로 광대한 세상의 일부만 접촉했을 뿐이라는 것을 알지 못하고 그것이 진짜 세상이라는 착각 속에 살아간다.

결국 우리가 알고 있는 것이 완전한 알아차림이 아닐 수도 있고 우리가 접촉하는 나 자신과 다른 사람, 세상조차도 진짜가 아닐 수도 있다는 사실이다. 우리는 각자가 가진 자신의 세상모형인 마음의 지도에 의해 세상을 바라보고 접촉하며 살아가는 존재일 뿐이다. 지도가 곧 영토라는 착각이 만든 신념에 갇혀 살아가고 있는 우리는 그 신념에 의한 삶의 성취결과를 얻게 된다. 지도는 필터일 뿐인데도 그 지도가 곧 영토라는 착각 속에 살아가고 있는 우리는 그것 때문에 서로 오해와 갈등이 생기고 심한 경우 목숨을 건 싸움이 일어나기까지 한다.

지도는 영토를 표시한 그림일 뿐이고 그것은 생략, 왜곡, 일반화된 필터가 만든 세상모형인 것이다.

지도는 영토가 아니지만 지도를 바꾸면 영토에 대한 감각이 바뀐다. 마음의 지도를 그리는 필터를 바꾸면 세상에 대한 감각을 수용하는 세상모형이 바뀌게 되며 세상모형이 바뀌면 세상과의 소통과 접촉이 바뀌게 된다. 이렇게 중요한 세상모형을 만드는 필터를 바꾸기 위해서는 새로운 학습과 경험이 필요하며 기존의 중독된 생각과 느낌, 말, 행동을 먼저 바꾸어야 한다. 마음의 필터가 만든 세상모형을 바꾸면 모든 것이 변화하기 때문에 변화의 초점을 외부가 아닌 내부의 필터에 맞추어야 하는 것이다.

뇌의 뉴런은 시냅스 연결에 의해 헤아릴 수 없을 만큼 많은 신경회로를 형성하고 있다. 그 많은 신경회로 중에서 반복적으로 자주 사용한 회로나 정서적 의미가 큰 회로는 굵게 강화된다. 선택된 특정 신경회로가 더 강화되어 전용신경회로가 구축되면 그것이 마음에 영향을 미친다. 우리의 마음은 다양한 자극에 의해 영향을 받게 되지만 그중에서도 전용신경회로를 만드는 필터에 의해 가장 큰 영향을 받는다.

필터는 반복적이고 지속적인 생각과 정서, 말, 행동에 의해 얼마든지 변화할 수 있는 가소성을 가지고 있으며 필터가 변화하면 세상모형과 마음까지 변화하게 된다. 결국 우리는 각자가 가진 주관적 세상모형으로 같은 세상을 살아가면서도 서로 다른 세상을 살아가는 존재이기 때문에 필터를 바꾸면 세상이 바뀌게 되는 것이다.

부정의 전염

인간은 사회적 동물로서 주변 사람들과의 다양한 관계 속에서 자기
대상을 만들고 자신만의 독특한 존재와 정체성을 형성한다.

이와 같이 한 사람의 존재와 정체성은 유전적인 기질뿐만 아니라 사람
들과의 관계 속에서 특수한 기능을 담당하는 거울뉴런의 탁월한 학습
능력에 의해 영향을 받게 된다.

거울뉴런이 사람들과의 만남과 소통 과정에서 공감능력과 모방, 언
어발달, 동시성, 감정이입 등에 관여할 뿐만 아니라 상대의 정서상태와
숨겨진 의도까지 알아차리는 중요한 역할을 하고 있다. 우리가 일상에
서 자주 만나는 사람과 친근감이 생기고 그들과 더 가깝게 지내는 것
도 거울뉴런이 모방을 통해 서로의 공통점을 만드는 신경회로를 많이
만들어 활성화시켰기 때문이다. 그렇기 때문에 어떤 사람과 자주 만나
고 함께 지내느냐에 따라 감정상태나 언어, 태도, 반응, 행동, 성격까지
도 영향을 받게 되는 것이다.

다행히 자주 만나는 대상이 긍정적인 생각과 정서, 말, 행동을 반복

하는 사람이라면 자신도 긍정적인 영향을 받게 된다. 하지만 자신이 자주 만나는 대상이 부정적인 생각과 정서, 말, 행동을 반복하는 사람이라면 자신도 부정적인 영향을 많이 받을 수밖에 없다. 이처럼 거울뉴런이 활성화되면 작은 단서나 자극도 놓치지 않고 모방하기 때문에 상대를 닮아갈 수밖에 없어진다. 그래서 오랫동안 가까이서 함께 생활하거나 자주 만나는 사람이 부정적인 성향이 강하다면 자신도 부정적인 사람이 되기 쉬워지는 것이다.

맹자의 어머니가 맹자의 교육여건을 좋게 만들어주기 위해 집을 세 번이나 옮겼다는 '맹모삼천지교'는 사람의 성품과 학업태도가 주변 환경에 큰 영향을 받게 된다는 것을 잘 나타내고 있는 고사성어이다. 거울뉴런은 사소한 것도 놓치지 않고 스캔하여 뇌에 저장하기 때문에 성장과정에서의 교육환경이 너무나 중요하다.

부모가 자식에게 '친구를 가려서 사귀라'는 말을 자주 하는 이유가 유사성을 많이 가진 또래집단인 친구 사이는 강한 라포가 형성되어 거울뉴런에서 친구와 많은 것을 공유하기 때문이다. 그래서 친구를 자신의 분신이라고까지 하는 것이다. 옛말에 그 부모를 알고 싶으면 자식을 보면 되고 그 사람을 알고 싶으면 친구를 보면 된다고 했다. 이 말은 오랫동안 함께 만나거나 생활을 하게 되면 거울뉴런이 서로를 닮아가게 만드는 원리를 설명하고 있는 것이다.

거울뉴런은 자신을 비난하거나 공격하는 상대에게 자신도 똑같은 감정이 생겨 그대로 되갚아주기 위해 비난하거나 공격성을 가지게 만들기도 한다. 이때 상대가 절대적인 힘을 가진 존재일 경우에는 부정적인 감정을 억압시켜 미해결 과제로 기억하게 되면서 지속적으로 표출하기 위한 심리적인 기전을 작동시킨다. 특히 성장과정에서 이러한 부정적 감정이 표출되지 못하고 억압될 경우에는 성격 형성에 문제가 생겨 다른 사람들과의 원만한 관계능력에 장애를 겪을 수도 있다.

반대로 그러한 부정적인 태도나 공격성을 만드는 감정을 밖으로 반복해서 드러내게 될 때도 부정적인 신경회로가 강화되어 자신의 존재가 부정적인 상대와 그대로 닮아가게 된다. 그래서 부정적인 감정은 무조건 억압시켜서도 안 되고 그렇다고 무조건 드러내서도 안 되는 것이다.

우리는 살아가면서 주변에 부정적인 사람이 있을 경우 자신의 삶이 얼마나 큰 영향을 받는지 정확히 알아야 한다. 반대로 자신이 부정적인 성향을 많이 가지고 있다면 만나는 주변 사람들에게 얼마나 나쁜 영향을 미치는지도 알아야 한다. 부정적인 성향을 많이 가진 사람들은 대부분 성장과정에서 부정적인 환경에 의해 형성된 각본이 프로그래밍 되어있는 경우가 많다. 그래서 미세한 자극에도 부정적인 신경회로가 쉽게 활성화되어 과거에 사용했던 특별한 신경적 반응을 재연하게 되면서 문제를 일으키게 되는 것이다.

부정적인 전용신경회로가 굵게 형성된 사람들은 마음의 걸림돌을 많이 가지고 있기 때문에 심리적으로 위축되어있다. 의식적으로는 자신의 정상적인 상태를 유지하기 위해 최대한의 노력을 아끼지 않지만 굵게 형성된 부정적인 전용신경회로의 통제에서 쉽게 벗어나지 못한다. 이러한 상태에서 만약 특정한 자극이 주어져 전용신경회로가 활성화되면 순식간에 과거의 감정적 중독상태에 빠져 합리적이고 이성적인 판단이나 행동을 하지 못하게 될 수도 있는 것이다.

이런 사람들은 대화를 하는 중에도 부정적인 신경회로를 활성화하는 자극이 주어지면 처음 대화의 큰 맥락은 잊어버리고 순간적으로 재연된 자신의 부정적 감정상태를 합리화시키기 위해 상대의 약점을 찾아 비난하거나 공격하는 행동을 보인다. 이 상태에서는 전두엽의 조절, 통제, 통합 기능이 상실되어 부정의 감정이 분노의 감정으로까지 변화하면서 자신의 마음과 몸 상태를 제어하지 못하는 완전한 동물적인 뇌 상태로 만들어버린다.

사회적 관계 속에서 살아가는 우리는 서로가 서로에게 영향력을 미치는 상관성을 가지고 있다. 어느 누구도 완전한 긍정이나 완전한 부정을 갖고 있지 않은 상태에서 서로 간의 관계를 형성하고 있기 때문에 긍정과 부정은 늘 상존하고 있는 것이다. 그렇기 때문에 부정적인 성향을 가지고 있는 것이 절대적으로 나쁜 것은 아니다. 왜냐하면 부정은 긍정을 건강하게 지켜주는 경계와 안전판의 역할을 하기 때문이다. 부정을 온전하게 만난 이후 부정을 벗어나 긍정으로 옮겨갈 수 있을 때 가장 건강한 상태를 만들 수 있게 된다.

그래서 지금 여기에서의 생각과 정서, 말, 행동을 부정적인 것이 아닌 긍정적인 것에 초점을 전환할 수 있는 멘탈능력을 가지는 것이 중요하다. 다행히 건강한 멘탈상태를 만드는 TESA의 생각과 정서, 말, 행동이라는 네 가지 열쇠를 사용하여 초점을 전환할 수 있는 능력을 갖게 되면 더 이상 부정의 전염에 희생당하지 않아도 된다.

세상모형

　우리가 세상을 인식하고 지각하는 것은 저마다 다르게 가진 마음의 필터가 만든 세상모형에 의해 이루어진다. 외부의 어떤 자극과 정보가 뇌에 입력되면 뇌의 지각을 담당하는 특정 부위만 반응하는 것이 아니라 기억과 감정, 신념, 사명, 목표를 담당하는 영역까지 전체성을 가지고 함께 관여하여 반응하게 된다.

　어떤 자극에 대해 뇌의 한 영역에서만 관여한다고 알고 있었던 기능들 중 대부분은 비국소성에 의해 서로 다른 영역들 간에 일어난 상호작용의 산물이기 때문에 실제 사실이 아닌 편집되고 왜곡된 사실인 경우가 더 많다. 그래서 우리가 세상을 인식하고 경험하는 것은 실제 세상을 객관적으로 그대로 경험하는 것이 아니라 마음의 필터에 의해 생략, 왜곡, 일반화되어 경험하게 되는 것이다.

　이처럼 우리가 보는 세상은 절대적이고 객관적인 진실이 아닌 저마다 다르게 형성된 마음의 여과기에 의해 세상에 대한 모형을 만들기 때문에 가짜 세상과 접촉하고 소통하는 것으로 볼 수도 있다. 이것을 자신의 세상모형이라고 하며 우리는 모두 자신만의 주관적인 세상모형이 만들어낸 정신세계에 갇힌 상태로 살아가고 있는 것이다.

우리의 세상모형은 유전과 학습, 경험, 가치, 신념, 문화, 종교, 정서 등이 비국소성을 가지고 상호작용하여 함께 관여한다. 결국 우리가 접촉하고 인식하는 세상은 우리의 생략, 왜곡, 일반화된 주관적인 세상모형에 의해 그렇다고 생각하거나 믿는 세상일 뿐이다. 그렇기 때문에 사람들은 모두가 자신만의 세상모형으로 똑같은 세상을 다르게 인식하고 해석하며 저마다 다른 세상을 경험하게 되는 것이다.

사람들의 세상모형이 이렇게 모두 다르다는 사실을 잘 알고 있으면서도 우리는 인간관계에서 모든 사람들이 동일한 가치와 이념, 객관적이고 논리적인 사고와 행동을 해야 한다는 경직된 사고의 함정에 빠지는 모순을 경험하게 된다. 우리는 스스로 의식하지 못하는 가운데 자신의 내적 표상이 만드는 세상모형에 의해 대부분의 의사결정을 한다. 객관적이고 논리적이며 의식적 추론과 판단을 하고 있다고 착각을 하는 것일 뿐 실제로는 주관적인 세상모형에 의해 이미 내린 결정을 합리화하고 정당화시키기 위한 절차를 밟는 것에 지나지 않는다.

결국 우리는 표면적으로 볼 때 이성적이고 객관적이며 논리적인 의식의 지배를 받는 것처럼 보이지만 실제로는 과거의 경험이 저장된 기억시스템과 정서에 의해 만들어진 주관적인 세상모형에 영향을 받거나 조종당하고 있는 것으로 볼 수 있다. 이러한 세상모형에 대해 뇌과학적 관점에서 접근하면 이해가 더 쉬워진다.

우리는 외부의 어떤 자극과 정보가 입력되면 감각피질의 특정 영역에서 신경회로를 활성화시킨다. 이후 신경회로는 다른 유사한 신경회로들과 비교하게 되면서 과거에 경험을 통해 지각했던 기억을 활용하여 알아보게 된다. 그리고 신경회로가 활성화되는 과정에서 기억시스템에 저장된 감정과 사명, 목표, 신념 등의 모든 연합기억이 함께 활성화되면서 뇌는 전체성으로 작동하게 되는 것이다.

이때 비로소 의식을 지배하는 영역인 전두엽의 기능이 활성화되기 시작한다. 전두엽의 활성화가 뒤에 일어난다는 것은 외부 자극과 정보에 감정과 기억이 먼저 반응한 이후에 전두엽의 기능이 형식적인 절차와 집행의 역할을 맡는 것일 뿐이라는 사실을 증명하는 것이다. 결국 우리가 원하는 변화를 지속하기 위해서는 뇌에 세팅되어 있는 세상모형을 바꾸어야 한다. 다행히 지속적인 학습과 경험을 통해 새로운 연결을 확장한다면 기존의 고착화된 세상모형을 바꿀 수가 있다.

자신의 삶과 세상을 바꾸고 싶다면 자신의 세상모형을 바꿀 수 있는 노력이 먼저 필요하다. 결국 우리가 눈앞에서 보고 만나는 세상은 우리의 내적 표상이 만든 생략, 왜곡, 일반화된 세상모형에 의해 형성되고 재창조된 것일 뿐이다. 우리 뇌의 모든 기능은 서로 다른 영역들 간의 비국소적인 연결과 전체성으로 재창조되거나 조작될 수 있기 때문에 반복적인 학습과 경험을 통해 얼마든지 새로운 연결과 세상모형을 만들어 자신의 삶뿐만 아니라 세상까지도 바꿀 수 있는 것이다.

우리가 이러한 마음의 작동원리를 아는 것은 아주 중요한 의미를 가진다. 마음의 작동원리를 안다는 것은 마음을 효율적으로 사용할 수 있는 방법에 대해 아는 것과 같기 때문이다. 경영과 교육, 마케팅, 비즈

니스, 인간관계, 조직관리의 핵심적인 열쇠는 뇌라는 공장에서 만들어 내는 마음에 있으며 그 마음은 저마다 다른 세상모형에 의해 조작되거나 재창조될 수 있다는 것을 아는 것이 중요하다.

우리가 알고 있는 세상이 더 이상 객관적이거나 절대적인 진실이 아닐 수도 있으며 자신만의 주관적인 세상모형에 의해 생략, 왜곡, 일반화된 것일 수도 있다. 그렇기 때문에 만약 세상을 바꾸고 싶다면 먼저 자기 자신의 세상모형을 바꾸어야 한다. 자신의 세상모형이 바뀌면 자신이 만나는 모든 사람과 세상이 다르게 보이기 때문이다.

어리석은 사람은 다른 사람을 바꾸기 위해 자신의 초점을 맞추고 에너지를 소모하며 더 어리석은 사람은 세상을 바꾸기 위해 자신의 초점을 맞추고 에너지를 소모한다. 하지만 다른 사람과 세상은 쉽게 변화하지 않는다. 그래서 지혜로운 사람은 새로운 학습과 경험, 피드백을 통해 자신의 세상모형을 바꾸는데 초점을 모으고 스스로의 변화를 위해 모든 자원과 에너지를 사용한다. 자신의 바뀐 세상모형으로 만나는 다른 사람과 세상은 이미 다르게 보이고 바뀐 자신의 영향력으로 다른 사람과 세상까지도 변화시킬 수 있기 때문이다.

그래서 자신의 세상모형을 바꾸기 위해 일상적인 생각과 정서, 말, 행동을 자신이 원하는 상태나 목표에 초점을 일치시키는 반복 훈련이 필요하다. 그렇게 하여 자신의 세상모형이 바뀌게 되면 모든 것이 함께 바뀌게 되는 것이다.

강자가 약자를 돕는다

뇌는 어떤 새로운 학습이나 경험이 반복되면 신경세포들 간의 연결을 더 확장하거나 강화시키며 신경회로의 배열을 새롭게 바꾼다.

반복에 의해 신경회로가 새롭게 형성되면 전용신경회로를 구축하여 개인의 존재와 정체성에 직접적인 영향을 미친다. 신경세포들은 다양한 외부 자극과 내적 심리 작용에 의해 끊임없이 새로운 연결을 짓거나 변화하는 가소성을 가지고 있다. 이처럼 가소성을 가진 뇌신경회로는 새로운 학습과 경험, 피드백에 의해 본래 갖고 있던 인식과 해석의 수준이 더 확장된다. 이것은 헵의 학습이론에 의해 기존의 강한 신경회로를 이용하여 약한 신경회로의 연결을 강화하게 되는 것이다.

우리의 뇌는 외부와 차단된 채 두개골 속에서 안전하게 자리 잡고 있기 때문에 감각을 통해 모든 자극과 정보를 받아들이고 소통할 수밖에 없다. 그렇기 때문에 뇌는 감각을 통해 제공되는 자극과 정보에 대해 그것이 현실이든 가상이든 구분하지 못하고 그대로 받아들인다.

뇌는 현실적인 경험이든 가상적인 경험이든 반복하면 그것의 차이를 알아차리지 못하고 관련된 특정 신경회로를 활성화시키켜 비슷한 회로의 연결을 강화하게 된다. 그래서 뇌를 착각의 챔피언이라고 부르는 것이다. 그것이 긍정이든 부정이든 가리지 않고 의미 있는 정서적 경험이나 반복적으로 제공되는 자극과 정보는 신경세포의 연결을 더 강화시키고 강화된 연결은 또다시 함께 활성화되어 전용신경회로가 구축된다. 이것이 헵의 학습이론이다.

헵의 학습이론은 강자가 약자를 돕고 도움을 준 뉴런과 도움을 받은 뉴런의 연결이 굵게 강화되면서 이후 비슷한 자극이 주어지면 함께 활성화되는 것이다. 이렇게 반복적으로 함께 활성화되면 또다시 연결이 강화되어 광케이블처럼 굵은 전용신경회로가 만들어져 언제든지 함께 활성화될 수 있는 준비 상태를 만든다. 결국 반복적인 학습과 경험, 피드백에 의해 선택된 특정 신경회로를 지속적으로 사용하면서 굵은 전용신경회로를 구축하게 되는 것이다.

생각과 정서, 말, 행동이 어디에, 어떻게, 얼마나 주의의 초점을 맞추는가에 따라 뉴런 간의 시냅스 연결이 강화되고 강화된 연결은 전용신경회로가 되어 자신의 존재와 정체성을 결정짓는 세상모형을 만든다. 우리의 존재는 일상적으로 사용하는 생각과 정서, 말, 행동이 반복되어 형성된 전용신경회로에 의해 결정된다고 볼 수 있다.

특정 뉴런이 반복적으로 자극받아 활성화되는 것이 강자이고 활성화된 특정 뉴런의 영향으로 다른 뉴런이 연결되어 함께 활성화되는 것이 약자이다. 이처럼 뇌는 강자가 약자를 돕는 시스템으로 신경회로를 형성시키게 된다. 이 원리로 보면 뇌의 특정 신경회로를 반복적으로 강화시키면 강화된 신경회로와 연결된 나머지 약한 신경회로까지 강화되어 전체적인 신경회로의 구조를 바꿀 수 있는 것이다.

특정 신경회로를 강화시키는 수단이 생각이 될 수도 있고 정서가 될 수도 있으며 말과 행동이 될 수도 있다. 어떠한 수단을 이용하든 반복적으로 특정 신경회로를 강화시키면 전용신경회로가 구축이 되고 나머지 수단도 함께 변화하게 된다. 만약에 말이라는 수단을 선택하게 되면 말과 관련된 특정 신경회로를 활성화하여 관계있는 약한 신경회로와의 연결을 짓고 함께 활성화될 수 있는 준비 상태를 만든다.

이렇게 말에 의해 신경회로의 연결이 재배열되면 강자가 약자를 도와 함께 활성화된다. 이것이 새로운 전체성을 만들어 자신의 존재와 정체성에 영향을 미치는 것이다.

마찬가지로 생각과 정서, 행동의 수단을 선택하게 되면 그 선택과 관련된 신경회로가 활성화되어 관계있는 약한 신경회로와의 연결을 짓고 함께 활성화된다. 이것이 강자가 약자를 도와 연결이 강화되면 새로운 전용신경회로를 구축하게 되는 원리이며 TESA의 생각과 정서, 말, 행동을 반복하면 운명까지도 바꿀 수가 있는 초능력의 비밀인 것이다.

선택과 확률

우리의 뇌는 천억 개가 넘는 뇌세포가 다양한 시냅스 연결을 만들고 헤아릴 수 없을 만큼 많은 신경회로를 형성하여 마음을 만들어낸다.

이처럼 마음은 다양한 뇌신경회로 중에서 특정한 신경회로의 선택과 조합에 의하여 만들어지는 것이기 때문에 일시적으로 이중성과 다중성을 가질 수밖에 없다. 이런 관점에서 접근하면 우리 모두가 부분적으로 이중인격과 다중인격을 가지고 있다고 볼 수 있다.

그렇기 때문에 이중성과 다중성은 누구나 가지고 있는 보편적이고 건강한 심리기전이라고 할 수 있다는 것이다.

이중성과 다중성 자체가 나쁜 것이 아니라 이러한 이중적이고 다중적인 인격을 만들어내는 마음이 오랫동안 통합되지 못하고 지속성을 가지게 되는 것이 나쁜 상태를 만드는 것일 뿐이다. 이러한 이중성과 다중성이 통합되지 못하고 오랫동안 지속되면서 서로 다른 독립적인 자아를 만들게 되면 분아가 심해져 심리적으로 전체성을 만들지 못하기 때문에 문제가 된다.

원래 이중성과 다중성은 우리 뇌에서 더 나은 선택을 할 수 있는 유연한 능력을 갖게 해주는 긍정적인 심리기전이다. 우리 마음과 존재를 선택과 확률이라고 하는 이유가 이중적이고 다중적인 심리상태를 만들어내는 수많은 신경회로 중에서 특정 상황에 가장 알맞은 신경회로를 선택하기 때문이다. 선택할 수 있다는 것은 유연성을 가진 것이고 유연성은 더 많은 기회를 선택할 수 있는 능력이기 때문에 우리 삶을 보다 더 풍요롭게 해주는 소중한 자원이다.

어떤 사건 때문에 심리적으로 고통을 느끼는 것은 대부분 어떤 사건 자체가 우리에게 지속적으로 고통을 주는 것이 아니라 사건을 경험할 때 함께 활성화되었던 부정적인 신경회로를 계속해서 선택하여 부정과 관련된 생각을 반복하기 때문이다. 자신을 고통스럽게 만든 사건 자체는 순간의 고통으로 이미 지나간 과거가 될 뿐이지만 경험 당시에 활성화된 신경회로에 덧입혀진 부정적인 감정을 선택하는 자신의 생각과 그 생각에 대한 반복적인 느낌이 마음의 고통을 계속 재연시키게 된다. 특정한 상황에서 어떤 생각을 반복하고 그 생각에 대한 정서, 말, 행동을 어떻게 반복하는가에 따라 우리의 상태가 결정되는 것이다.

파블로프의 개 실험에서 개는 반복적으로 제공되는 무조건 자극인 음식과 연합된 조건자극인 종소리에 대한 특정한 신경회로를 활성화시켜 특정한 반응을 하도록 학습된다. 즉 음식과 함께 연합하여 제공되는 종소리라는 특정한 자극에 대해 특정 신경회로가 반복적으로 활성화되면 종소리에 대한 전용신경회로를 새롭게 구축하여 이후 종소리만 듣고도 자동적으로 반응하는 조건형성이 되는 것이다.

개에게 음식을 주는 자극이 주어지지 않았지만 그 이전에 음식과 짝지어진 종소리만 듣고도 특정한 신경회로를 활성화시켜 음식을 먹을 때와 같은 침 흘리는 반응을 하게 되는 것이다. 이러한 반응은 무조건 자극인 음식에 종소리가 짝짓기 되어 두 자극을 같은 것으로 뇌가 착각하기 때문에 일어난다. 음식과 종소리는 전혀 관계가 없는 자극이지만 두 자극이 함께 연합되어 반복되면 두 자극에 대해 식별하는 능력을 일정 기간 상실하게 된다. 이것이 파블로프의 조건형성이론이다.

이러한 조건형성 이후에 음식을 제공하지 않는 상태에서 종소리와 불빛을 새롭게 조건형성시키게 되면 나중에는 불빛만 보고도 음식이 제공될 때 활성화시켰던 신경회로를 선택하여 침을 흘리는 고차 조건화 현상까지 나타나게 된다. 음식이라는 특정한 자극에 대한 침 흘리는 반응에 종소리와 불빛을 연합해서 반복적으로 제공해주게 되면 특정한 전용신경회로가 형성되어 이후에 음식이 제공되는 자극이 없어도 함께 짝지어졌던 종소리와 불빛에 침을 흘리게 되는 것이다.

사람의 경우도 마찬가지로 부정적인 자극에 반사적인 반응과 행동패턴이 반복되는 특정 신경회로를 활성화시키게 되면 부정적인 조건형성이 자동화될 수 있다. 부정적인 조건형성이 되면 외부 자극이나 사건에 정상적인 반응을 하거나 건강한 신경회로를 선택할 수 있는 능력을 상실하게 된다. 이렇게 부정적인 자극에 반응과 행동이 반복되면 자주 사용했던 부정적인 전용신경회로를 그대로 사용하는 중독상태에 빠져 나쁜 습관의 순환고리를 만들게 되는 것이다.

우리의 모든 학습과 경험은 언어로 부호화되어 뇌에 저장되며 이 과정에서 감정이 덧입혀져 기억되기 때문에 특정한 경험과 언어에는 특정한 감정이 연합된 신경회로가 존재한다. 우리가 10년 전의 정서적 의미가 있는 부정적인 경험이나 사건을 떠올리는 것만으로도 그 당시의 부정적인 감정이 현재 상태로 다시 불러나오게 되는 것은 우리의 기억에는 특정한 감정이 덧입혀져 있기 때문이다. 10년 전의 사건은 이미 지나간 일이지만 우리 뇌에는 그때 겪었던 사건에 대한 감정이 덧입혀져 있는 굵은 전용신경회로가 존재하기 때문에 경험 당시에 조건형성된 미세한 자극과 정보에도 과거의 경험을 생생하게 재연할 수 있는 준비 상태를 유지하게 되는 것이다.

이렇게 부정적인 경험에 감정이 덧입혀진 전용신경회로가 조건형성되면 자기 통제력을 잃게 되어 특정 자극에 대한 부정적인 반응을 자동화시키게 된다. 나중에는 처음에 고통을 주었던 사건 자체가 아닌 사건에 대한 생각과 언어적 자극만으로도 과거에 활성화시켰던 부정적인 전용신경회로를 다시 활성화시켜 부정적인 감정에 중독된 상태를 만들어버린다. 이러한 상태를 조건형성이라고 하며 다른 말로 표현하면 중독상태라고 할 수 있다.

우리는 누구나 자신의 자유의지로 최선의 선택을 할 수 있다. 하지만 부정에 중독된 전용신경회로가 이미 강하게 조건형성되어 부정적인 자기 제한 신념을 가지고 있다면 전두엽의 자유의지가 가진 자기 통제력을 상실하기 쉽다. 부정적인 자기 제한 신념에 의해 자기 통제력을 상실하게 되면 더 나은 선택을 할 수 있는 능력이 없다고 믿기 때문에 고정된 부정적인 회로만 반복해서 사용하게 된다. 이 상태가 반복되거나 지속되면서 부정적인 상태를 유지시킬 수 있는 습관의 순환고리를 만들게 되는 것이다.

다행히도 우리는 부정의 순환고리가 만들어지기 전에 더 나은 선택을 할 수 있는 전두엽의 자유의지를 가지고 있다. 자유의지의 위대한 선택 능력을 가진 우리는 어떤 어려운 상황에서도 다른 대안을 찾고 더 나은 방법을 선택하여 반응함으로써 원하는 결과를 창조할 수 있는 탁월성을 가진 존재이다. 이러한 전두엽의 자유의지가 활성화될 수 있는 확률을 높이기 위해 필요한 것이 바로 어떻게 공식을 통해 더 나은 선택을 하고 초능력 사용법인 TESA의 네 가지 성취자원을 원하는 목표에 일치시키는 것이다.

우리 마음에 있는 긍정과 부정의 전용신경회로를 만드는 TESA의 네 가지 씨앗인 생각과 정서, 말, 행동을 부정이 아닌 원하는 목표에 초점을 일치시켜야 한다. 이 네 가지 씨앗을 선택하여 목표에 초점을 일치시키고 반복적으로 사용하는 과정에서 전용신경회로가 만들어지기 때문에 우리의 존재는 선택과 확률이라고 할 수 있다. 결국 우리는 TESA의 생각과 정서, 말, 행동이라는 네 가지 씨앗 중에 무엇을 선택해서 어떻게 뿌릴 것인지에 대한 확률이 우리의 존재와 정체성을 만들고 삶의 결과를 창조하게 되는 것이다.

나의 존재

누군가에게는 설렘과 희망이 가득 찬 새벽이 찾아오지만 또 다른 누군가에게는 가슴을 짓누르는 것 같은 삶의 무게가 새벽의 문을 힘겹게 열도록 만들기도 한다. 끝없이 펼쳐진 수평선 위에 떠있는 작은 고깃배처럼 한없이 미약한 것이 우리의 존재지만 저 넓은 수평선과 드높은 하늘까지도 모두 담을 수 있는 것이 우리의 마음이다.

해안가로 떠밀려온 파도가 자신의 사명을 다하고 하얀 거품으로 부서지는 모습을 보며 나는 누구인가에 대한 물음을 스스로에게 던져본다. 언젠가 바닷가의 저 하얀 거품처럼 존재의 사명을 다하고 사라져 가는 것이 나의 존재일 것이다. 나는 누구인가에 대한 물음을 반복해보며 나 자신의 존재에 대해 더 명쾌한 답을 구해보지만 나의 세상모형은 언제나 똑같은 답을 구해준다.

나의 존재는 지금 여기에서 생각하고 느끼고 말하고 행동하는 것이라는 너무나 평범한 답을 얻게 된다. 그것이 진리이든 아니든 상관없이 진리라고 반복해서 생각하고 믿게 되면 그것이 진리가 되는 것처럼 나

의 존재에 대한 물음도 언제나 반복된 나의 신념에 의해 지금 여기에서
의 생각과 정서, 말, 행동이 나의 존재라는 답을 구하게 되는 것이다.

언제나 최선을 다해 열정적으로 살아온 나의 삶에서 더 이상 이루지
못한 것에 대한 아쉬움과 후회는 없다. 또한 더 이상 내가 가진 것에
대한 상실감과 두려움도 없다. 지금 여기에서 나의 초점과 선택이 나의
존재를 만들기 때문에 새로운 초점을 선택하면 존재가 새롭게 바뀐다.
나의 존재에 대한 작은 실마리라도 찾는 것이 삶에서 겪고 있는 경계
와 구속에서 자유로워지는 선택이 되는 것이다.

나의 존재는 지금 여기에서 생각하고 느끼고 말하고 행동하는 것이
라는 평범한 해답을 얻게 되면 우리는 과거의 굴레에서 벗어나 지금 여
기에서 얼마든지 마음의 자유와 행복을 찾을 수 있다. 또한 현재의 경
계에 갇혀있는 상태에서 해방되어 미래를 좀 더 자유롭게 꿈꿀 수도
있고 다른 선택을 할 수도 있다.

파도를 향해 던진 나의 물음이 하얀 거품에 흔적 없이 사라지지만 나
의 물음에 대한 내 마음의 답은 언제나 같은 메아리를 들려준다.
나는 지금 여기에서 생각하고 느끼고 말하고 행동하는 존재이기 때문
에 나의 선택에 의해 새로운 존재가 만들어진다. 나의 존재는 TESA의
생각과 정서, 말, 행동이 반복되는 것이며 반복적인 나의 생각과 정서,
말, 행동이 다시 나의 존재를 변화시키게 되는 것이다.

여러 번 이야기하지만 나는 누구인가의 철학적 질문에 대한 답을 찾기가 그리 쉽지는 않다. 하지만 어떤 식으로든 나의 존재에 대한 답을 찾기 위한 실마리는 필요하다.

- 나는 생각이라고 말할 수 있다.
- 나는 언어라고 말할 수 있다.
- 나는 감정이라고 말할 수 있다.
- 나는 행동이라고 말할 수 있다.
- 나는 신경회로라고 말할 수 있다.
- 나는 시냅스라고 말할 수 있다.
- 나는 뉴런이라고 말할 수 있다.
- 나는 신경전달물질이라고 말할 수 있다.
- 나는 호르몬이라고 말할 수 있다.
- 나는 유전자라고 말할 수 있다.

- 나는 기억이라고 말할 수 있다.
- 나는 경험이라고 말할 수 있다.
- 나는 초점이라고 말할 수 있다.
- 나는 홀로그램이라고 말할 수 있다.
- 나는 우주라고 말할 수 있다.

이 중에서 어느 것이든 완전한 정답은 없으며 완전히 틀린 답도 없다. 나의 존재는 지금 여기에서 어떤 대상과 환경에 마음의 초점을 일치시키는가에 따라 결정된다고 할 수 있다. 마음의 초점을 할애하는 시간이 얼마나 오랫동안 지속되는가에 따라 나의 상태가 결정되고 존재와 정체성까지 만들어지게 되기 때문이다. 그 마음의 초점이 긍정이든 부정이든 아니면 희망이든 절망이든 상관없이 일치된 초점이 얼마나 오랫동안 지속되는가에 따라 나의 존재와 정체성이 결정되는 것이다.

특정한 대상이나 상황에 마음의 초점을 일치시키고 지속시키는 것은 마음의 밭에 씨앗을 뿌리는 것이고 그 씨앗이 자랄 수 있도록 영양분을 공급해주는 것과 같다. 만약 지금 내가 어떤 문제 때문에 부정적인 생각을 하고 부정적인 감정을 계속해서 느끼고 있다면 나는 내 안에 부정적인 마음의 씨앗을 키우는 것과 마찬가지이다. 이렇게 우리의 마음에 부정의 씨앗이 계속 자라게 하는 초점을 일치시키게 되면 부정적인 존재가 되는 것이다.

만약 부정적인 마음의 씨앗이 자기 안에서 자라고 있다는 사실을 자각할 수 있다면 부정의 씨앗이 마음에서 더 이상 자라지 못하도록 빠르게 영양분을 차단시켜야 한다. 그렇지 않고 부정적인 생각과 감정을 지속하게 되면 마음에 온통 부정의 씨앗이 자라서 깊은 뿌리를 내리기 때문이다. 부정적인 생각과 감정이 깊은 뿌리를 내리게 되면 자신의 의지와 상관없이 부정적인 감정상태가 마음의 회오리를 일으켜 점점 더 부정적인 감정상태에 중독되는 나쁜 순환고리를 만들게 된다.

만약에 30분 이상 부정적인 감정상태를 지속하게 되면 부정과 관련된 신경회로가 활성화되어 부정적인 중독상태에 빠지게 될 위험이 있다. 그래서 부정적인 감정에 자유의지가 완전히 잠식당하지 않기 위해 초기에 주의의 초점을 빠르게 바꾸어야 한다. 부정적인 중독상태에서는 전두엽의 자유의지가 아무런 기능을 하지 못하고 부정적인 감정의 쓰나미에 휩쓸려 점점 더 자신의 감정상태를 부정적인 상태로 악화시켜버리기 때문에 초기에 빨리 진압해야 하는 것이다.

초기에는 전두엽의 자유의지와 반복에 의해 특정한 신경회로와 습관을 우리가 선택할 수 있지만 부정적인 신경회로가 강화되고 습관의 뿌리가 내려진 중독상태가 오랜 시간 지속되면 오히려 습관이 우리의 존재를 선택한다. 결국 마음의 밭에 뿌려진 씨앗을 자라게 하는 것은 우리의 반복적인 생각과 정서, 말, 행동이다. 우리의 생각과 정서, 말, 행동을 반복하게 되면 그것이 전용신경회로를 구축하여 존재와 정체성을 만들기 때문이다. 그래서 부정의 신경회로가 활성화되는 초기에 빠른 결단으로 패턴을 깨고 초점을 전환하여 긍정의 신경회로를 활성화시킬 수 있어야 하는 것이다.

신경가소성

　인류는 진화과정에서 인간만이 공유하고 있는 특징을 가진 장기유전형질을 가지고 있기 때문에 모두가 비슷한 인간의 모습을 유지할 수 있게 되었다. 인류가 진화과정에서 형성된 장기유전형질 덕분에 동물과 차별화된 독특한 뇌구조와 신체적 특징을 가질 수 있게 되었던 것이다. 인간은 네발로 기어 다니는 동물과 달리 두발로 직립보행을 함으로써 두 손을 자유롭게 움직일 수 있게 되었고 정교하게 마주 볼 수 있는 엄지손가락을 가짐으로써 섬세한 기능을 수행할 수 있는 창조적인 존재로 계속 진화할 수 있었다.

　또한 일반적으로 동물은 무채색으로 사물을 인지하지만 인간은 동물과 달리 유채색으로 인지하는 공통점을 가지고 있다. 그리고 인간의 감정 표현이나 언어, 얼굴 표정, 수면주기, 행동양식도 대부분 비슷하다. 이처럼 모두가 비슷한 정신적, 신체적 특징과 행동양식을 가질 수 있었던 것은 오랜 진화과정을 통해 학습과 경험이 축적되어 형성된 장기유전형질 덕분이다. 인간의 존재는 이렇게 장기유전형질에 의해 다른 종과는 확연히 구분되는 고유한 인간의 모습을 유지할 수 있게 되었다.

장기유전형질에 의해 인간이라는 종은 모두가 비슷한 존재가 되었지만 단기유전형질에 의해 인간은 전혀 다른 저마다의 개성을 가진 독특한 존재가 된다. 장기유전형질에 의해 공통적인 인간의 특징을 가지면서도 단기유전형질에 의해 서로 다른 방식으로 생각하고 행동하는 개인의 개성과 특징을 동시에 갖게 된 것이다.

이와 같이 모두가 장기유전형질에 의해 인간의 공통적인 특징을 공유하고 있지만 가까운 조상과 부모의 유전자에 영향을 받아 자신만의 고유한 특징을 갖고 있다. 같은 인간의 모습을 유지하면서도 서로 성격이 다르고 얼굴 모양과 체형, 행동 패턴, 감정상태, 언어능력, 학습능력이 모두가 다른 것이다. 그리고 개인의 사명과 꿈, 목표, 정신력 등에 있어서도 차별화된 자신만의 개성을 가진 존재를 만들게 된다.

단기유전형질은 서로 다른 남성인 아버지와 여성인 어머니의 유전자가 결합되어 자신만의 독특한 유전형질을 형성한다. 자신만의 유전형질은 부모와는 전혀 다른 새로운 존재를 만드는 것처럼 보이지만 실제로는 부모의 또 다른 모습인 부모의 그림자와 같은 존재가 된다.
분명히 부모와 똑같은 존재는 아니지만 부모의 유전자가 조합되어 자신의 존재를 만들기 때문에 자신의 존재는 부모의 유전적 영향을 받을수밖에 없는 것이다.

체형이나 피부 색깔, 머리카락 색깔, 신장, 성격, 정서, 질병까지도 부모의 유전자를 그대로 받기 때문에 부모의 또 다른 모습인 부모의 그림자가 비친다. 우리의 존재가 부모와 똑같은 존재는 아니지만 부모의 그림자가 비치고 있기 때문에 부모의 또 다른 모습으로 살아갈 확률이 높아지는 것이다. 중요한 것은 유전이 분명히 큰 영향을 미치고 있지만 후천적인 환경에 의해 영향을 더 많이 받기 때문에 유전 자체가 절대적으로 우리의 삶을 통제하지는 않는다는 사실이다.

한 인간의 존재는 부모의 그림자가 얼마나 큰 영향을 미치는가와 더불어 후천적인 학습과 경험, 환경이 어떻게 영향을 미치는가에 따라서 결정된다. 아무리 부모의 유전자에 의해 단기유전형질이 큰 영향력을 가지고 있다 하더라도 저마다 다른 후천적인 학습과 경험에 의해 자신만의 개성과 감정, 행동의 패턴을 갖게 되는 것이다.

생각과 정서, 말, 행동은 유전에 의해 발현되는 특정한 신경회로의 영향을 받게 된다. 유전자는 뇌에 관련된 특정한 신경회로를 형성하도록 세팅되어 있기 때문이다. 태아의 뇌 속 신경회로가 형성될 때부터 부모의 유전자는 특정한 시냅스 연결을 통해 부모와 닮은 신경회로의 구성과 배열을 만든다. 그렇기 때문에 부모의 모든 것을 물려받을 가능성이 높아진다. 부모의 생각과 정서, 말, 행동이 견고한 신경회로를 형성하게 되면 그것이 자식에게 유전자로 전해지게 되는 것이다.

결국 부모가 반복적으로 사용하는 생각과 정서, 말, 행동을 유전적으로 그대로 물려받게 되어 부모와 유사한 신경회로를 갖게 된다고 볼 수 있다. 그리고 부모로부터 물려받은 유전자는 성장과정에서 부모의 절대적인 영향력에 의해 선택적으로 발현되어질 가능성이 높다. 부모의 유전자를 물려받은 상태에서 그 유전자를 전해준 부모의 보살핌과 양육환경 속에서 성장하기 때문에 부모의 생각과 정서, 말, 행동을 그대로 모델링하여 전용신경회로를 만들게 될 가능성이 그만큼 더 높아지게 되는 것이다.

이렇게 되면 부모가 물려준 단기유전형질을 그대로 선택하고 발현하여 부모의 그림자로 살아갈 가능성이 더 높아지게 된다. 다행히 우리의 똑똑한 뇌는 부모로부터 받은 좋은 유전자를 선택하고 나쁜 유전자를 선택하지 않을 수 있는 능력을 가지고 있다. 그리고 부모의 유전자와 다른 새로운 자신의 유전자를 만들어낼 수 있는 능력까지도 갖고 있으며 그것이 뇌가 가진 위대한 능력인 신경가소성이다.

뇌는 그 무엇이든 반복하면 사실로 받아들이고 그것에 대한 믿음을 만들어 그 믿음에 스스로 통제당하게 된다. 믿음에 통제당하여 행동하려는 의지를 갖게 되는 것이 신념이며 강하게 형성된 신념은 특정한 전용신경회로가 굵게 형성된 것이다. 이와 같이 신경회로를 새롭게 변화시키거나 구축할 수 있는 능력을 신경가소성이라고 하며 이 위대한 신경가소성을 활용하여 유전자를 바꾸어 부모 세대보다 더 나은 새로운 미래를 창조하는 존재가 될 수도 있는 것이 인간이다. 중요한 것은 뇌는 반복된 생각과 정서, 말, 행동을 통해 새로운 신경회로를 형성할 수 있는 신경가소성으로 유전적 기질을 선택할 수도 있고 그것을 극복할 수도 있다는 사실이다.

변화가 쉽지 않은 이유

인간이 지닌 위대한 탁월성은 뉴런과 뉴런의 시냅스 연결에 의해 형성된 신경회로를 바꾸어 자신의 존재와 정체성을 바꿀 수 있는 가소성을 갖고 있다는 것이다. 인간은 변화할 수 있는 신경가소성과 더불어 새로운 변화에 대해 저항하며 현재 상태를 그대로 유지하려는 관성을 동시에 갖고 있다. 한 개인의 존재와 정체성을 떠받치고 있는 신경회로는 짧은 몇 마디의 말과 생각만으로도 쉽게 바꿀 수 있는 가소성을 가지고 있으면서도 반복에 의해 굵게 형성된 전용신경회로가 구축되면 쉽게 변화하지 않으려는 관성과 고정된 패턴을 가지고 있는 것이다.

인간의 뇌에는 천억 개가 넘는 뉴런이 존재하며 하나의 뉴런은 다른 수만 개의 이웃 뉴런들과 병렬적 연결을 만들기 때문에 밤하늘의 별보다 더 많은 신경회로를 형성하고 있다. 유전적 영향을 바탕으로 새로운 학습과 경험, 피드백이 주어져 특정 신경회로가 반복적으로 활성화되거나 특별한 정서적 의미를 가진 경험이 주어지면 그 회로가 광케이블처럼 굵게 형성된다. 우리 뇌에 광케이블처럼 굵게 형성된 전용신경회로는 다른 신경회로에 우선하여 활성화되기 때문에 우리의 존재와 정체성을 만들게 되는 것이다.

이렇게 형성된 전용신경회로는 의식적 관여 없이도 쉽게 활성화되는 습관적인 패턴으로 굳어지며 화학적으로도 중독상태를 보이게 된다. 광케이블처럼 굵게 형성된 전용신경회로는 일관성을 갖게 되면서 역치를 뛰어넘지 못하는 낮은 자극이나 일시적인 변화에는 무반응하거나 저항하며 기존의 항등성을 유지시키려는 강력한 관성을 가진다. 그래서 습관을 제2의 천성이라고 부르는 것이며 중독된 습관은 사람들이 쉽게 변화하지 못하는 근본적인 이유가 되는 것이다.

긍정적인 것이든 부정적인 것이든 상관없이 변화를 거부하는 이유가 일관성과 항등성을 유지하려는 뇌의 중독된 습관 때문이다. 이미 잠재의식 차원에서 완전히 자동화된 학습이 이루어져 중독된 습관이 형성된 이후에는 의식적 차원에서 새로운 정보나 자극이 주어져도 새로운 변화가 힘들어진다. 중독된 습관에 의해 변화가 쉽지 않기 때문에 강한 관성을 가진 습관의 노예가 되어 똑같은 패턴을 되풀이하는 순환고리에 갇히게 되는 것이다.

사람들은 의식적 차원에서 변화에 대한 인식을 가지고 변화하기 위한 많은 노력을 한다. 하지만 뇌가 습관에 중독된 상태에서는 의식적인 개입이 지속성을 가지지 못하기 때문에 잠재의식적 차원에서 변화하지 않은 현상태를 그대로 유지할 수밖에 없는 것이다. 변화는 새로운 자극과 정보를 받아들여 신경회로의 다양한 연결을 새롭게 바꾸거나 확장하여 새로운 전용신경회로를 만드는 과정이다.

우리의 뇌는 새로운 변화에 저항하는 강력한 관성을 갖고 있으면서도 새로운 자극과 정보가 반복해서 주어지거나 의미 있는 정서적 경험에 의해 역치를 뛰어넘는 강한 자극이 주어지면 언제든지 변화할 수 있는 가소성을 동시에 가지고 있다. 그래서 변화를 위한 강력한 자유의지를 가지고 반복을 통해 자신의 생각과 정서, 말, 행동을 바꾸기만 한다면 원하는 현실적인 변화를 이룰 수가 있게 되는 것이다.

우리는 언제라도 변화할 수 있는 탁월한 가소성을 가지고 있기 때문에 더 나은 성취를 위해 변화를 선택할 수 있는 존재이다. 더 나은 삶을 위한 새로운 변화는 생존전략이면서 우리 삶의 핵심가치이다. 그래서 우리는 스스로에게 변화를 위한 자극이 될 수 있는 질문을 던질 수 있어야 한다.

- 나는 지금보다 더 나은 미래를 창조하기 위해 오늘 어떤 선택과 노력을 하고 있는가?
- 나는 내 삶의 사명과 목표를 달성하기 위해 지금 구체적으로 무엇을 어떻게 변화시켜야 하는가?
- 나는 가장 중요한 내 삶의 가치를 실현하기 위해 지금 어떤 변화를 선택하고 실행할 것인가?
- 나는 어제와 다른 내일을 위해 오늘을 어제와 다르게 변화시킬 마음의 준비를 하고 있는가?
- 나는 사명과 목표를 성취하기 위해 일상생활에서 사용하는 생각과 정서, 말, 행동을 어떻게 변화시킬 것인가에 대한 차별화된 전

략을 가지고 있는가?

고정된 현재 상태를 그대로 유지하려는 강력한 관성을 가진 우리의 뇌는 새로운 변화에 대해 낯설고 불편한 것으로 받아들이기 때문에 변화하는 것에 대해서는 힘들어하고 저항하게 된다. 이처럼 새로운 변화가 쉽지 않지만 우리는 생존을 위해 변화를 해야 하며 변화를 위한 결단을 하는 순간 이미 변화는 시작되는 것이다.

어떻게 보면 변화에 대해 생각하는 순간 이미 변화가 일어났을 수도 있다. 변화가 새로운 자극과 정보를 통해 신경회로의 다양한 연결을 바꾸고 확장하여 새로운 전용신경회로를 만드는 과정이라면 새로운 자극과 정보의 선택이 중요하다. 그 선택의 도구가 생각일 수도 있고 정서일 수도 있고 말과 행동일 수도 있다.

어떤 자극과 정보이든 기존의 중독상태를 유지하는 역치를 뛰어넘을 수 있는 강력한 힘을 가지기만 한다면 얼마든지 변화할 수 있는 것이 우리의 존재이다. 한번 굵게 형성된 전용신경회로는 쉽게 변화하지 않지만 반복된 자극과 정보가 주어지기만 한다면 언제든지 신경회로의 배열과 조합을 만들어 새로운 전용신경회로를 구축할 수 있다.

그래서 우리는 쉽게 변화하지 못하는 고정된 관성을 가진 존재이면서 언제든지 변화할 수 있는 가소성을 가진 이중적인 존재가 되는 것이다.

변화를 위한 선택

　우리의 삶 자체가 변화이며 변화가 없는 삶은 존재하지 않는다.
세상은 끊임없이 변화하고 있기 때문에 변화하는 세상에서 뒤처지지
않고 살아남기 위해서 우리는 끊임없이 변화해야만 하는 존재이다.
그렇기 때문에 변화를 위한 선택과 행동은 우리의 안전과 생존을 위한
최상의 전략이라고 할 수 있다.

　우리는 변화해야만 생존 가능성이 높아지고 더 나은 삶을 선택할 수
있기 때문에 어느 누구도 변화를 거부할 수 없다. 다만 자유의지를 가
지고 자신이 먼저 능동적으로 변화를 선택할 것인지 아니면 환경의 강
요된 변화에 수동적으로 통제당하는 선택을 할 것인지의 차이가 있을
뿐이다. 어떤 선택을 하는 것이 더 좋은지에 대해 굳이 설명하지 않아
도 모르는 사람은 없을 것이다.

　그런데도 불구하고 많은 사람들이 자유의지를 가지고 자신이 먼저
능동적인 변화를 선택하기보다는 환경의 통제 속에서 수동적인 변화
를 선택한다. 이러한 현상이 일어나는 것은 사람들이 변화를 시도하여

얻는 성공의 설렘이나 보상보다 실패했을 때의 가혹한 비난이나 고통을 더 크게 느끼기 때문에 생기는 심리적 저항이다.

인간의 뇌는 본능적으로 즐거움과 쾌락을 추구하면서 고통과 불편함은 회피하는 기전을 함께 가지고 있다. 특히 일상생활에서 무심코 사용하는 언어와 생각의 80%가 부정적인 것이라고 할 만큼 회피적 선택과 행동을 많이 하게 된다. 그것은 인간이 진화과정에서 부정적인 감정을 일으키는 것이 그러한 상황이나 대상에서 벗어나 생존에 더 유리하기 때문에 형성된 습관이다.

이러한 부정적 감정이 일어나면 변화 과정에서 겪게 될 고통과 불편함을 예상하며 현상태를 그대로 유지하려는 선택을 하게 된다.

그래서 특별한 사명감이나 선명한 목표가 설정되고 그것과 관련된 전용신경회로가 굵게 형성되어 강력한 성공신념이 형성된 경우가 아니라면 대부분 지금 현재의 상태를 바꾸거나 대체할 새로운 변화를 선택하지 않게 되는 것이다. 이와 같이 뇌는 본능적으로 새로운 변화를 싫어하며 현재 상태를 그대로 유지하려는 강한 관성을 가지고 있다.

일반적으로 인간의 뇌는 쾌락추구와 고통 회피의 욕구를 충족시키기 위해 자기 안에 존재하는 필요한 모든 자원과 에너지를 동원시킨다. 본능적으로 즐거움과 쾌락을 추구하는 심리를 지향적 동기라고 하며 고통과 불편함에서 벗어나기 위해 도망가는 심리를 회피적 동기라고 한다. 지향적 동기와 회피적 동기가 어느 것이 좋고 나쁨의 절대적인 기준이 되는 것은 아니다.

지향적 동기는 자신이 좋아하고 잘하는 것을 더 많이 선택하고 그것을 성취하기 위해 새로운 행동을 하게 해주는 힘이다. 즐거움과 쾌락은 인간이 본능적으로 추구하는 기전이기 때문에 자신의 사명과 목표를 이루기 위해서는 지향적 동기를 사용하는 것이 큰 도움이 된다.

그것은 자신이 좋아하고 잘하는 것을 할 때 더 큰 열정이 생기고 자발적인 동기가 자극되어 큰 성취를 이룰 수가 있기 때문이다.

회피적 동기는 일반적으로 변화를 거부하는 관성을 유지시키지만 때로는 고통과 불편함에서 벗어나거나 회피하기 위한 새로운 변화와 도전을 선택하고 행동하게 해주는 강력한 동기가 되기도 한다. 고통과 불편함은 인간이 본능적으로 회피하는 기전이다. 그래서 회피적 동기도 지향적 동기와 마찬가지로 자신의 사명과 목표를 이루기 위한 중요한 성취자원이 될 수 있는 것이다.

심한 고통과 불편함에서 벗어나기 위해 강력한 회피적 동기가 생기게 되면 긍정적인 상태를 만들어주는 새로운 변화와 도전을 할 수 있을 뿐 아니라 행동의 지속성을 높이게 된다. 이처럼 회피적 동기를 활용하는 것이 우리 삶에서 때로는 변화를 거부하고 현재 상태에 머물게 하는 고정된 경계로 작용하기도 하지만 그것에서부터 벗어나기 위한 강력한 자극이 되어 변화를 위한 지렛대로 작용하기도 한다.

숲속의 맑은 아침이슬을 독사가 먹으면 독을 만들고 소가 먹으면 영양이 풍부한 우유를 만들듯이 회피적 동기를 어떻게 활용하는가에 따라 새로운 변화와 성취를 실현하는 지렛대로 사용할 수도 있고 변화와 성취를 거부하는 고정된 경계로 사용할 수도 있는 것이다.

인간의 뇌에는 천억 개가 넘는 뉴런이 있다. 이 뉴런에는 수많은 정보가 저장되어 있으며 천억 개가 넘는 뉴런 하나하나가 다른 수만 개 이상의 다른 뉴런들과 병렬적인 시냅스 연결을 통해 전기화학적으로 정보를 교환하고 있다. 뇌의 신경회로는 비슷하거나 상관있는 다른 뉴런들과 병렬적으로 연결을 짓고 있기 때문에 하나의 뉴런이 자극을 받아 발화되면 나머지 연결된 뉴런들이 동시에 활성화된다. 이후 반복적으로 함께 활성화된 뉴런들과의 연결이 광케이블처럼 굵게 형성되는데 이 것을 전용신경회로라고 한다. 굵게 형성된 전용신경회로는 고차원적인 뇌가 되어 저차원적인 뇌에 우선하여 활성화되기 때문에 개인의 존재와 정체성을 결정짓는 핵심적인 요인이 된다.

우리는 전용신경회로에 지향적 동기를 연결할 수도 있고 회피적 동기를 연결할 수도 있다. 전용신경회로는 다른 일반적인 신경회로에 우선하여 활성화되기 때문에 불필요한 정보간섭을 차단하여 초점을 일치시켜준다. 먼저 새로운 변화와 도전을 선택하고 행동하여 얻게 되는 설렘과 즐거움의 전용신경회로를 만들어야 한다.

그리고 새로운 변화와 도전을 선택하고 행동하지 않았을 때 느끼는 고통과 불편함의 전용신경회로를 만들어야 한다. 이렇게 전용신경회로에 지향적 동기와 회피적 동기를 연결해두면 의식적 노력이나 자유의지가 개입되지 않아도 잠재의식 차원에서 목표를 향해 자동적으로 움직이게 된다. 대부분의 행동은 정서적 영역인 잠재의식의 조종을 받고 있기 때문에 기존의 변화하지 않는 나쁜 습관을 고통으로 연결하고 변화하는 좋은 습관을 즐거움으로 연결해야 한다. 이렇게 되면 새로운 변화와 도전을 위한 초능력을 사용할 수 있는 양 날개를 달게 되어 성취를 위한 새로운 도약이 가능해진다.

인간은 누구나 반복적인 학습과 경험을 통해 자신만의 전용신경회로를 구축할 수 있는 신경가소성을 가지고 있다. 뇌는 그 무엇이든 반복하면 그것을 사실로 받아들이고 믿음을 만들어 스스로를 통제하는 강한 신념을 만들기 때문에 반복에 의해 원하는 상태를 얼마든지 선택할수 있는 것이다. 이처럼 지향적 동기와 회피적 동기를 전용신경회로에 반복해서 연결하면 그것에 대한 신념체계가 만들어져 스스로를 통제하는 강력한 힘을 갖게 된다.

그 어떤 것이든 뇌에 전용신경회로를 만들기만 하면 새로운 변화가 가능하고 그것을 지속시킬 수 있다. 그리고 그것은 누구나 사용할 수 있는 평범한 능력이기 때문에 전용신경회로를 구축하기만 한다면 자신이 원하는 삶의 성취결과를 얻을 수 있게 된다. 사람들이 변화를 위한 선택을 하지 못하는 이유가 변화를 위한 자원이 없어서가 아니라 변화를 위한 구체적인 방법을 모르기 때문이다.

일반적으로 초능력은 초자연적인 현상을 일으킬 수 있다고 믿어지는 정신적인 힘이라고도 하며 정상적인 사람의 능력을 뛰어넘는 능력 또는 과학적으로 증명할 수 없는 능력이라고 정의하기도 한다. 흔히 초능력이라고 하면 너무 허황되고 신비스러운 현상을 쉽게 떠올리게 되는데 생활 속에서의 초능력에 대한 올바른 정의는 개인이 가진 자원과 에너지를 원하는 목표에 일치시켜 기적적인 결과를 창조하는 능력이라고 할 수 있다.

이러한 관점에서 본다면 초능력은 누구나 가지고 있는 평범한 자원이다. 다만 우리는 대부분 그 평범한 능력을 사용할 수 있는 목표 설정과 초점 맞추기가 부족하여 초능력이 아닌 일반적인 능력을 사용하고 있을 뿐이다. 초능력의 자원은 누구나 가지고 있지만 그것을 활용하여 기적적인 삶의 성취결과를 얻는 사람은 일부에 지나지 않는다.

사람들은 자신이 원하는 목표를 이루기 위해 그 목표에 초점을 모으고 자원과 에너지를 일치시켜 초능력을 활용할 수 있는 도전을 한다.

하지만 많은 사람들이 변화에 대한 초점과 우선순위를 잘못 선택하여 자신이 원하는 목표 성취와는 거리가 먼 엉뚱한 성취결과를 얻게 된다. 그 어떤 변화도 자기 안에 없는 것이 이루어지지 않는다는 사실을 망각한 채 다른 사람과 환경을 바꾸기 위해 자신의 초점을 잘못 맞추기 때문에 원하는 성취와 점점 더 멀어지게 되는 것이다.

중요한 것은 변화의 시작이 자기 자신부터라는 너무나 평범한 진리를 잊어버렸기 때문에 원하는 성취를 이루지 못했을 뿐이지 원하는 변화와 성취가 불가능한 것은 아니라는 사실이다. 어느 누구라도 자신의 변화에 초점을 맞추고 내부적 변화를 먼저 이룰 수 있다면 외부적 성취도 자연스럽게 실현할 수 있게 된다.

멘탈마스터로서 대한민국 멘탈혁신이라는 사명을 실현하기 위한 첫 시작은 먼저 내 안의 변화와 성취를 이루기 위한 자원과 에너지를 충전시키는 것이었다. 처음 공부를 시작하면서 멘탈에 대한 이해와 깨달음이 어느 정도 생겼을 때 나 자신이 많은 사람들을 변화시킬 수 있는 지혜와 능력을 가졌다는 넘치는 자신감과 더 나아가 세상까지도 바꿀 수 있다는 큰 착각에 빠진 적이 있었다.

하지만 그것이 얼마나 헛된 착각이고 망상인지를 깨닫는데 그리 긴 시간이 걸리지 않았다. 공부를 계속하면서 깨달은 것은 그 어떤 변화도 내 안에서 시작되지 않는다면 그것은 진정한 변화가 될 수 없다는 것이었다. 다른 사람과 세상을 변화시키려면 나 자신이 먼저 변화해야 하고 내가 먼저 변화했을 때 다른 사람과 세상은 이미 달라 보이게 된다는 것을 깨달은 것이다. 그리고 내가 변화함으로써 얻게 되는 영향력의 크기만큼 다른 사람과 세상이 바뀔 수 있다는 평범한 진리까지도 알게 되었다. 이후 나는 주변 사람과 환경이라는 관심 영역에 맞추어져 있던 나의 초점을 스스로에게 먼저 일치시켰다.

주변 사람과 환경은 내가 직접 통제할 수 없는 관심의 영역이고 나 자신은 스스로 통제 가능한 영향력의 영역이기 때문에 통제 가능한 것부터 변화시켜 관심의 영역인 다른 사람과 환경에까지 점차적으로 영향력을 확대해 나갔다. 많은 사람들이 변화가 힘들거나 불가능하다고 말한다. 변화가 힘들다고 하는 것은 변화가 불가능한 것에 초점이 맞추어져 있기 때문이지 변화 자체가 불가능한 것은 아니다.

나는 먼저 나 자신의 변화에 초점을 맞추는 자기인식을 바탕으로 사명과 목표, 신념을 실현할 수 있는 전략을 선택하여 반복적으로 실행했다. 다른 사람과 세상에 잘못 맞추어진 기존의 초점을 나 자신에게로 전환하는 순간 기적적인 일들이 일어났다. 외부로 향해졌던 초점을 나 자신에게로 바꾸는 순간 내가 지금 무엇을 먼저 해야 하는지를 알 수 있게 되었기 때문이다. 내가 간절히 원하는 것에 나의 생각과 정서, 말, 행동을 반복해서 일치시켰다. 먼저 나 자신을 더 채우고 다듬기 위해서 뇌과학과 멘탈에 관련된 수업을 듣고 각종 동영상 강좌를 반복 수강했다. 지식의 체계를 완성시키기 위해 수백 권의 뇌와 멘탈 관련 책을 구입하여 읽으며 끊임없이 자신을 트레이닝했다.

처음 멘탈공부를 시작하면서 일부의 주변 사람을 변화시킬 때만 해도 멘탈에 대한 원리와 기법을 모두 깨닫고 통달한 것처럼 자신감이 충만했지만 공부를 더 깊이 하면 할수록 나의 지식체계와 지혜의 깊이가 얼마나 좁고 얕은가를 깨닫게 되면서 멘탈공부에 대한 갈증과 욕구는 더욱더 커져갔다. 그것이 나의 부족함을 채우기 위한 공부에 더욱더 몰입할 수 있게 해준 동기가 되었다.

그래서 더 많은 세미나에 참석하고 유명강사의 강의와 다양한 교육 동영상을 여러 번 반복해서 들으며 스스로에게 동기를 부여하고 수많은 책을 읽으면서 나의 부족한 지식체계를 보완해 나갈 수 있었다.

멘탈코칭센터 홈페이지에 내가 직접 녹음한 교육용 음원과 촬영한 강의 동영상을 업데이트하여 많은 사람들과 공유할 수 있게 해놓은 이유가 그때 나 자신의 공부 경험으로 볼 때 그러한 자료의 도움을 많이 받았기 때문이다. 개인 휴대폰에는 내가 그동안 저술한 모든 책의 오디오북과 강의 영상들이 빠짐없이 저장되어 있다. 잠자리에 들기 전이나 휴식시간, 운전을 할 때도 휴대폰에 저장된 음원을 듣거나 영상을 보면서 멘탈과 관련된 전용신경회로를 더 굵게 구축한다.

나는 멘탈공부를 시작하며 스포츠심리학, NLP, 코칭, 스피치, 성공학, 리더십, 마케팅, 게슈탈트 심리학, 교류분석 이론, 뇌과학, 양자심리학에 대한 공부를 거듭하며 공부에 대한 새로운 신경회로를 지속적으로 생성시켜 나갔다. 그리고 모든 변화의 시작은 내 안에서부터라는 지혜를 깨달은 순간 다른 사람과 세상을 변화시켜야 한다는 강박에서 벗어날 수 있었다.

꽃이 향기를 가득 품고 있으면 굳이 스스로 자신의 향기를 주변에 알리려 하지 않아도 바람과 벌, 나비, 새가 꽃향기와 꽃씨를 주변에 퍼트려주듯이 내 안에 변화를 위한 채워짐과 충전이 먼저 이루어지는 것이 더 중요함을 알게 되었던 것이다.

　나 자신의 내면에 채워짐과 깨달음이 있은 후에 전국을 순회하며 세미나와 대학 강의, 상담, 컨설팅을 진행하고 여러 단체의 대표로서 다양한 행사를 직접 주관하는 과정에서 탁월한 능력과 리더십을 가진 많은 사람들을 만나 모델링과 피드백을 통해 나 자신을 더 성장시키는 지렛대로 활용하였다. 초기에는 나의 변화와 성장에 대해 스스로의 믿음이 약했지만 나 자신의 변화에 초점을 맞출 수 있었기에 원하는 성취를 더 크게 이룰 수 있었다.

　지금의 나는 자신의 변화를 뛰어넘어 다른 사람들에게 작은 영향력을 행사할 수 있는 자성을 갖게 되었다. 지금 현재 나의 변화나 성취가 나 자신이 가진 특별한 자원이나 재능 때문이 아니라 나 자신에게 초점을 일치시키는 선택과 결단 때문이었다. 내가 만약 아직도 나 자신의 변화가 우선이 아닌 다른 사람과 세상의 변화에 초점을 일치시키는 잘못된 선택을 하고 있었다면 작은 변화조차 힘들었을 것이다.

　누구든 자신의 초점을 내부로 전환하고 원하는 것을 성취할 수 있는 내적인 상태를 만들기 위한 결단과 행동을 할 수만 있다면 내가 이룬 변화와 성취 이상의 결과를 얻게 될 것이다. 변화의 핵심은 자기 자신이라는 깨달음을 얻고 초점을 일치시킬 수 있을 때 변화의 언저리에서 방황하는 무기력한 자신에게서 벗어날 수 있게 된다. 중요한 것은 우리의 생각과 정서, 말, 행동의 초점을 어디에 일치시키고 반복하는가의 선택과 실행이다.

　나는 한글을 초등학교 4학년 때 깨우치고 대학을 마흔에 입학했을 정도로 학업성취가 늦은 모델이다. 그런 내가 지금 대한민국 멘탈마스터 1호로서 하마 돼지의 별명을 가지고 대한민국 멘탈혁신을 위한 삶을 살아가고 있다. 이처럼 늦게 출발한 내가 원하는 변화와 성취를 이룰 수 있었다면 다른 누군가가 초능력 사용법인 TESA의 생각과 정서, 말, 행동을 자신이 원하는 것에 초점을 맞추는 선택을 했을 때 얻는 성취가 나 자신보다 결코 작지 않을 것이다.

변화는 결코 힘들거나 불가능한 것이 아니다. 우리의 초점이 원하는 목표가 아닌 엉뚱한 곳에 잘못 맞추어져 있기 때문에 엉뚱한 변화가 일어나거나 변화가 일어나지 않게 되는 것일 뿐이다. 나는 내가 직접 체험한 변화에 대한 프로세스를 더 많은 사람들과 함께 공유하기 위해 오늘도 설렘이 있는 마음으로 글을 쓰고 강의를 하며 다양한 멘탈상담과 코칭활동을 하고 있다.

누군가 할 수 있다면 다른 사람도 할 수 있다. 누구든 자신의 분명한 목표에 생각과 정서, 말, 행동의 초점을 맞출 수 있다면 그 어떤 변화와 성취도 가능하다는 것이 내가 경험한 멘탈이 가진 힘이다.

자신의 생각과 정서, 말, 행동은 자신의 자유의지로 얼마든지 선택할 수 있는 영향력의 영역이다. 진정으로 자신의 긍정적인 변화를 갈망한다면 먼저 자신의 초점을 목표에 일치시키는 선택을 하면 된다.

그리고 그것은 우리 모두가 가지고 있는 평범한 능력이다.

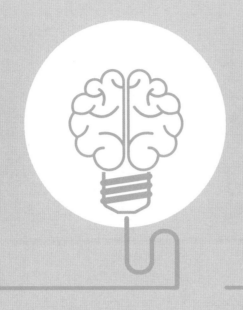

Chapter 7

멘탈

새로운 세상

세상은 빠르게 변화하고 있으며 이전의 변화와는 차원이 다른 변화가 새로운 세상을 열고 있다. 이렇게 빠르게 변화하는 새로운 세상에 당당한 주역이 되기 위해서는 자기 자신의 블루오션을 창조하는 준비가 필요하다. 우리가 맞이할 미래에는 새로운 직업이 더 많이 생길 것으로 예상된다. 한국고용정보원에서는 미래 유망직종으로 '인공장기 조직 개발자', '데이터 소거원', '오감 인식 기술자', '기억 대리인', '도시 대시보드 개발자', '문화갈등 해결원' 등의 생소한 직업들이 각광받는 시대가 올 것이라고 발표했다.

아울러 4차 산업혁명의 시기에 기존의 일자리 수백만 개가 줄어든다는 통계까지 있다. 그렇기 때문에 4차 산업혁명 시기에는 특정 분야에 대한 단순한 지식보다는 일을 할 수 있는 능력, 특정 과제를 해결할 수 있는 역량이 더 중요하다. 이와 같이 새로운 시대가 우리 앞에 이미 다가와 있는데도 불구하고 많은 사람들이 기존의 고정된 사고에 묶여 거대한 변화의 물결을 알아차리지 못하고 있다.

우리의 삶에서 어떤 문제가 발생했다면 그 문제를 만들어낸 그 당시의 의식수준으로는 그 문제를 제대로 해결할 수 없다. 현재보다 한 단계 더 높은 의식수준으로 문제를 접촉할 수 있을 때 문제를 해결할 수 있는 답을 찾을 수 있게 된다. 그래서 새로운 차원의 의식수준에 기반한 직업이 생기게 되는 것이다.

인공지능과 정보통신기술, 생명과학이 주도하는 4차 산업혁명시대에 뇌과학과 심리학을 바탕으로 한 멘탈코치나 멘탈마스터와 같은 새로운 직업도 대한민국 멘탈혁신과 국민정신건강을 위한 중요한 역할을 하게 될 것이다. 앞으로 우리가 살아가는 21세기는 상상과 창조, 멘탈의 시대가 될 것이기 때문에 멘탈과 관련된 교육과 직업이 매우 중요한 가치를 가지게 될 가능성이 높다. 스포츠에서는 이미 국가대표나 프로팀의 경우 팀 닥터와 더불어 멘탈코치가 큰 역할을 하고 있다. 스포츠가 단순한 신체활동이 아니라 생활의 일부분이 되면서 스포츠에 대한 관심과 참여가 나날이 늘어나고 있는 추세이다.

경쟁을 기반으로 하는 스포츠가 이제 거대한 산업이 되면서 엘리트 스포츠에서의 원하는 목표 달성과 운동수행 향상을 위한 멘탈코치의 역할과 비중도 함께 높아지고 있다. 엘리트 스포츠 선수뿐만 아니라 생활체육과 건강체육 분야에서도 참가자들의 운동수행 향상과 정신건강을 위해 멘탈코치의 역할이 커지면서 앞으로 멘탈코치의 수요가 더욱 많아질 것으로 예상이 된다. 또한 자기계발과 인간관계 능력 등을 향상시킬 수 있는 멘탈코치의 역할도 점차 늘어나게 될 것이다.

현대인들의 심리적 질환과 스트레스, 불안장애 등의 상담과 치료에도 멘탈코치의 역할이 기대된다. 멘탈코치는 인지적 치료뿐만 아니라 행동치료와 정서치료, 코칭 등 긍정적인 변화와 성장을 위한 모든 기법을 통섭적으로 활용할 수 있는 능력을 가지고 있기 때문에 상담과 코칭의 효과를 극대화할 수 있다.

멘탈코치는 먼저 자신의 의식수준을 한 단계 더 높여 변화와 성취에 초점을 맞출 수 있어야 한다. 자신의 높아진 의식수준으로 다른 사람들의 잠재된 자원과 에너지를 최대한 발휘할 수 있도록 길을 찾아주는 역할을 하는 사람이다. 멘탈코치는 광속으로 변해가는 시대의 흐름에 뒤처지지 않고 거대한 변화의 물결에 동참하거나 앞서갈 수 있도록 주변 사람들에게 도움을 주기 위해서 먼저 스스로를 업그레이드할 수 있는 새로운 공부를 게을리하지 말아야 한다.

만약 자기 수준을 더 높이는 선택을 빨리하지 못하면 빠르게 변화하는 시대에 뒤처져 영원한 추격자의 신세로 전락할 수도 있다.

그렇기 때문에 멘탈코치는 빠르게 변화하는 시대의 흐름에 능동적으로 대처할 수 있도록 자신의 멘탈능력을 업그레이드하여 다른 사람과 세상을 이끌 수 있는 강력한 자성과 리더십을 가져야 하는 것이다.

멘탈코칭

코칭이란 현재의 상태에서 원하는 목표로 이동하는데 필요한 개인과 조직의 잠재된 내적 자원을 발견하여 변화와 성취를 이룰 수 있는 역량을 키워주는 코치의 총체적인 행위이다. 통섭적인 관점에서의 코칭은 철학, 인지과학, 뇌과학, 의사소통, 리더십 등의 학문과 기법들을 모두 포함하고 있다. 코칭은 사회과학이면서 응용심리학적인 요소가 많이 포함된다. 사람의 행동 형성과 수정, 상담, 소통, 목표 달성, 인성 등의 세부적인 요소까지 광범위하게 포함하며 궁극적으로 긍정적인 변화와 성장을 서포트하는 코치의 행위를 말한다.

멘탈마스터에 의해 진행되는 멘탈코칭이란 물질적이고 현실적인 CR적 자원뿐만 아니라 잠재의식에 가득 찬 비물질적이고 가상적인 NCR적인 성취자원을 모두 활용하여 개인과 조직의 목표와 비전을 성공시키는 과정이라고도 할 수 있다. 정리하자면 멘탈코칭은 현재 상태에서 원하는 미래의 꿈과 목표를 성취하는데 필요한 심리적, 생리적, 신체적, 사회적 자원을 활용하는 방법을 지원하는 것이다.

일반적으로 코칭과 비슷한 분야이면서 서로 연계되는 다양한 분야들을 이해하는 것이 멘탈코칭을 이해하는데 도움이 된다.

- 카운셀링(Counselling)

  내담자를 상대로 훈련을 받은 상담자가 지도 및 조언해주는 행위이다. 정신의학, 임상심리, 상담심리, 멘탈상담 등이 여기에 해당되며 멘탈코칭과의 연관성이 높다.

- 컨설팅(Consulting)

  실태를 조사하고 문제를 진단하여 구체적인 개선 방법을 권고하는 전문가의 영역이다. 기업, 학교, 병원, 조직, 개인을 상대로 이루어지며 멘탈코칭과 심리컨설팅을 병행하게 되면 컨설팅의 수준을 높일 수 있다.

- 코칭(Coaching)

  코칭 교육을 받은 코치가 피코치의 변화와 성장을 이끌어내어 성공을 지원하는 것이다. 코칭은 사회 모든 분야에 적용되며 광의적 개념에서 모든 코칭은 멘탈코칭이라고 할 수 있다.

- NLP(Neuro Linguistic programming)

  성공한 사람의 우수성과 탁월성을 모델링하여 개인과 조직의 변화와 성취를 이루는 기법이다. 카운셀링, 컨설팅, 코칭, 교육, 의료, 종교, 스포츠 등에 다양하게 활용되며 멘탈코칭은 NLP와 뇌과학을 바탕으로 이루어져 있기 때문에 NLP가 멘탈코칭의 중요한 기법으로 활용되고 있다.

멘탈코칭은 사회 모든 분야에 적용되어 개인과 조직의 변화와 성장을 지원하는 조력자와 리더로서의 기능과 역할을 수행하는데 도움을 준다. 멘탈코칭이 일반인들의 정신건강과 자기계발, 마음사용법으로도 많이 활용되지만 운동선수에 대한 스포츠 멘탈코칭과 심리질환자를 위한 멘탈상담과 치료기법으로도 아주 유용한 수단과 도구가 된다.

멘탈코칭을 수행할 멘탈마스터가 가져야 될 역량 중에서 가장 중요한 것은 자원을 활용할 수 있는 능력이다. 멘탈마스터는 자기 자신이 가지고 있는 자원과 상대가 가진 자원, 환경의 자원을 알아차리고 그것을 활용할 수 있는 멘탈능력이 필요하며 그 자원들을 일치시킬 수 있을 때 원하는 변화와 성취도 가능해진다.

이와 같이 멘탈마스터는 세 가지 자원을 활용하여 목표 성취에 필요한 전략을 선택하고 개인과 조직의 변화와 성장을 이끌어내는 길잡이의 역할을 할 수 있어야 한다. 이렇게 탁월한 멘탈능력을 가진 멘탈마스터에 의해 긍정적인 변화와 성장을 현실적 결과로 만들어내는 것이 멘탈코칭이다. 멘탈코칭을 책임지는 유능한 멘탈마스터는 일상적 실재인 CR의 자원을 소중하게 생각하지만 비일상적 실재인 NCR의 자원을 더 많이 활용할 수 있는 능력을 가지고 있어야 한다.

리더십에 대한 정의는 리더십을 정의하려고 했던 사람들의 숫자만큼이나 많다. 그 많은 정의에 공통된 사항이 있다. 즉, 리더십은 목표지향성과 리더의 영향력, 상호 교류, 자발성, 라포형성 등과 관련이 있다. 리더십이 존재하거나 발휘되기 위해서는 리더십에 영향을 받아 변화하는 주체가 필요하다. 그 주체와의 상호 라포가 단단하게 형성된 상태에서 리더십이 발휘되기 때문에 리더십을 추종자를 만드는 능력이라고 정의하기도 한다.

리더십을 멘탈적인 관점에서 보면 조직과 구성원의 성과를 창출하기 위해 먼저 리더 자신의 내적 자원을 일치시켜 자성을 키우고 타인과 환경의 수많은 자원을 활용하여 성과를 만드는 능력이라고 정의할 수 있다. 과거 권위주의 시대에 높은 지위로 구성원들 위에서 군림하고 일방적으로 명령하는 통제적 리더십의 시대는 끝났다. 이제는 통합적 리더십을 바탕으로 구성원들과의 강력한 라포형성을 통해 새로운 추종자를 만들 수 있어야 한다.

따라서 진정한 리더십이란 사회적 지위나 힘으로 억압하거나 통제력을 가지는 것이 아니라 먼저 리더 자신의 변화와 성장을 통해 강력한 끌어당김의 자성을 가지는 것이다. 자신의 강력한 자성으로 구성원들이 자신의 사명을 찾아 실현할 수 있도록 열정과 동기를 높여주는 능력이라고 할 수 있다. 현대 경영학의 아버지라 불리는 피터 드러커는 리더에 대해 다음과 같이 정의하였다.

- 리더는 추종자를 갖고 있는 사람이다.
- 리더는 인기 있는 사람이 아니라 성과를 창출해내는 사람이다.
- 리더는 모범을 보이는 사람이다.
- 리더는 지위, 특권, 돈을 바라는 것이 아니라 자신의 판단과 행동에 책임을 지는 사람이다.

우리 주변에는 스스로 리더라고 착각하는 권력과 명예, 경제력을 가진 많은 사람들이 있지만 진정한 리더를 찾기가 쉽지 않다. 그들은 자신이 리더라고 착각하고 있지만 자신의 이익만을 추구할 뿐 다른 사람들과 성과를 나누고 스스로 책임지는 태도가 없는 짝퉁 리더들이 많은 것이 현실이다. 진정한 리더가 되기 위해서는 자기를 먼저 채우고 다듬어 스스로를 통제할 수 있는 능력을 가져야 한다. 그다음 다른 사람 및 환경과의 건강한 연결을 만들고 그 과정에서 긍정적인 변화와 성과를 창조해낼 수 있는 능력을 가져야 하는 것이다.

성장기의 모델링

　인간과 동물의 차이는 장기유전형질에 의해 태어나면서부터 나타난다. 우리가 직접 볼 수 없을 뿐이지 사실은 태어나기 전부터 그 차이가 결정되어져 있는 것이다. 태어난 이후의 존재를 기준으로 본다면 인간과 동물의 성장 속도와 과정은 완전한 차이를 나타낸다.

　예를 들어 물고기는 알에서 부화하는 순간부터 가르쳐주지 않았는데도 불구하고 어떻게 해야 헤엄치는지 알고 쏜살같이 내달린다. 새끼 오리는 알에서 부화하자마자 바로 어미 오리를 따라 육지와 물을 건넌다. 초식동물들의 새끼는 아직 양수가 뚝뚝 떨어지는데도 불구하고 몇 번 뒤뚱거리고 버둥대면서 금방 무리를 따라나선다. 동물은 세상에 빛을 보자마자 생존을 위해 환경에 곧바로 적응하게 된다.

　하지만 인간은 동물과는 전혀 딴판이다. 엄마 뱃속에서 있는 시간도 길고 태어나서 부모의 보호 속에서 성장하는 기간도 동물에 비해 매우 길다. 부모가 24시간 보살펴주어야 하고 성장도 답답할 만큼 매우 느리다. 어른이 되기까지의 기간이 약 20년 가까이 되며 이 기간 동안 부모와 주변 사람들과의 관계 속에 다양한 학습과 경험을 하게 되고 진화과정에서 창조된 인류의 위대한 문화와 지식을 습득하여 생존능력과 더불어 창의적 뇌를 소유하는 진화과정을 거치게 된다. 이것은 인간의 뇌가 유전자에 의해 헤아릴 수 없을 만큼 많은 신경회로를 갖고 있기 때문에 가능한 것이다.

특히 언어적 학습과 모델링을 통하여 인류의 위대한 문화유산을 축적하고 그것을 자신의 유전자에 심는 것은 인간만이 가능하다.

그래서 인간의 양육기간이 동물보다 더 길고 힘이 들며 이 기간의 학습과 경험에 의해 특정 신경회로가 활성화되어 타인과 완전히 구별되는 자신만의 존재와 정체성을 만들게 되는 것이다. 이 기간을 어떻게 보내는가에 따라 전용신경회로가 다르게 형성된다.

결국 성장과정에서 어떠한 학습과 경험, 피드백이 제공되느냐에 따라 전용신경회로가 다르게 형성되기 때문에 이 시기가 매우 중요하다.

부모의 직간접적인 보살핌을 받으며 성장해야 하는 기간이 20년 가까이 되는 이유는 이 기간에 어떠한 환경적 조건이 주어지는가에 따라 이후의 삶이 결정되기 때문이다. 그래서 성장기에 학습과 경험, 피드백 과정에서 어떤 사람을 만나고 어떠한 환경적 조건이 주어지느냐에 따라 삶의 성취결과가 달라지는 것이다.

양자적 관점

양자적 관점에서 보면 빛과 전자가 어떤 순간에는 입자가 되고 또 다른 순간에는 파동이 되듯이 사람도 어떤 순간에는 고통을 느끼는 존재가 되고 또 다른 순간에는 쾌락을 느끼는 존재가 된다. 또 어떤 순간에는 CR적인 존재가 되고 어떤 때는 NCR적인 존재가 되기도 한다. 그리고 우리의 존재가 어떤 때는 물질적이었다가 어떤 때는 정신적인 존재가 되기도 한다. 그렇기 때문에 정신적 세계인 NCR에 CR이 깃들어 있고 물질적 세계인 CR에 NCR이 깃들어 있는 것이다.

누군가가 나에게 양자역학에 대해 한마디로 정의하라고 하면 나의 수준에서 그것에 대해 제대로 정의할 수는 없지만 우리 모두는 이미 양자적 세계에 살아가고 있다는 것은 분명히 알고 있다. 우리의 삶 자체가 이미 양자적 관계 속에서 존재하고 있기 때문에 우리는 그것을 사용할 줄 알면서도 그것을 설명하는 것이 쉽지 않다.

예를 들어 고통과 즐거움은 서로 반대적인 개념이기 때문에 표면적으로 보면 전혀 다른 별개의 분리된 것으로 이해할 수 있다. 하지만 양자적 관점에서 보면 우리가 현재 느끼는 고통 속에도 즐거움이 있고 우리가 느끼는 즐거움 속에도 고통이 있다는 것을 알 수 있기 때문에 두 개는 분리가 아닌 비국소성으로 서로 연결된 것이다. 고통과 즐거움은 이분법적으로 나누어지는 것이 아니라 동전의 양면처럼 서로 다른 모양의 하나이기 때문에 두 가지는 결코 따로 분리되는 것이 아니다.

인간의 뇌는 본능적으로 고통을 회피하고 즐거움을 추구하기 때문에 고통을 느끼는 순간 이미 즐거움을 찾기 위한 움직임을 가지게 된다. 우리의 삶 자체가 고통과 스트레스의 연속이지만 고통이 있기에 우리는 그것을 극복하고 적응하는 과정에서 더 큰 즐거움과 행복을 찾을 수 있는 것이다. 우리는 고통과 즐거움을 비교하는 마음의 저울을 사용하여 지금 현재의 고통에서 벗어나기 위해 더 열심히 공부하고 더 열심히 일해야 한다는 것을 잘 알고 있다.

자유와 안정, 경제적 풍요, 자아 충족을 위해 뇌는 고통의 강도와 즐거움의 강도를 마음의 저울에 올려놓고 수시로 비교하여 판단을 내려 행동을 하도록 만들기 때문에 마음의 저울을 사용하는 방법을 알아야 한다. 중요한 것은 고통과 즐거움은 완전히 독립적으로 분리된 것이 아니라 고통 속에 즐거움이 있고 즐거움 속에 고통이 있다는 사실이다. 양자적 관점으로 바라본다면 마음의 저울을 어떻게 사용하느냐에 따라 그것이 영원한 고통이 될 수도 있고 즐거움이 될 수도 있는 것이다.

긴장과 이완도 마찬가지이다. 긴장과 이완이 표면적으로는 서로 반대되는 개념이지만 긴장을 높일수록 이완의 느낌이 더 크게 오기 때문에 이 두 가지는 구분할 수는 있지만 분리할 수 없는 하나의 시스템이다.

불안을 치료하기 위해 긴장을 최대한 끌어올리는 것도 이러한 원리를 활용하는 것이다.

똑똑한 우리의 뇌는 양자적 관점을 활용하여 고통에서 벗어나 즐거움의 상태로 옮겨가려는 본능적인 성향을 가지고 있다. 그래서 고통에서 무조건 도망가는 선택을 하는 것보다 고통을 제대로 생생하게 느끼고 만날 수 있도록 해주어야 한다. 많은 사람들이 섣불리 고통을 회피하고 편안함과 즐거움을 찾으려는 선택을 하면서 중요한 기회를 놓치는 실수를 하는 것이다.

고통을 정면으로 바라보며 생생하게 느끼기도 전에 즐거움을 쫓아 미리 도망가 버리기 때문에 더 큰 즐거움과 만날 수 있는 기회를 상실하게 된다. 어차피 고통을 피할 수 없는 상황이라면 그 고통을 더 생생하게 느낄 수 있도록 정면승부를 해야 한다. 완전한 고통을 생생하게 느낄 수 있을 때 즐거움으로 이동하려는 더 강력한 회피적 동기를 갖게 되고 그 동기가 지속성을 가질 수 있기 때문이다.

우리가 심한 갈증 상태에서 마시는 한 모금의 물맛은 그 어떤 맛과도 비교할 수 없는 시원함과 갈증해소의 상태를 만들어준다. 만약에 갈증을 느끼지 않는 상태에서 미리 갈증을 예상하고 물을 마신다면 우리는 물맛을 잃어버릴지도 모른다. 음식도 마찬가지로 우리가 배가 고플 때 먹어야 음식의 맛과 가치를 제대로 만날 수 있다. 결핍이 강할 때 그 결핍의 채워짐이 더 가치가 올라가기 때문이다.

이러한 정면승부를 통해 고통 속에서 벗어날 수 있을 때 즐거움과 성취의 크기도 더 커진다. 여기서 중요한 것은 스스로 고통에 무릎 꿇고 완전히 제압당해 무기력 상태에 머물지 않도록 해야 한다는 것이다.

그러기 위해서 고통을 생생하게 느끼면서도 계속 '어떻게' 공식을 사용하여 스스로에게 더 나은 상태로 이동할 수 있는 동기를 가질 수 있도록 질문을 반복해야 한다.

어떻게 하면 이 고통에서 벗어나 즐거움과 행복을 찾게 될 것인가에 대한 끊임없는 질문에 우리 뇌는 어느 순간 그 답을 구해준다.

왜냐하면 우리의 똑똑한 뇌는 어떠한 질문에도 답을 하게끔 이미 프로그래밍되어 있기 때문이다. 그렇기 때문에 지금 현재의 고통이 크다는 것을 알아차리게 되면 새로운 변화를 위한 회피적 동기를 활용해야 하는 시간이 가까워졌다는 것을 알아차릴 수 있게 된다.

중요한 것은 우리가 고통을 어떻게 알아차리고 접촉하는가에 따라 평생을 고통의 수렁에 자신을 가두어 버리는 자기 제한 신념과 경계를 만들 수도 있고 더 나은 발전을 위한 성취 도구로 활용할 수도 있다는 사실이다. 어차피 이 모든 것은 동전의 양면처럼 하나의 체계 속에서 움직이는 다른 모습일 뿐이며 우리가 그것을 선택할 수 있는 양자적 관점을 가질 때 원하지 않는 부정적인 결과가 아닌 원하는 긍정적인 변화와 성취를 실현시킬 수 있게 되는 것이다.

삶의 전제조건

　전제조건의 사전적 의미는 어떠한 일이나 주장이 성립되기 위해 이루어져야 하는 조건을 말한다. 건강하고 성취하는 삶을 위해서는 꼭 그것이 옳거나 진리이기 때문이 아니라 그것이 옳고 진리라는 믿음을 받아들일 때 성취를 위한 좀 더 좋은 선택과 기회를 가질 수 있기 때문에 전제조건을 받아들여야 하는 것이다.

　어떤 일이든 그것에 대한 믿음을 갖고 전제조건의 내용에 근거하여 사고하고 행동할 때 바람직한 성과를 얻을 수 있다. 마치 '~인 것처럼' 믿음을 가질 때 그 믿음에 대한 결과를 얻을 수 있기 때문이다.
인간은 무한한 성장 가능성과 잠재력을 가진 존재라는 단단한 믿음을 가지고 그 믿음이 우리를 통제할 수 있도록 하여 숨겨져 있는 가능성과 잠재력을 현실적 성취로 바꾸어야 한다.

■ 어떤 사람의 행동은 상황과 맥락 속에서 이해할 수 있다.

　어떤 행동이든 그 행동은 상황과 맥락에 적응하여 생존하기 위한 과정에서 긍정적인 의도를 가지고 형성된 습관이며 환경에 적응한 최선의 행동이다.

- 인간의 경험과 기억은 구조화되어 있다. 이 구조를 바꾸면 기억에 대한 감각과 경험의 내용이 바뀌게 된다. 경험은 오감을 통해 이루어지기 때문에 오감적인 경험의 구조를 바꾸는 것은 곧 경험의 내용과 기억에 대한 감각을 바꾸는 것이다.

- 인간의 모든 조직체는 비국소성으로 연결되어 있다.
전체는 부분의 연결과 융합으로 이루어지고 부분은 전체 속에서의 역할과 비국소성을 가지고 있다.

- 인간의 탁월성과 관련된 행동과 경험은 관찰과 분절을 통해 모델링하고 학습할 수 있다.

- 우리의 삶에서 영원한 실수는 존재하지 않는다. 실수는 피드백을 통해 자신의 자원으로 바뀔 뿐이다. 따라서 피드백을 할 수 있을 때 실수는 나쁜 것이 아니라 새로운 배움의 기회가 되고 성공으로 가는 소중한 디딤돌이 된다.

- 인간은 거대한 우주에 존재를 찾기도 힘들 만큼 미약한 존재이면서 우주의 창조자이기도 한 기본적인 모순을 내포하고 있다.
그것은 우리의 존재가 우주의 일부이기도 하면서 인간의 마음에 의해 우주가 창조되기 때문이다.

- 인간은 실제에 반응하는 것이 아니라 실제라고 생각하는 그 생각에 반응하는 것이다. 생각에 대한 생각이 또 다른 생각을 만들어내기 때문에 우리는 생각의 포로가 된다.

- 누군가 할 수 있다면 나도 할 수 있다.

  누구나 성취할 수 있는 자원은 자기 안에 가지고 있으며 모델링을 통해 자기 안에 있는 자원을 발견하고 활용할 수 있는 방법을 알게 된다면 자신의 삶에서 모델의 성취를 이룰 수 있게 된다.

- 인간은 언제, 어디서든지 자신에게 최선의 선택을 한다.

  최선을 다하지 않는 사람은 없다. 포지션과 상황에 따라 최선의 선택이 서로 다를 뿐 누구나 스스로에게 최선을 다하고 있다.

- 모든 사람의 행동에는 긍정적 의도가 있으며 그 의도를 알 수 있게 되면 모든 행동은 가치가 있는 것이 된다. 우리의 모든 행동은 의식하지 못할지라도 반드시 긍정적 의도를 갖고 있으며 그 의도를 이해한다면 문제가 되는 행동에 대한 반응이 바뀔 수 있다.

- 선택할 수 있다는 것은 그렇지 못한 것에 비해 바람직하다.

  융통성을 가지고 있다는 것은 더 많은 선택에 대한 자유와 통제 능력을 가지고 있는 것이다. 반대로 경직성은 더 나은 선택을 할 수 있는 자유와 통제력을 상실하는 것이다.

- 인간은 의식과 잠재의식이라는 두 가지 의식이 만든 마음으로 의사소통을 하고 있다. 이 두 가지는 서로 다른 역할을 하면서도 하나의 체계로 작동된다.

- 사람은 언제든지 변화할 수 있고 언제나 변화할 수밖에 없다.

  뇌신경회로는 새로운 자극과 정보에 의해 끊임없이 연결을 바꾸거나 새로운 연결을 창조하는 가소성을 가지고 있기 때문에 변화는 너무나 당연한 것이다.

- 지도는 영토가 아니다. 지도는 영토를 반영하고 있을 뿐이다.

  보고 듣고 느끼는 모든 정보가 실제와 차이가 있을 수 있으며 이것은 모든 사람이 자신의 주관적 세상모형으로 세상을 다르게 인식하기 때문이다. 똑같은 경험을 해도 저마다 갖고 있는 마음의 지도가 만든 세상모형이 다르기 때문에 전혀 다른 세상을 경험하게 되는 것이다.

- 항상 반복적인 선택과 행동을 하는 사람은 항상 같은 결과만을 얻는다. 어제와 같은 오늘을 살아가면서 어제와 다른 내일을 바란다면 그것은 자기 자신을 속이는 것이다. 어제와 다른 내일을 바란다면 어제와 다른 선택을 해야 한다.

- 인간의 의사소통은 대부분 비언어적인 수단에 의해 이루어진다.

  하지만 언어가 대장역할을 한다. 언어와 비언어는 서로를 돕는 상보적 관계이다.

- 에너지는 우리가 생각의 초점을 일치시키는 곳으로 흐른다.

  강력한 에너지가 필요하다면 원하는 것에 생각의 초점을 반복해서 일치시키고 지속하면 된다. 생각의 초점이 모아지는 곳에 느낌이 생기고 말과 행동이 일어난다.

- 문제가 있다는 것은 나쁜 것이 아니라 변화와 창조의 기회를 가졌다는 것이다. 문제는 부정적으로 받아들이면 삶의 걸림돌이 되고 긍정적으로 받아들이면 삶의 디딤돌이 된다. 우리는 그것을 선택할 수 있는 능력을 가지고 있다.

자기인식

우리의 뇌는 너무 많은 자극과 정보 때문에 지칠 대로 지쳐있을 때가 많다. 지쳐있는 뇌에 새로운 충전과 활력을 주기 위해 뇌에도 휴식을 주는 것이 필요하다. 가끔은 아무런 생각이나 행동을 하지 않고 모든 것에서 자유로워질 수 있는 '멍'때리는 마음과 행동의 여유시간을 가지는 것이 정신건강에 도움이 될 때도 있다.

현대인들의 뇌는 외부로부터 너무 많은 자극과 정보, 스트레스 때문에 에너지가 방전되어 지쳐있을 때가 많다. 이러한 지친 상태에서는 현실 속에서 자기 자신을 온전히 접촉을 할 수 있는 자기인식의 기회가 줄어들 수밖에 없다. 온전한 자기인식을 통해 건강한 에너지로 뇌를 충전시키기 위해서는 외부와 연결된 회로를 차단하거나 내부적으로 일어나는 마음의 작용을 잠시라도 멈추는 노력이 필요하다.

마음속으로 특별한 생각을 하지 않거나 외부적으로 특별한 행동을 하지 않으면 우리 뇌는 외부와의 모든 회로를 차단하고 온전히 자기 자신에게 주의를 집중할 수 있는 연결을 활성화시키게 된다. 뇌는 외부의 자극과 정보가 새롭게 주어지지 않고 내부적으로도 어떠한 생각이 일어나지 않으면 자기 자신에 대한 감각을 키우는 뇌의 각 영역들을 활성화시켜 현실 속에서 완전한 자신과의 만남이 이루어지게 된다.

이것이 바쁜 일상 속에서도 가끔은 자기 자신에게 주의를 집중할 수 있는 마음과 행동의 여유를 가지는 휴식이 필요한 이유이다.

자기인식을 할 수 있는 짧은 휴식이 중요한 이유는 바쁜 일상에서 짧은 시간이라도 자기 자신을 온전히 만나 방전된 에너지를 충전시킴으로서 마음과 몸이 더 건강해지기 때문이다. 다르게 말하면 자기 자신에게 온전히 주의를 집중할 수 없고 접촉할 수 없다는 것은 마음의 에너지가 방전되어 무기력한 상태에 있는 것이다.

예를 들어 심한 트라우마를 가지고 있거나 반복된 스트레스에 노출된 사람은 그것으로 인한 심리적 고통에 반응하기 위해 자신의 에너지를 엉뚱한 곳에 사용하기 때문에 방전된 상태로 살아가게 된다.

이러한 방전된 상태가 오랫동안 지속되면서 자기 자신의 신체적인 느낌과 감정을 전달하는 뇌 영역의 기능을 저하시키거나 아예 중지시켜버린다. 심한 트라우마와 스트레스가 자신의 정상적인 감정과 감각을 인식하는 뇌 영역의 기능을 중지시키게 되면 건강한 삶을 온전하게 영위할 수 있는 뇌기능의 일부를 잃어버리게 된다. 이렇게 되면 온전한 자기인식을 할 수 없어지기 때문에 가짜 자기를 진짜 자기로 잘못 인식하는 오류를 범하게 되는 것이다.

멘탈코칭센터에서 상담을 하다 보면 어떤 내담자는 자신의 성장과정에서 겪은 심한 트라우마나 스트레스 때문에 자기인식능력과 감각이 심각하게 저하되어 있는 것을 관찰할 수 있다. 이런 사람들은 자기인식을 담당하는 영역뿐만 아니라 자신의 소중한 경험이 저장된 뇌 영역까지도 정상적인 기능을 하지 못하도록 만들기 때문에 심각한 심리적 장애를 갖게 되는 것이다.

우리 주변에는 생략, 왜곡, 일반화된 자신의 세상모형으로 살아가면서 진짜 자기 자신을 온전히 만나지 못하고 가짜 자기로 살아가는 사람들이 너무나 많다. 먼저 자기 자신을 온전히 알아차리고 접촉할 수 있을 때 다른 사람과 환경을 지금의 현실 속에서 있는 그대로 알아차리고 접촉할 수 있게 된다.

우리가 현실 속에서 자신을 온전히 만나고 느끼기 위해서는 자기 자신이 지금 어디에 있는지를 알아야 하고 자신에게 무슨 일이 일어나고 있는지에 대해서도 인식할 수 있어야 한다. 그래서 생활 속에서 잠시 하던 일을 멈추고 짧은 시간만이라도 '멍'을 때리며 자기 자신을 접촉할 수 있는 여유가 우리에게 필요한 것이다. 그렇게 하여 자기 자신을 인식할 수 있는 자기인식시스템을 활성화시키게 되면 현실 속에서 진짜 자기 자신으로 살아갈 수 있게 된다. 호흡훈련, 심상훈련, 신체 각성을 활용한 이완훈련, 점진적 이완훈련, 트랜스 훈련 등은 우리의 지친 뇌를 충전해주는 훌륭한 멘탈훈련 프로그램들이다.

자성

어리석은 사람은 다른 사람의 변화를 이끌어내기 위해 모든 초점을 맞추고 자신의 자원과 에너지를 사용한다. 더 어리석은 사람은 세상을 바꾸기 위해 자신의 모든 초점을 맞추고 자원과 에너지를 사용한다.

하지만 지혜로운 사람은 다른 사람과 세상을 바꾸기 전에 자신의 변화와 성장을 위해 초점을 맞추고 에너지와 자원을 사용할 줄 안다.

왜냐하면 지혜로운 사람은 다른 사람과 세상이 쉽게 바뀌지 않는다는 것을 잘 알고 있기 때문이다.

지혜로운 사람은 자신의 변화와 성장의 바탕 위에서 키운 자성의 크기만큼만 다른 사람과 세상이 변화하게 된다는 사실을 잘 알고 있다.

그래서 스스로의 자성을 키우기 위해 먼저 자신의 변화에 초점을 일치시킨다. 스스로의 변화와 성장을 위한 선택의 폭을 더 넓히고 가장 최상의 선택에 초점을 일치시켜 자성을 키우게 되는 것이다.

그렇기 때문에 먼저 스스로의 변화에 초점을 일치시켜 자신이 가진 자원과 에너지를 자신의 자성을 키우는데 일치시키는 것이 중요하다.

우리는 다른 사람 및 환경과의 관계 속에서 자신의 존재와 정체성을 형성한다. 일상생활 속에서 자신의 세상모형을 대부분 외부로만 초점을 일치시키게 된다. 이 과정에서 자신을 들여다보고 접촉할 수 있는 기회를 만들지 못하면 자기 안에서의 새로운 변화를 위한 자극과 피드백을 얻을 수가 없다. 그래서 먼저 자신의 상태를 변화시키고 업그레이드하기 위한 새로운 공부와 경험이 필요한 것이다.

새롭게 업그레이드된 자신의 탁월한 세상모형을 활용하여 외부와의 관계 형성에 초점을 맞출 수 있을 때 진정한 변화와 원하는 성과를 얻을 수 있게 된다. 다른 사람과 세상이 쉽게 바뀌지 않는 이유는 다른 사람과 세상이 잘못된 것이 아니라 나 자신의 세상모형이 업그레이드되지 못했기 때문이다. 자성을 키우기 위한 새로운 선택과 그 선택에 초점을 일치시키는 것은 누구나 쉽게 할 수 있지만 모두가 그러한 선택과 실행을 할 수 있는 것은 아니다. 다시 한번 강조하지만 성취를 위한 자원과 에너지는 누구나 가지고 있다. 하지만 특별히 선택된 소수의 사람만이 새로운 선택을 통해 그것을 자신의 성취자원으로 사용하여 변화와 성장을 이룰 수 있는 강력한 자성을 갖게 될 뿐이다.

선택한 초점에 대한 TESA의 반복적인 생각과 정서, 말, 행동이 강력한 자성을 키우는 지렛대가 된다. 자성은 끌어당김의 강력한 힘을 가지고 있기 때문에 자신의 성취를 위한 모든 자원과 에너지를 끌어당겨 현실에서의 성취를 실현시켜준다.

내성과 응집력

멘탈코칭센터에서 상담과 코칭을 진행하면서 항상 안타깝게 느끼는 것이 내담자가 좀 더 일찍 자신의 마음에 대해 관심을 갖고 사용방법을 공부했더라면 하는 것이다. 마음이 조금 더 건강할 때 심리적 내성과 응집력을 미리 강화시켜두었다면 이렇게 심한 심리적 고통을 겪지 않았을 것이라는 안타까운 마음이 들 때가 많다. 현재 내담자가 겪고 있는 심리적 고통의 대부분이 심리적 내성과 응집력이 부족해서 생겼기 때문에 내담자의 마음상태가 악화되기 전에 멘탈을 강화시키는 예방이 필요한 것이다.

심리적 내성과 응집력은 마음이 좀 더 건강할 때 자기 자신의 마음사용법에 대한 공부와 훈련, 주변 사람들과의 인간관계 능력을 향상시키는 과정에서 더 강화될 수 있다. 누구나 살아가면서 자신이 원하지 않는 심한 스트레스나 충격적인 경험, 정서적 사건 등을 한 번 이상은 겪게 된다. 이럴 때 우리의 마음상태가 병적으로 발전되지 않게 지탱해주는 힘이 바로 심리적 내성과 응집력이다.

그래서 평소 마음이 건강할 때 미리 멘탈을 강화시키는 공부와 훈련을 해야 하는 것이다. 우리의 마음이 건강한 상태일 때 심리적 내성과 응집력을 미리 강화시켜두면 살아가면서 겪게 될 대부분의 힘든 시련과 좌절, 스트레스로 인한 심리적 고통을 견디고 이겨낼 수 있게 된다. 이미 마음의 병이 깊어졌을 때는 심리적 내성과 응집력이 바닥난 상태가 되어 원래의 건강한 상태로 완전히 회복하는데 너무나 긴 시간과 노력이 필요하다. 그래서 마음이 좀 더 건강할 때 내성과 응집력을 높여야 하는 것이다.

정신건강을 위한 국가정책도 마찬가지로 이미 마음의 병이 깊어진 상태에서의 심리상담이나 치유 중심의 대응도 필요하지만 예방적 차원에서의 멘탈을 강화할 수 있는 다양한 정책들이 우선되어야 한다. 그래서 어릴 때부터 멘탈을 강화할 수 있는 체계적인 교육시스템과 환경을 만드는 것이 중요하며 그러기 위해서 사회적 공감대 속에 예방 중심의 교육정책과 시스템을 갖추는 것이 필요하다.

정신건강에서 가장 중요한 것이 자신의 마음에 대한 이해와 사용방법, 주변 사람들과의 라포형성 및 원만한 관계능력이다. 특히 인간은 사회적 관계 속에서 자신의 존재와 정체성을 형성하기 때문에 주변 사람들과의 원만한 인간관계가 정신건강에 가장 중요한 영향을 미치게 된다. 결국 건강한 정신상태는 주변 사람들과의 건강한 관계능력에 의해 만들어지고 유지된다고 해도 틀린 말은 아니다.

우리는 주변 사람들이 자신의 말을 들어주고 수용해주며 공감해주는 과정에서 자기대상을 만들고 자신의 존재와 정체성을 형성한다.

하지만 현실은 그렇지 못하다. 마음이 아주 힘든 상태에서 다른 사람으로부터 관심과 공감을 받아야 할 사람이 하는 말에 마음으로 귀를 기울여주는 사람이 많지 않기 때문이다.

마음이 힘든 사람이 하는 말은 보통 사람들과 공통적인 코드가 약하기 때문에 듣는 사람의 입장에서는 수용과 공감, 피드백을 제공하기가 쉽지 않아 외면받기 쉽다. 만날 때마다 갇힌 정신세계와 부정적인 말, 태도, 행동을 반복하는 사람과의 만남이 심리적인 부담이 되어 점차 거리를 두기 때문에 고립이 더 심해진다. 시간이 지나면서 그러한 상태가 반복적으로 지속되거나 심해지면 인간관계의 폭이 좁아지고 궁극적으로는 완전한 외톨이가 될 수도 있다.

이렇게 완전히 소외된 외톨이가 되면 심리적 고립감이 더욱 심해지고 정신적으로도 점점 더 피폐해지면서 자신의 존재가 한없이 작게 쪼그라든다는 느낌을 갖게 된다. 처음에는 다른 사람들과의 원만한 관계를 위해 스스로 노력하는 모습을 보이지만 자신이 만든 마음의 경계에 갇혀 점차적으로 다른 사람들과의 관계를 스스로 차단하는 폐쇄적인 모습을 보이게 되는 것이다.

이렇게 되면 부정적 상태를 만든 원인을 외부에서만 찾게 되며 자신을 멀리하거나 수용하지 못하는 사람에 대해서는 서운함을 키우거나 원망하는 마음을 가지고 때로는 공격적인 반응을 보이기도 한다.

이렇게 점점 더 심리적 고립이 심해지면서 자기 자신의 왜소함과 열등감, 수치심 등이 혼재하게 되고 심리적 내성과 응집력이 약해져 완전한 무력감에 빠지게 된다. 이러한 심리적인 장애를 더 자세하게 이해하기 위해서는 미주신경에 대한 기본적인 공부와 이해가 필요하다.

보통 심리적인 고통이나 스트레스가 없이 안정된 상태에서는 뇌간의 조절센터에서 그 상태와 관련된 신경들이 복합적으로 작동된다. 이 조절센터는 얼굴근육과 목, 중이, 후두를 활성화시키는 인접한 신경들로 구성되어 있다. 이 신경단위가 작동되면 다른 사람의 미소나 태도, 행동에 공감하면서 똑같이 반응하고 심장과 폐에도 신호가 전달되어 심장박동이 느려져 호흡을 더 깊이 할 수 있는 상태를 유지시킨다. 그렇게 되면 심리적으로 차분하고 편안해지면서 마음이 중심을 잃지 않고 긍정적인 심리상태를 유지할 수 있게 된다.

하지만 심한 정서적 경험이나 반복된 스트레스로 사회적 유대에 위험이 생긴 것을 알아차리게 되면 미주신경 복합체가 자극하는 영역에 부정적인 변화가 일어난다. 부정적인 정서상태를 느끼면서 자동적으로 이 상태를 얼굴 표정과 목소리 톤에 나타나도록 신호를 보내는데 이러한 반응의 긍정적 의도는 다른 사람들에게 도와달라고 신호를 보내는 것이다. 이때 주변에서 아무런 반응이나 도움이 없으면 위험을 크게 느끼면서 변연계가 활성화되어 싸움 또는 도주의 태세를 취한다. 이러한 자신의 상태에 대해 주변에서 아무런 조치가 취해지지 않고 상황이 계속 악화되면 마음과 신체의 모든 응급시스템을 발동시켜 최대한 자신을 각성시키게 된다.

부정적인 상태가 오랫동안 지속되거나 견디기 힘들 만큼의 정서적 경험이 반복되면 횡격막 아래의 위, 신장, 장까지 영향력을 행사해 몸 전체의 대사작용을 대폭적으로 감소시킨다. 더 악화되면 심장박동이 비정상적으로 떨어지거나 숨을 제대로 쉬지 못할 수도 있으며 소화계는 기능을 멈추거나 배출을 유도하기도 한다. 이 상태에서 심리적 공황이 일어나거나 스트레스 장애가 나타나게 된다.

이 모든 것이 우리의 심리적 내성과 응집력이 약해져 멘탈이 붕괴되는 과정에서 생기는 생리적인 부작용이다. 그래서 우리의 멘탈이 건강할 때 미리 멘탈을 강화시키는 공부와 훈련을 통해 심리적 내성과 응집력을 키워야 하는 것이다. 예를 들어 규칙적인 운동습관이 심신의 균형 있는 성장발달과 건강한 멘탈을 강화하는 좋은 프로그램이 된다. 운동 과정에서의 신체적, 생리적, 심리적 자극과 정보, 사회적 관계에서의 피드백이 뇌에 자극을 주어 정신건강을 강화시켜주기 때문이다. 뿐만 아니라 운동이 자신감을 높여주어 원만한 인간관계 능력을 향상시키는데 큰 도움이 된다.

멘탈에 대한 공부를 하거나 규칙적인 운동, 인간관계, 여행, 다양한 체험활동, 독서, 좋은 음식 등은 우리의 심리적 내성과 응집력을 강화시켜주는 좋은 영양분이 된다. 우리가 멘탈에 대한 관심을 가지고 공부와 훈련을 계속해야 하는 이유가 심리적 내성과 응집력을 키워 건강한 삶을 살 수 있는 토양을 가꾸기 위해서이다.

신뢰와 소통

우리의 존재는 반복적인 학습과 경험에 의해 활성화된 전용신경회로에서 만든 신념체계라고 정의할 수 있다. 전용신경회로에 의한 자신만의 신념체계가 형성되면 그 신념체계가 만든 세상모형에 의해 모든 판단과 결단, 행동을 하기 때문이다. 즉 자신의 신념체계가 자신을 통제하는 힘을 갖게 되는 것이며 우리 삶의 모든 성취결과는 우리의 신념에 의해 만들어지는 것이다.

두 명의 죄수가 한 가지 범죄 혐의로 교도소의 다른 방에 각각 수감되었다. 경찰은 두 사람에 대해 분명한 범죄 혐의를 가지고 심증을 굳히고 있었지만 결정적인 증거가 부족하여 죄수의 자백이 필요했다. 경찰이 최종적인 유죄를 확정 짓기 위해서는 두 사람의 자백이 꼭 필요한 상황이다. 이때 경찰은 두 사람의 자백을 받아내기 위해 심리적 갈등을 일으킬 수 있는 특별한 제안을 두 명의 죄수에게 하게 된다.

두 사람 중 어느 누구라도 상대방이 범죄에 연루되었다는 자백을 먼저 하게 되면 무죄로 석방해주겠다고 제안을 했다.

반면 자백을 하지 않은 나머지 한 명은 10년을 교도소에서 복역하게 된다. 상대가 먼저 자백을 하면 상대는 무죄로 석방되지만 자신은 10년을 교도소에서 억울하게 복역해야 하는 것이다. 그리고 두 명의 죄수가 자백을 동시에 함께 하게 되면 두 사람 모두 3년씩 교도소에서 복역하게 된다. 중요한 것은 두 사람 모두 자백을 하지 않으면 둘 다 무죄로 석방이 되는 최선의 결과를 얻을 수 있게 된다는 사실이다.

이때 죄수는 과연 어떤 선택을 할 것인가?

자백을 하지 않음으로써 무죄를 받는 최선의 결과가 나올 수도 있고 10년 동안 교도소에 수감될 수 있는 최악의 결과가 나올 수도 있다.

자신이 먼저 자백을 함으로써 무죄를 받는 최선의 결과가 나올 수도 있고 두 사람이 동시에 자백을 함으로써 3년 동안 교도소에 수감될 수 있는 결과가 나올 수도 있다. 이것이 '죄수의 딜레마'이다.

이 이야기는 인간이 사회적 동물로서 다양한 관계 속에 상호작용을 하며 살아가기 때문에 우리 모두의 공통적인 딜레마일 수도 있다.

우리는 대부분 자신의 선택과 행동에 따라 주변의 다른 사람에게 영향을 주기도 하고 다른 사람의 선택과 행동에 따라 자기 자신이 영향을 받으며 상관성과 상호의존적인 관계 속에서 살아가는 사회적 존재이다. 즉 나의 행동이 다른 사람에게 영향을 주고 다른 사람의 행동이 나에게 영향을 미치게 되면서 우리의 존재와 정체성은 사회적 관계 속에서 형성되고 증명되는 것이다.

이처럼 우리는 다른 사람들과 상호의존적이고 상관성이 있는 관계 속에서 살아가고 있다. 분명한 사실은 이러한 관계 속에서 누구나 자기 자신에게 이익이 되는 이해관계적인 필터를 사용하기 때문에 주관적이고 편향된 판단과 선택을 할 수밖에 없다는 것이다.

자기중심적이고 편향된 인식과 판단은 개인이 가진 독특한 세상모형이 작용하고 있기 때문에 나타나는 현상이다. 물론 특별한 사명이나 신념, 가치관에 의해 자신의 희생을 감수하면서까지 다른 사람을 우선적으로 배려하는 훌륭한 사람들도 있지만 대부분의 사람들은 '죄수의 딜레마'라는 심리에서 벗어나기가 쉽지 않다. 중요한 것은 죄수가 자백을 하는 이유가 무엇인가 하는 것이다.

죄수가 자기 죄를 반성하거나 후회하는 감정에 의해 진심으로 자백을 할 수도 있지만 대부분 인간의 생존본능기전이 발현되어 자신을 지키기 위한 최선의 선택을 할 가능성이 더 높아진다. 그렇기 때문에 상대가 먼저 자백할 가능성이 있는 불확실한 상태에서는 자신이 먼저 자백함으로써 자신이 감옥에서 10년간 복역해야 하는 최악의 시나리오에서 벗어날 수 있는 선택을 하게 되는 것이다. 이것은 자신이 먼저 자백함으로써 무죄로 풀려나거나 최악의 경우 두 사람이 3년씩 복역하는 선택이 자백을 하지 않아 자신만 10년을 복역하는 최악의 경우보다 훨씬 나은 거래가 되기 때문이다.

죄수의 딜레마에 대해 다시 한번 정리하면 두 죄수 모두 자백을 하지 않는다면 둘 다 무죄로 풀려나게 된다. 하지만 이것이 현실로 실현되기 위해서는 상대에 대한 절대적인 라포가 전제되어야 하며 상호 간에 충분한 의사소통이 가능해야 한다. 인간관계에서 라포형성과 의사소통이 중요한 이유가 바로 여기에 있다.

라포는 상호 신뢰 또는 촉진적 관계를 말하며 라포가 형성되면 서로에게 긍정적인 영향력을 행사할 수 있게 된다. 동료에 대한 절대적 신뢰가 있을 경우 자신만 10년을 복역하는 일은 절대로 발생하지 않는다는 믿음이 형성되어 있기 때문에 두 사람 모두 무죄로 풀려날 가능성이 높아진다. 물론 이 과정에서 서로의 신뢰를 확인할 수 있는 의사소통이 가능하다면 무죄를 받고 풀려날 가능성은 더욱더 높아진다.

죄수의 딜레마를 이해하면 사람들이 서로에 대한 신뢰가 약하거나 의사소통을 할 수 없는 상황에서는 자기 자신에게 유리한 선택을 할 가능성이 높아지는 이유를 알 수 있게 된다. 하지만 우리의 일상은 주변 사람들과의 충분한 라포관계가 형성된 상태에서 원활한 의사소통이 얼마든지 가능하다. 그렇기 때문에 단순한 경쟁과 자기 이익보다 상호 협력적 관계 속에 서로에게 최선의 이익을 주고 상보적 관계로 발전시킬 수 있는 선택 능력이 필요한 것이다.

인간관계에서 서로의 이익이 충돌되어 부정적인 결과를 얻는 최악의 선택이 아닌 서로의 이익을 함께 얻을 수 있는 협력적인 최선의 선택을 하기 위해서는 원활한 의사소통과 상호 간의 라포를 형성하는 것이 그 무엇보다 중요하다. 인간관계에서 상대방과의 충분한 라포형성과 원활한 의사소통이 가능할 때 서로에게 최악의 선택이 아닌 최선의 선택이 될 수 있는 상보적 관계로 발전될 수 있는 것이다.

'인간은 사회적 동물이다'라는 아리스토텔레스의 말이 아니더라도 우리는 모두가 사회적 존재로서 다양한 관계를 맺으며 살아가고 있다.

가정이라는 좁은 울타리 안에서도 서로의 관계에서 각자의 호칭이 주어지며 그 호칭에 맞는 자신의 정체성을 갖게 된다. 부모는 자녀와의 관계에서 부모로서의 정체성을 가지게 되고 자녀는 부모와의 관계에서 자녀로서의 정체성을 갖게 되는 것이다.

성장과정에서 부모가 자녀를 어떻게 대하는가에 따라 성인이 된 이후에 자존감이 높아지거나 낮아진 상태의 정체성을 형성한다.

학교에서는 학생과 선생으로서의 서로 다른 정체성을 갖게 되고 사회에서는 집단이나 종교, 문화, 소속된 정당에 따라 서로 다른 정체성을 갖게 된다. 이렇게 형성된 자신만의 존재와 정체성을 바탕으로 다른 사람들과의 다양한 관계를 맺고 살아가게 되는 것이다.

이처럼 우리는 사회적 관계 속에서 다양한 학습과 경험을 통해 자신만의 존재와 정체성을 형성한다. 다원화된 사회적 관계 속에서 자신의 정체성을 지키며 건강하게 살아가기 위해서 가장 중요한 것은 다른 사람들과의 라포형성과 소통을 통해 심리적 안정감을 갖는 것이다.

다른 사람들과의 관계에서 만들어지는 안전하고 친밀한 유대감과 상호 신뢰감은 개인의 건강한 멘탈상태를 만들고 행복한 삶을 살아가는데 절대적으로 필요한 조건이다.

대부분의 멘탈적인 문제가 생기는 원인은 다른 사람들과의 관계에서 상호의존적인 유대관계가 약하거나 단절될 때 생기는 경우가 많다.

왜냐하면 인간의 존재와 정체성은 유전을 바탕으로 반복된 학습과 경험에 의해 만들어지지만 다른 사람들과의 관계능력에 의해 영향을 가장 많이 받기 때문이다. 즉 관계능력에 문제가 생기면 라포가 상실되면서 심리적인 고립감이 심해지고 정신적 유연성과 응집력이 약해져 외부에서 들어오는 자극과 정보를 정상적으로 처리하는 유연성과 전체성이 부족해진다. 이렇게 되면 인간관계에서 자신과 공통적인 코드가 맞는 사람들하고만 함께 하는 좁혀진 경계를 갖게 된다.

노스캐롤라이나 대학교의 스티븐 포지스는 1994년에 '다미주 신경이론'을 발표했다. 다미주 신경이론은 안전과 위험에 관련된 생물학적 특성을 밝힌 것으로 우리 몸의 본능적인 경험과 주변 사람들의 목소리, 얼굴 사이에 발생하는 미묘한 상호작용이 서로에게 근본적인 영향을 준다고 주장한 것이다.

거울뉴런은 사람들과의 관계 속에서 미세한 자극에도 반응을 하기 때문에 자신의 주변에 어떤 사람이 있는가에 따라 영향을 받을 수밖에 없다. 그래서 라포가 형성되어 있는 가까운 사람이 전해주는 따뜻한 마음과 친절한 이야기나 편안한 얼굴, 다정한 목소리 톤이 우리의 정서를 긍정적으로 바꾼다. 우리는 라포가 형성되어 있는 사람을 만나거나 그 사람의 목소리를 듣는 것만으로도 마음이 편안하고 안정감을 느끼게 된다. 강력한 라포가 형성되면 강한 영향력을 가지기 때문에 심리적으로 상대를 지배할 수 있는 상태를 만들 수도 있다.

반대로 다른 사람에게 꾸중을 듣고 무시를 당하게 되면 부정적인 감정에 휩싸여 분노를 참지 못하거나 멘탈의 붕괴를 경험하게 된다.

우리는 어떤 사람과 관계를 맺으며 어떻게 라포를 형성하여 살아가느냐에 따라 정신적, 신체적, 사회적인 건강상태가 달라진다. 만약에 심리적으로 혼란스럽고 불안을 느끼는 사람의 경우 가까이 있는 사람의 수용과 공감, 지지 속에 라포를 형성하는 것만으로도 부정적인 상태에서 벗어날 수 있는 마음의 회복력을 가질 수 있다.

우리는 주변에 이러한 역할을 해줄 수 있는 라포가 강력하게 형성된 사람이 없어 전문가인 심리상담사나 의사를 찾게 된다.

심리상담사나 의사보다 더 중요한 역할을 하는 것은 라포가 단단하게 형성된 가족이나 주변 사람들이다. 만약에 라포가 형성되어 있는 사람이 따뜻한 사랑으로 수용과 공감, 지지를 보내줄 수 있다면 굳이 힘들게 심리상담사나 의사를 찾을 필요가 없다. 불행히도 심리적 고통을 겪고 있는 사람들 주변에는 그러한 중요한 역할을 하는 가족이나 친구가 많이 없다는 사실이다. 왜냐하면 현재의 심리적 고통을 만든 것은 대부분 주변 사람들과의 삐뚤어진 관계에서 생겼기 때문이다.

다미주 신경이론은 우리가 현실 속에서 가진 물질적인 소유에 모든 가치를 두는 것이 아니라 주변에 있는 사람들과의 관계가 더 소중함을 깨달아야 한다는 것이다. 주변 사람들과의 긍정적인 관계를 맺고 있다는 것은 서로에게 격려와 지지를 주고받는 것이기 때문에 멘탈의 건강 상태를 유지하는데 가장 큰 도움이 된다. 우리가 살아가면서 다른 사람들과의 긍정적인 관계를 유지하기 위해 자신의 자원과 에너지를 많이 사용하는 이유가 여기에 있다.

우리가 겪는 대부분의 멘탈적인 문제는 주변 사람들과의 부정적인 관계 속에서 겪게 되는 자극과 감정을 조절하지 못해서 생기는 경우가 많다. 그래서 건강한 삶을 살아가기 위해서는 다른 사람들과의 관계에서 라포를 형성하여 상호지지와 긍정적인 의존관계를 형성하고 유대감과 안정감을 가질 수 있도록 해주는 것이 그 무엇보다 중요한 것이다.

긍정적인 관계 속에서 받는 주변 사람들의 지지와 끈끈한 유대관계는 우리가 살아가면서 겪게 되는 수많은 스트레스와 트라우마에 중독되지 않도록 지켜주는 강력한 힘이 된다. 지금 주위에 있는 사람이 내 삶에 얼마나 중요한지 깨달을 수 있다면 우리가 만나는 모든 사람들에게 밝은 얼굴로, 다정한 목소리로 감사함의 마음을 전하는 것이 얼마나 가치 있는 것인지 충분히 알 수 있다.

트라우마

인간의 가장 기본적인 뇌구조를 구성하는 신경회로는 몸과 마음의
상태에 직접적으로 영향을 미치고 있다. 자신이 견디기 힘들 만큼 심한
스트레스를 받게 되면 뇌는 고통스러운 스트레스를 견디고 이겨내기
위하여 일정 시간에 걸쳐 교감신경을 활성화시키고 그 과정에서 스트
레스 호르몬을 분비시켜 효과적인 반응을 한다. 그래서 대부분의 자극
과 스트레스로 인해 생긴 각성과 불안은 자신의 역할을 다한 후 일정
시간을 거치면서 부교감신경에 의해 원래의 평형상태로 회복된다.

하지만 전쟁의 공포나 자동차사고, 가정폭력, 왕따, 성폭행과 같은 충
격적인 경험은 그 경험의 시간이 오래 지난 후에도 경험 당시와 비슷
한 작은 단서나 자극만 주어져도 특정한 신경적 반응을 다시 일으키게
된다. 자신을 힘들게 했던 기억과 경험은 과거가 되어 현실세계에서 더
이상 존재하지 않는 위협이지만 과거의 경험과 연결된 작은 단서에도
지속적으로 부정적인 경험을 재연시켜 특정 행동을 반복하거나 경험
당시의 정서를 계속 느끼는 중독된 패턴을 보이게 되는 것이다.

이처럼 견디기 힘들 만큼의 끔찍한 정서적 경험을 한 후 자신이 경험했던 과거의 시간에 구속된 상태에서 정신과 신체의 부조화로 고통을 겪게 되는 상태를 일반적으로 '트라우마'라고 부른다. 뇌는 각 부분이 서로 비국소성으로 연결된 방대한 네트워크를 형성하고 있기 때문에 마음속의 한 가지 트라우마가 해결되지 않는 상태에서 오랫동안 지속된다면 뇌는 마치 뇌졸중 환자가 겪는 심한 후유증과 비유될 정도로 뇌회로가 심각한 장애를 겪게 된다.

이러한 장애상태가 지속되면 현재 자신이 가진 소중한 자원과 잠재력을 상실하거나 단절된 상태에서 과거의 부정적인 경험이 현재 자신의 마음과 몸을 완전히 장악하여 과거 속의 자신으로 통제받게 되는 것이다. 트라우마는 현재 자신의 긍정적인 자원과 에너지를 접촉하지 못하고 과거의 부정적인 경험에 묶인 상태에서 자신의 좁혀진 경계를 형성하기 때문에 과거의 부정적 기억과 관련 있는 미세한 특정 자극과 환경에도 과민반응을 하거나 무기력한 상태를 만든다.

트라우마가 없는 사람은 없다. 누구나 어떤 형태로든 트라우마를 가지고 살아간다. 과거의 부정적인 자극과 경험이 해결되지 못해서 생긴 억압된 감정과 성장과정에서 경험해야 할 긍정적인 관계와 성취경험, 피드백을 받지 못했을 때 생기는 결핍의 정서가 어떤 형태로든 우리의 마음과 몸에 영향을 미쳐 전체성을 이루고 있다. 그렇기 때문에 우리는 누구나 트라우마를 가지고 있으며 그 영향을 받게 되는 것이다. 다만 누구나 가지고 있는 과거의 트라우마가 현재의 자신을 얼마나, 어떻게 지배하는가에 따라 긍정적인 영향을 미치는지, 부정적인 영향을 미치는지의 차이를 가질 뿐이다.

그래서 자신이 가진 트라우마에 대한 이해가 중요하다.

자신의 트라우마를 이해한다는 것은 자기 자신의 긍정적인 자원뿐 아니라 부정적인 자원까지도 접촉하고 수용할 수 있는 자신과의 참만남이 이루어지는 것이며 그것이 건강한 접촉의 시작이다. 자신이 가진 트라우마를 건강하게 접촉할 수 있다는 것은 다른 사람과 건강한 접촉을 할 수 있는 능력을 가지는 시작이 되기 때문이다.

우리가 살아가면서 겪는 마음의 방황과 갈등, 스트레스는 대부분 진짜 자기 자신을 만나지 못한 상태에서 건강한 전체성을 상실하여 생기는 결과라고 할 수 있다. 건강한 사람은 자기 자신과 다른 사람의 부정적인 자원까지도 자기 삶의 긍정적인 자원으로 활용하여 건강한 전체성을 이룰 수 있게 만든다. 우리가 트라우마에 대해 좀 더 깊이 공부하고 이해하여야 하는 이유가 트라우마는 우리의 전체성을 이루는 부분으로 작용하여 마음과 몸, 건강상태에 부정적인 영향을 미치거나 직접적으로 통제력을 행사하고 있기 때문이다.

트라우마는 우리가 살아오면서 경험했던 수많은 정신적 외상들을 치유하지 못한 상태에서 이미 많은 시간이 경과되어 현실에서 실질적인 위험이 사라졌는데도 불구하고 많은 스트레스를 느끼며 살아가게 만든다. 많은 사람들이 새로운 도전과 성취의 기회가 자기 앞에서 손짓을 해도 그것을 외면하거나 회피하면서 적당한 핑계와 합리화를 통해 포기하게 되는 것은 과거의 트라우마가 현재의 자신에게 부정적으로 영향을 미치고 있기 때문이다.

트라우마를 가지고 있으면 약간의 불확실성이나 위험요소만 있어도 그것에 과민 반응하며 새로운 변화를 위한 행동의 선택보다는 익숙한 두려움이나 불안에 갇혀 변화하지 못하고 좁혀진 경계에 갇히는 선택을 할 수밖에 없다. 트라우마가 오랫동안 지속되면 우리 안에 중독된 패턴이 형성되면서 마음과 몸의 부조화를 겪게 된다. 이렇게 되면서 스트레스에 반응하는 호르몬 시스템이 균형을 잃게 되어 건강한 전체성이 무너지고 심리적 혼란을 반복해서 겪게 되는 것이다.

스트레스로 인하여 호르몬 분비가 균형을 잃은 상태로 오래 지속되면 시간이 많이 경과된 이후에 미세한 자극만 주어져도 과민 반응을 하게 된다. 이러한 상태가 지속되면 현실에서 위험이 없는 안전한 상황에서도 불안과 우울, 공황상태를 반복적으로 겪게 되어 자신을 상실한 채로 불행한 삶을 살아가야 한다.

또한 트라우마를 겪게 되면 특정 행동을 반복하는 '반복 강박'에 사로잡혀 힘든 과거의 상태에 숨게 되는 회피적 성향을 가지게 되면서 새로운 변화를 위한 선택과 도전을 할 수 없게 된다. 트라우마가 현재 자신의 삶에서 더 이상 부정적인 영향을 미치지 못하게 하기 위해서는 멘탈이 가진 건강과 창조, 치유의 힘을 활용하는 원리와 기법을 알고 그것을 실천해야 한다. 이것이 멘탈에 대한 공부를 하는 이유이다.

우리의 삶은 생존을 위해 치열한 경쟁을 해야만 하는 전쟁터와 같은 곳이다. 우리가 치열한 경쟁 속에서 오로지 생존에만 몰두한 상태가 되면 싸움을 하거나 도피하기 위해 자신의 모든 자원과 에너지가 사용된다. 이렇게 되면 차분하고 안정된 마음으로 독서를 할 수 있는 주의

집중능력이 부족해지고 주변 사람들과 여유롭게 교류할 수 있는 안정된 정서도 메마르게 된다.

외부의 적에 대한 생존본능기전이 과하게 활성화되면 공격성이 높아지거나 반대로 회피적 행동을 보이며 무기력한 상태에 머무르기도 한다. 이러한 상태는 주변 사람들과의 건강한 관계에도 부정적인 영향을 미치기 때문에 가족이나 친구, 직장동료와의 원만한 인간관계 능력에 걸림돌을 만들게 된다. 뿐만 아니라 공부를 하거나 미래에 대한 계획, 상상, 놀이, 문화생활 등에 관심을 가질 수 있는 마음의 여유가 없기 때문에 삶의 건강한 활력과 새로운 변화를 위한 도전이 어려워진다.

특히 반복적인 스트레스나 단 한 번만의 충격적인 정서적 경험은 관련된 강한 전용신경회로를 구축하여 부정적인 감정을 일으키는 화학물질에 중독된 상태를 만든다. 이러한 중독상태가 심할 경우 지속적인 트라우마가 되어 정신과 신체의 부조화를 일으켜 심각한 심리적 장애를 겪을 수도 있다. 트라우마는 경험 당시의 부정적 정서와 신경적 반응이 뇌에 강하게 프로그래밍되기 때문에 오랜 시간이 지난 이후에도 미세한 자극만으로 과거의 부정적 경험과 감정이 통째로 현실 속에서 재연되는 중독상태를 만든다.

이러한 트라우마가 반복적으로 지속되어 중독상태가 되면 나중에는 자신의 상태를 멍하게 만들어버린다. 초기에는 스스로 트라우마를 극복하기 위해 주변 사람들에게 신호를 보내고 피드백을 받으며 정상적인 생활을 할 수 있다. 하지만 그 과정에서 자신과의 접촉과 현실적인 감각을 회복하지 못하면 주변의 미세한 자극에도 극적인 심리적 변화를 겪으며 자기 자신과 다른 사람들에게 파괴적인 행동을 하기도 한다. 시간이 더 경과하면서 트라우마로 인해 현실에 대한 감각을 잃어버리는 심각한 부작용을 겪을 수도 있다.

또한 트라우마를 겪게 되는 사람들은 현재를 살아가면서도 과거 속에 머무르고 있기 때문에 현재를 온전히 살아가지 못한다. 과거의 충격적 경험 당시에 활성화된 신경회로와 다량으로 분비된 화학물질에 중독된 상태를 현실에서 반복적으로 재연하기 때문이다. 이러한 중독상태에서는 현재에 온전히 머무르지 못하고 접촉을 할 수 없기 때문에 자연스레 과거의 공포와 두려움이 가득 찬 시간과 공간에 머무르게 되는 잘못된 선택을 하게 되는 것이다.

그들에게 도움을 주고자 한다면 그들이 현재를 알아차리고 온전하게 접촉하며 심리적 안정감을 찾을 수 있도록 환경을 만들어주어야 한다. 당장은 현실을 인지하고 접촉하는 것이 쉽지 않을 수 있지만 꾸준한 멘탈훈련을 통해 현재를 접촉할 수 있는 감각을 살리기만 한다면 얼마든지 자신이 원하는 만큼의 긍정적인 변화를 이룰 수가 있다.

트라우마는 분명히 우리에게 고통을 줄 수 있는 나쁜 기억이지만 우리가 그것을 어떻게 활용하느냐에 따라 트라우마가 우리 삶의 성취를 위한 소중한 자원이 될 수도 있는 것이다.

목표

　우리는 밤에 잠을 자면서도 꿈을 꿀 수 있지만 눈을 뜨고 활동하는 낮시간에도 생생한 꿈을 꿀 수 있다. 낮에 꾸는 선명한 꿈에 대해 오감적으로 반복해서 시각화시키게 되면 현실에서의 성취가 실현된다.

반복해서 오감적으로 꾼 꿈은 뇌에 강한 믿음을 만들고 그 믿음이 실현되는 의지가 생기면서 강한 신념으로 굳어지기 때문에 현실에서의 성취가 실현될 수밖에 없는 것이다. 우리 삶의 모든 성취결과는 우리의 믿음이 만든 신념체계에 의해 창조되는 것이기 때문이다.

　에밀 쿠에는 '우리의 믿음이 우리를 통제한다'고 했다. 원하는 목표를 설정하고 그 목표가 성취될 것이라는 믿음을 가지게 될 때 그 믿음을 현실로 실현시키려는 신념체계가 가동되면서 목표는 현실적 성취로 바뀌게 된다. 그렇기 때문에 그 어떤 성취도 구체적이고 분명한 목표가 없다면 이루어지지 않는다.

　어느 날 사냥꾼이 사냥개들을 데리고 산으로 사냥을 나갔다. 얼마 지나지 않아 한 마리의 사냥개가 사냥감을 발견했다. 사냥개는 컹컹소리를 내며 사냥감을 쫓아 달려갔다. 그 뒤를 따라 다른 사냥개들도 맹렬한 기세로 쫓아갔다. 그러나 얼마 지나지 않아 사냥감을 직접 보지 못하고 따라갔던 사냥개들은 투덜거리며 돌아왔다. 사냥에 실패한 개들은 한결같이 '무슨 사냥감이 있어? 잘못 보았겠지. 장애물이 너무 많아' 등의 변명과 자기합리화하기에 바빴다. 그렇지만 처음 사냥감을 발견했던 한 마리의 사냥개는 숱한 어려움과 장애물을 극복하고 필사적으로 사냥감을 따라갔다. 그리고 마침내 사냥에 성공했다. 어떻게 이런 일이 가능했을까?

이 사냥개는 자기 목표를 분명히 보았던 것이다. 목표를 보고 확인할 수 있었기 때문에 끝까지 쫓을 수 있었다. 그렇지만 다른 사냥개들은 직접 사냥감을 보지 못하고 그냥 쫓아갔던 것이다. 그들은 보지 못했을 뿐 아니라 사냥감이 있다는 믿음을 가지고 있지 못했다. 그래서 그들은 사냥에 성공하지 못했던 것이다. 사냥에 실패한 사냥개들이 달리기를 못하거나 힘이 없었던 것이 아니라 목표를 보지 못하고 목표가 성취된다는 믿음을 가지지 못했던 것일 뿐이다.

사람들이 낮시간에 꿈을 꾸지 못하거나 분명한 목표가 없다면 믿음도 당연히 생기지 않는다. 하지만 분명한 목표를 설정하고 그것이 이루어진다는 믿음을 가질 수만 있다면 목표는 반드시 현실이 된다.
분명하고 구체적인 목표를 가질 수만 있다면 누구든 자신의 목표를 성취할 수 있는 자원과 능력을 자기 안에 갖고 있기 때문에 그것은 현실적인 성취로 나타날 수밖에 없는 것이다.

사명과 목표

　사람들은 모두가 자신만의 사명과 목표를 가지고 있으며 그 사명과 목표를 실현하기 위해 초점을 모으고 그것을 달성하기 위한 최상의 전략을 선택한다. 그리고 그 전략에 자원과 에너지를 일치시켜 그것을 이루기 위해 최선을 다한다. 그들이 가진 사명과 목표가 다를 뿐이지 자신의 사명과 목표가 없는 사람은 존재하지 않는다. 어떤 사람은 자신의 사명과 목표가 크고 분명해서 그것을 인식하며 표현할 수 있고 어떤 사람은 자신의 사명과 목표가 무엇인지 인식하지 못하거나 표현하지 못하는 경우가 있을 뿐이다.

　긍정적이든 부정적이든 인식할 수 있든 인식할 수 없든 그것과 상관없이 누구나 자신만의 사명과 목표를 분명히 가지고 있다.

부자는 부자의 삶에 최선을 다하는 분명한 사명과 목표가 있고 가난한 사람은 가난한 삶에 최선을 다하는 분명한 사명과 목표가 있는 것이다. 성공과 실패도 자신의 사명과 목표에 초점을 일치시키고 그것을 성취하기 위한 전략을 선택하여 최선을 다해 얻은 결과이다.

짧은 기간 열권이 넘는 멘탈 관련 책을 집필하고 멘탈교육과 상담을 열정적으로 하고 있는 나를 가까이에서 지켜보던 어느 교육생이 나에게 질문을 했다. "박사님이 기적과 같은 성취를 이룰 수 있었던 성공 비결은 무엇입니까?" 나의 대답은 너무나 간단했다. "원하는 것에 초점을 일치시키면 됩니다." 나는 나의 사명과 목표에 초점을 맞추고 그것을 이루기 위한 성공전략을 선택하여 최선을 다했기 때문에 내가 원하는 것을 이룰 수 있었다. 그것이 생각, 정서, 말, 행동 중에서 어느 것을 선택하든 원하는 것에 초점을 일치시키고 반복하면 그것은 현실적인 결과를 만들 수밖에 없는 초능력을 얻게 된다.

자신의 분명한 사명과 목표에 초점이 모아지면 먼저 마음속에 사명과 목표를 이루기 위한 선명한 그림이 만들어진다. 마음속의 선명한 그림에 초점이 지속적으로 일치되면 자신의 모든 자원과 에너지가 모아지게 되고 외부의 비슷한 자원과 에너지도 사명과 목표에 초점이 일치되면서 성공을 위한 강력한 자성을 갖게 된다. 끌어당김의 강력한 자성을 가진 초점이 NCR적인 마음속의 사명과 목표를 CR적인 현실로 바꾸어주는 성공전략이 되는 것이다.

그래서 그 무엇을 이루고 싶다면 먼저 자신의 마음속에 그 무엇을 만들어야 한다. 사명과 목표에 자신의 초점이 일치되어 마음속에 선명하게 그려지면 그것을 성취하기 위한 성공전략을 선택하여 최선을 다하기 때문에 사명과 목표는 현실이 될 수밖에 없다. 우리 삶의 모든 성취 결과는 자신의 사명과 목표에 초점을 일치시키고 그것을 이루기 위한 최상의 전략을 선택하여 그 전략에 최선을 다한 결과이다.

그렇기 때문에 자신의 사명과 목표에 초점이 일치되지 않는 삶의 전략은 자신이 원하는 성취를 할 수 없게 되는 것이다.

많은 사람들이 원하는 삶의 결과를 성취하지 못하는 이유가 자신의 분명한 사명과 목표가 약하기 때문이다. 자신의 사명과 목표가 약하면 원하는 삶의 결과를 이루기 위한 초점이 흐려진다. 이렇게 되면 자신이 원하는 사명과 목표와 관계없는 엉뚱한 전략을 선택하여 자신의 자원과 에너지를 낭비하게 된다.

사람의 뇌에는 약 천억 개가 넘는 뇌세포가 있으며 뇌세포 간의 병렬적인 연결에 의해 특정한 신경회로를 형성하게 되는데 그 숫자는 헤아릴 수 없을 만큼 많다. 그래서 헤아릴 수 없을 만큼 많은 신경회로에서 만들어지는 마음은 신경가소성에 의해 시공간적으로 수많은 초점이 만들어질 수밖에 없다. 이렇게 많은 신경회로에 의해 만들어진 마음이 중요하지 않거나 도움이 되지 않는 사소한 일에 초점을 잘못 보내게 되면 그 잘못된 초점에 모든 에너지가 일치되어 그것을 이루기 위한 잘못된 전략을 선택하게 되면서 원하지 않는 삶을 살아가게 되는 것이다.

사람들이 성공한 삶의 결과를 얻지 못하는 가장 큰 이유가 자신의 사명과 목표에 초점을 일치시키지 못할 때 생기는 부정적인 정보간섭으로 사소한 일에 초점을 맞추게 되면서 에너지가 분산되거나 사명과 목표에 일치되지 못하기 때문이다. 그래서 성취하는 삶을 간절히 바란다면 자신의 분명한 사명과 목표를 더 선명하게 느끼고 생각하며 말과 행동을 반복해야 한다.

사람들은 성취를 위한 자원과 에너지가 없는 것이 아니라 초점이 분산되어 자신의 내면에 숨겨져 있는 자원과 에너지를 알아차리지 못하고 사용하지 못하는 상태에 머물고 있을 뿐이다. 어느 누구든 자신의 초점을 사명과 목표에 일치시키기만 한다면 원하는 성취를 실현시킬 수 있는 자원과 에너지를 사용할 수 있게 된다. 하마 돼지의 별명을 가진 내 삶의 모든 성취결과는 나의 사명과 목표에 초점을 맞추고 그것을 성취하기 위한 성공전략을 선택하여 그 전략에 모든 자원과 에너지를 일치시켜 최선을 다해 얻은 것일 뿐이다.

누군가 할 수 있다면 다른 사람도 할 수 있다는 것이 멘탈의 평범한 원리이다. 다만 많은 사람들이 이 평범한 원리를 알아차리지 못하고 믿지 않기 때문에 성취한 삶과 멀어진 상태에 일시적으로 머물러있는 것이다. 돋보기가 초점을 일치시켜 빛을 투과시키면 물질을 태울 수 있을 정도의 강한 에너지가 생기듯이 우리가 원하는 목표에 초점을 일치시키는 순간 그 목표를 성취하기 위한 모든 자원과 에너지가 동원되어 목표는 현실이 될 수 있다. 원하는 목표에 초능력 사용법인 TESA의 생각과 정서, 말, 행동을 반복적으로 일치시키는 전략을 선택해서 최선을 다할 때 그것은 더 이상 NCR이 아닌 CR의 현실이 된다.

목표 달성

우리는 누구나 숨겨진 초능력을 사용할 수 있는 멘탈마스터가 될 수 있으며 멘탈마스터가 될 수 있다면 자신의 사명과 목표를 현실적인 성취로 실현시킬 수가 있게 된다. 멘탈마스터의 삶에서 성공전략을 활용하기 위해서는 제일 먼저 자신이 원하는 것이 무엇인지 구체적이고 선명한 목표를 설정할 수 있어야 한다. 선명하고 구체적인 목표가 우리를 이끄는 힘을 가지고 있기 때문에 목표를 설정하는 것이 먼저이다.

우리가 가진 무한 성취자원과 에너지를 활용하기 위해서는 초점을 모을 수 있는 목표가 분명해야 하며 그 목표를 달성할 수 있는 전략을 선택하고 그 전략에 최선을 다할 수 있어야 한다. 목표가 우리를 끌어당기는 자성을 가지고 있기 때문에 성취하는 삶의 주인공이 되기 위해서는 멘탈마스터가 가져야 할 목표 달성 5단계를 실행해야 한다.

첫째, 명확하고 구체적인 목표를 설정하라.

하늘을 나는 비행기와 바다를 항해하는 큰 선박에는 목적지를 설정하면 안전하게 목적지까지 안내해주는 자동항법장치가 있다.

도로에 다니는 수많은 차량에도 원하는 목적지를 입력하기만 하면 목적지까지 정확하게 안내해주는 내비게이션이 있다. 인간의 뇌에도 마찬가지로 원하는 목표를 입력하면 목표가 성취될 때까지 자신의 모든 자원과 에너지를 일치시켜 목표에 도달할 수 있게 해주는 뇌의 전용신경회로가 존재한다.

성공을 위한 분명하고 구체적인 목표는 현재의 CR적인 세계가 아닌 미래의 NCR적인 세계에 존재하는 신념체계이지만 뇌에 전용신경회로를 구축하는 순간 그것은 CR적인 현실로 다가온다. 이러한 현상은 뇌의 전용신경회로에 선명하게 새겨진 미래의 목표와 신념체계가 그것을 이루기 위한 모든 자원을 끌어당겨 CR적인 현실에서의 변화와 성취를 실현시켜주기 때문이다.

우리의 똑똑한 뇌는 그것이 사실이든 아니든 상관없이 그것이 사실이라고 반복적으로 생각하며 느끼고 말하고 행동하면 그것에 대한 강력한 믿음을 만들어 그 믿음을 현실에서 이루려는 의지를 갖게 되면서 자신의 신념체계를 형성한다. 이와 같이 목표를 구체적으로 명확하게 설정하면 목표와 관련된 전기화학적 충동이 생기고 목표와 관련된 전용신경회로가 구축되면서 목표를 성취하기 위한 생각과 정서, 말, 행동을 일치시키게 된다. 그래서 목표를 명확하고 구체적으로 설정하는 것이 중요한 것이다.

분명하고 구체적인 목표 상태가 설정되면 뇌에서 목표와 관련된 느낌을 강화 시키는 화학물질을 분비하여 목표를 이루기 위한 전용신경회로를 구축하게 되면서 신념체계를 더욱 굳건하게 만든다. 분명하고 구체적인 목표가 우리를 이끄는 이유가 화학물질에 중독된 전용신경회로가 우리 뇌를 통제하기 때문이다.

그래서 목표를 설정할 때는 결과지향목표와 과정지향목표를 병행하여 뇌에 프로그래밍시키는 것이 바람직하다. 결과지향목표는 장기목표로 설정하고 과정지향목표는 단기목표로 설정하여 성취하는 결과를 얻을 수 있도록 모든 자원과 에너지를 일치시켜야 한다.

이 과정에서 과정지향목표를 통해 작은 성취경험이 누적될 때 자기효능감이 향상되고 내적 동기도 함께 높아진다. 중간중간 작은 성취감을 맛보는 것이 결과지향목표를 향해 나아가는데 도움을 줄 수 있는 자기효능감과 내적 동기를 향상시켜 자신의 자원과 에너지를 일치시키는 촉매 역할을 하게 되는 것이다.

둘째, 목표를 시각화하라.

우리 뇌가 가진 별명이 '착각의 챔피언'이다. 뇌는 너무나 중요한 역할을 하기 때문에 두개골 안에 안전하게 자리 잡고 있으면서 감각을 통해 외부세계와 접촉하게 된다. 그렇기 때문에 뇌는 감각을 활성화시키게 되면 현실에서의 실제 경험과 가상으로 상상한 것의 차이를 구분하지 못한다. 특히 뇌는 오감적으로 생생한 상상을 하게 되면 상상한 것을 현실에서의 경험으로 착각하여 속아 넘어가게 된다. 그래서 스포츠 선수들이 수행 향상을 위해 많이 하는 이미지 트레이닝이나 자기계발을 위한 시각화 훈련, 멘탈트레이닝 등은 실제 경험과 유사한 훈련성과를 얻을 수가 있는 것이다.

'목표가 우리를 이끈다'는 말속에는 또렷하고 선명한 목표를 설정하고 그 목표가 성취된 상상을 반복적으로 하면 뇌의 착각 기능에 의해 전용신경회로가 더 강하게 구축되면서 목표를 성취할 가능성이 그만큼 높아지게 된다는 뜻이 포함되어 있다. 가슴 설렘이 있는 분명하고 구체적인 목표를 설정하고 그 목표가 이루어진 상태를 상상하는 시각화 훈련을 반복하게 되면 관련된 특정한 화학물질의 분비와 전기 충동에 의해 그와 관련된 전용신경회로가 구축되어 성공의 가능성을 더 높이게 되는 것이다.

가슴 설렘이 있는 목표를 설정하고 이미 목표가 성취된 미래 체험인 시각화 훈련을 통해 뇌를 긍정적으로 착각시켜 도파민과 엔도르핀 등의 물질 분비량을 늘리게 되면 목표와 관련된 전용신경회로가 더욱더 강화된다. 강화된 전용신경회로가 더 강력한 신념체계를 만들고 내적 동기를 향상시켜 목표 성취를 위한 초능력적인 에너지를 사용할 수 있는 상태를 만든다. 나의 경험으로 볼 때 시각화 훈련은 강력한 최면적 효과를 일으킬 정도로 목표 성취를 위한 고도의 몰입 상태를 지속시켜 줄 뿐만 아니라 주변의 불필요한 심리적 간섭을 차단시켜 원하는 결과를 빨리 얻는데 방해가 되는 걸림돌을 제거시켜준다.

나는 어느 날 대한민국 멘탈혁신이라는 나 자신의 사명을 실현하기 위해 열권의 멘탈 관련 책을 출판하겠다고 선언했다. 나는 책 출판을 위한 분명하고 구체적인 목표를 설정하고 그것이 성취된 이후의 생생한 상상을 통한 가상적인 경험을 미래 기억으로 만들면서 전용신경회로를 구축하여 성취 에너지를 사용할 수 있는 상태를 만들었다. 시각화 훈련을 통해 사명과 목표를 뇌에 프로그래밍시킨 후 놀라운 성취가 현실로 다가왔다. 그뿐만 아니라 멘탈상담과 훈련, 강의를 진행하면서 나의 사명 실현에 한 걸음씩 다가가고 있다.

누군가 할 수 있다면 다른 사람도 할 수 있다. 누구든 선명하고 구체적인 목표를 설정하여 반복해서 시각화시키게 되면 뇌에 목표와 관련된 전용신경회로가 구축되어 목표를 성취할 수 있는 성공전략을 사용할 수 있게 되는 것이다.

셋째, 목표 성취를 위한 전략을 수립하라.

분명하고 구체적인 목표를 설정하고 그것이 이미 성취되었다는 시각화 훈련을 통해 성공신념체계가 강하게 만들어졌다면 목표 성취를 위한 구체적인 전략을 수립하는 것이 필요하다. 원하는 목표를 성취하기 위해서는 성취할 수밖에 없는 완벽한 성취 전략을 사용하여 자신의 모든 자원과 에너지의 초점을 목표 성취를 위해 일치시켜야 한다.

목표를 성취하기 위해 필요한 세부적인 전략이 수립되고 최선을 다해 그 전략을 사용하면 원하는 결과를 그대로 얻을 수밖에 없는 것이 성공의 원리이다. 해가 동쪽에서 떠서 서쪽으로 지는 것과 같이 성공은 의심의 여지가 없는 분명한 것이다. 왜냐하면 목표를 이루기 위한 성공전략을 사용하여 그 전략에 최선을 다한다면 성공의 결과를 얻을 수밖에 없기 때문이다. 결국 성공은 우리의 목표를 이룰 수 있는 전략을 수립하고 그 전략에 최선을 다해서 얻은 결과인 것이다.

성공하는 사람과 실패하는 사람의 차이점과 공통점이 있다.

두 사람이 가진 차이점은 서로가 선택한 전략이 다르다는 것이며 공통점은 각자가 선택한 전략에 최선을 다한다는 것이다. 중요한 것은 성공전략과 실패전략 중에서 어느 것을 선택하는가의 차이가 존재할 뿐이며 그 차이에 의해 결과가 달라진다는 사실이다. 두 사람의 공통점은 모두가 자신이 선택한 전략에 최선을 다하는 것이기 때문에 서로 다른 전략에 따라 서로 다른 성취결과를 얻게 되는 것이다.

어느 누구도 자신의 삶에서 최선을 다하지 않거나 긍정적인 의도와 목적이 없는 사람은 없다. 게으른 사람조차도 게으른 사람이 되기 위한 자신만의 전략을 선택하여 최선을 다하기 때문에 게으른 사람이 된다. 실패하는 사람도 실패하기 위한 자신만의 전략을 선택하여 최선을 다해 실패라는 결과를 얻는다. 이처럼 우리가 어떠한 전략을 선택하는가에 따라 그 선택한 전략에 최선을 다하기 때문에 서로가 얻는 삶의 결과가 달라질 수밖에 없다. 그래서 목표 달성을 위하여 목표를 분명하고 구체적으로 설정하고 반복적으로 선명하게 시각화시켜 그것을 이루기 위해 최상의 전략을 선택하는 것이다.

넷째, 실행하라.

목표를 설정하고 시각화시킨 후 훌륭한 전략을 수립했다고 해도 즉각적인 실행이 없다면 현실에서 그 어떤 성취도 이루어지지 않는다.

목표를 성취하기 위한 전략을 실행하지 않고 그저 바램만 갖고 있는 것은 우물가에서 숭늉을 찾는 것과 같은 어리석음을 가지고 있는 것이다. 구수한 맛의 숭늉이 마시고 싶다면 물을 끓이는 실행이 있어야 한다. 복권에 당첨되는 행운조차도 먼저 복권을 구입하는 실행이 있을 때 가능하다는 사실을 아는 것이 중요하다.

마찬가지로 우리의 삶에서 목표를 성취하기 위한 구체적인 전략을 선택했다면 그 전략을 실행에 옮겨야 한다. 분명한 구체적인 목표를 설정하고 선명한 시각화를 반복하여 성공전략까지 선택했다면 그 전략을 실행에 옮겨야 하는 것이다. 목표에 모든 단계가 일치된 상태를 확인했다면 '즉결즉행'을 통해 목표에 더 가까이 갈 수 있는 상태를 만들어야 한다. 성공할 수밖에 없는 전략을 선택하여 그 전략에 최선을 다해 실행하는 과정에서 마음의 설렘도 함께 충만해진다.

골프 황제 타이거 우즈는 인터뷰에서 "골프대회에서 우승한 이유를 한마디로 말하면 무엇이죠?"라는 기자의 질문에 이렇게 대답했다. "Enjoy(즐기는 것이죠)" 그래서 실행단계에서는 설렘이 있어야 한다. 실행단계에서 즐길 수 있을 때 뇌에서는 엔도르핀과 도파민 같은 물질을 분비하고 내적 동기를 높여 실행력을 더 키워주기 때문이다.

우리의 뇌는 본능적으로 즐거움과 행복을 추구하는 지향적 동기와 시련과 고통을 피하려는 회피적 동기를 가지고 있기 때문에 설렘과 즐거움이 있는 실행은 자연스럽게 목표에 더 가까이 갈 수 있도록 끌어당기는 힘을 가지게 해준다.

다섯째, 진행 상황을 점검하고 피드백하라.

목표 설정과 시각화, 전략, 실행에 대한 점검을 통해 지속적인 피드백을 제공해주어야 한다. 실행단계에서 처음 설정했던 목표와 전략이 잘 진행되고 있는지 점검하고 피드백을 통해 전략을 수정하는 과정이 필요하다. 배를 타고 강을 건너야 할 때 처음 목표와 전략, 구체적인 실행이 일치되지 못하면 배가 하류로 떠밀려가게 된다. 배의 진행 방향이 처음 목표와 다른 방향으로 가고 있다면 피드백을 통해 재빨리 방향을 재설정하여 목표에 다시 일치시켜야 한다.

목표의 진행과정에 방향성과 전략, 구체적인 실행 등이 일치되지 않을 때가 있다. 이럴 때는 처음의 위치로 다시 빠져나와 점검을 하고 피드백을 통해 목표에 일치시키는 과정이 필요하다. 자전거를 탈 때 처음 한번 방향을 잡고 페달을 밟았다고 원하는 목표지점까지 도달할 수는 없다. 계속해서 목표를 향해 나아갈 수 있기 위해서는 진행 상황을 점검하고 피드백을 통해 목표지점을 재설정해야만이 원하는 목표까지 안전하게 갈 수 있는 것이다.

결국 원하는 것을 얻지 못하는 것은 우리가 가진 자원과 에너지가 부족한 것이 아니라 목표 성취를 위한 5단계를 제대로 실천하는 선택을 하지 못했기 때문이다. 그저 추상적이고 막연한 목표는 우리를 목표로 이끌지 못하며 목표 달성을 위한 5단계가 실행될 때 우리를 목표로 이끌어준다는 사실을 명심해야 한다. 비일상적 실재인 자신의 사명과 목표를 일상적 실재인 현실적 성취로 바꾸기 위해서는 목표 달성을 위한 5단계를 실천하면 된다.

전용신경회로 만들기

우리의 삶에서 성공을 위한 목표 성취의 원리를 이해하고 활용한다면 공부와 일, 어떤 영역에서도 탁월한 성취결과를 얻을 수 있게 된다. 안타깝게도 많은 사람들이 멘탈의 힘을 긍정적이고 창조적으로 사용하는 원리와 방법을 모르기 때문에 목표를 성취하는데 필요한 자성을 가지지 못한 채 살아가고 있다.

원하는 목표를 성취하기 위해서는 먼저 자기 안에 그 목표가 성취된 상태를 만들어야 한다. 아직도 삶의 목표를 향해 달릴 수 있는 고속도로의 진출입로를 찾지 못하고 방황하는 사람들에게 필요한 것은 진출입로를 찾는 것이다. 목표 성취를 위한 진출입로 역할을 하는 전용신경회로를 활성화하기 위해 필요한 것은 생각과 정서, 말, 행동을 반복하는 것이다. 모든 결과는 마음에 뿌린 씨앗이 싹트고 자라서 수확을 거두는 것이기 때문에 마음의 씨앗이 되는 프로그램을 어떻게 선택하고 세팅하여 운영하느냐에 따라 성취결과가 달라지게 된다.

일상적 실재인 현실에서의 목표를 성취하기 위해서는 먼저 비일상적 실재인 멘탈의 성취자원을 활용할 수 있는 능력을 가져야 한다.

우리 뇌는 착각의 챔피언이기 때문에 분명한 목표 설정과 현재 상황인식, 성취를 이룬 자신의 모습에 대한 상상을 현재 경험으로 반복하게 되면 그것을 선명하게 뇌에 프로그래밍시킨다.

반복적인 상상을 통해 현재의 경험을 목표에 일치시킬 수 있을 때 목표가 우리를 끌어당길 수 있게 된다. 우리의 똑똑한 뇌는 반복적인 자극과 정보에는 크게 반응하지 않고 자동적인 패턴으로 처리한다.

수많은 반복에 의해 습관이 형성되면 의식적 차원에서의 개입 없이도 자동적으로 실행되는 전용신경회로가 만들어져 에너지 절약 시스템이 가동되기 때문이다.

우리의 뇌는 그 무엇이든 반복하거나 강렬한 정서적 경험을 하게 되면 그와 관련된 굵고 강한 전용신경회로를 활성화시켜 화학적 중독상태를 만든다. 그것이 현실에서 실제 경험한 사실이든 상상을 통해 경험한 가상적인 것이든 구분하지 않는다. 뇌는 현실과 상상에 대해 같은 기억시스템을 사용하기 때문에 그 무엇이든 반복하게 되면 전용신경회로를 만들게 되는 것이다.

전용신경회로는 그 무엇이든 원하는 목표를 달성시켜주는 자동적인 시스템이다. 원하는 목표 달성과 관련된 전용신경회로가 굵게 만들어지면 자신의 목표와 상관이 없거나 목표 달성에 방해가 되는 다른 걸림돌을 차단시켜 오로지 목표를 달성하기 위한 초능력적인 힘만을 사용하게 만들어준다. 뇌는 선명한 목표 설정과 현재 상태, 시각화를 통한 결과 진술을 반복하게 되면 광케이블처럼 굵은 전용신경회로를 구축하여 목표를 달성하기 위한 강력한 힘을 사용할 수 있는 상태를 만들게 된다. 그래서 원하는 목표 달성을 위해서는 뇌에 굵고 강한 전용 신경회로를 만들기 위한 프로그램을 세팅해야 하는 것이다.

첫째, 분명한 목표를 진술하라.

선명하고 분명한 목표가 우리를 이끌게 해야 한다. 그리고 목표를 성취하기 위해서는 구체성과 시간성, 측정 가능성, 실현 가능성, 가치를 가질 수 있도록 목표를 설정하고 진술해야 한다. 막연하고 추상적인 목표는 작은 시련과 장애에도 목표가 희미해져 초점을 상실하게 되면서 쉽게 좌절하거나 포기하게 만든다. 오감적으로 목표를 구체화하고 시각화하여 뇌에 프로그래밍시키기만 한다면 자동적으로 목표를 향해 나아가게 만든다.

그래서 원하는 목표를 반복해서 암송하고 글로 써서 남기는 것이 중요하다. 원하는 목표에 대해 반복적인 말을 하면 두 배의 실행력을 가지게 되고 글로 쓰게 되면 열 배의 실행력을 가지게 된다. 목표에 대한 반복적인 말과 글을 사용하게 되면 뇌에 강력한 전용신경회로를 구축한다. 그렇기 때문에 원하는 목표에 대해 선명하게 구체적으로 생각을 반복하고 말과 글로써 표현을 하는 것이 중요한 것이다.

자신이 진정으로 원하는 것이 무엇인지 반복해서 말하고 글을 써야 한다. 원하는 목표에 대해 구체적으로 진술하게 되면 뇌에 분명한 목표가 프로그래밍되어 자신의 모든 자원과 에너지를 일치시키고 목표를 향해 나아가게 이끌어주기 때문이다. 그래서 목표는 크고 선명하며 구체적이어야 하는 것이다. 간절히 원하는 목표는 어둠을 밝히는 삶의 등불이 되며 현재 상태를 변화시키는 끌어당김의 강력한 자성이 된다.

둘째, 현재 상황을 진술하라.

현재 고통스럽거나 불편한 상황을 오감적으로 시각화하여 뇌에 프로그래밍시키기만 한다면 우리의 똑똑한 뇌는 현재 상황에 대한 진술과 목표 진술의 차이를 알아차리게 된다. 이 차이를 뇌가 생생하게 알아차리도록 하는 것이 중요하다. 왜냐하면 우리 뇌는 이 차이를 불일치로 지각하여 차이를 줄이거나 없애려고 자동적으로 작동되기 때문이다.

뇌는 차이가 만들어내는 불일치를 수용하고 견디어낼 수 있는 능력이 없기 때문에 설렘이 있는 원하는 목표와 벗어나고 싶은 현재 상황의 차이를 없애기 위해 모든 자원을 일치시켜 현재 상황에서 벗어나 목표에 더 가까이 가게 되는 것이다.

목표를 강하고 선명하게 진술해야 하는 이유가 우리 뇌는 이 두 가지 진술의 차이를 불일치로 지각하여 현재 상태를 견디지 못하고 통합시키기 위해 현재 상황을 목표로 끌어올리기 때문이다. 만약에 목표가 희미하거나 추상적이라면 목표를 현재 상황으로 거꾸로 끌어내리게 되어 그 어떤 성취도 불가능하게 만들어버린다.

뇌는 설렘이 있는 목표에 대해서는 즐거움으로 받아들이고 변화해야 할 현재 상황에 대해서는 고통으로 받아들이기 때문에 자동적으로 목표로 이동하기 위해 초점이 모아진다. 그래서 변화해야 할 현재의 부정적인 상황에 대해 구체적으로 생각을 반복하고 말과 글로써 표현을 하는 것이 중요하다. 변화하지 못해 힘이 드는 현재 자신의 상황을 반복해서 생각하거나 말을 하게 되면 뇌는 원하는 목표와 부정적인 현재 상황의 분명한 차이를 알아차리고 그 차이를 줄이기 위해 자신의 모든 자원과 에너지를 일치시키는 상태를 만든다.

뇌는 설렘의 기대가 있는 목표 달성과 변화하지 못한 부정적인 현재 상황에서 느끼는 고통과의 차이를 알아차리게 되면 그 차이가 만드는 불일치를 수용하고 견디어낼 수 없기 때문에 차이를 줄이거나 없애기 위해 자동적으로 목표를 향해 이동하게 된다. 똑똑한 뇌는 목표와 현재 상황의 차이를 없애기 위해 모든 자원과 에너지를 일치시키게 되면서 현재 상황에서 벗어나 원하는 목표에 더 가까이 가기 위한 초능력을 사용하게 되는 것이다. 원하는 목표 달성과 부정적인 현재 상황에 대해 알아차릴 수 있는 생각을 반복하고 말과 글로써 표현하는 것만으로도 목표가 우리를 이끌게 하는 끌어당김의 자성을 갖게 해준다.

뇌는 본능적으로 즐거움과 쾌락을 추구하고 불편함과 고통을 회피한다. 그렇기 때문에 설렘과 기대가 있는 목표 달성에 대해서는 즐거움으로 받아들여 지향적 동기를 가지게 하고 변화하지 못한 부정적인 현재 상황에 대해서는 고통으로 받아들여 회피적 동기를 가져야 한다. 지향적 동기와 회피적 동기가 뇌에서 함께 작동되면 고통스러운 현재 상황에서 벗어나 설렘이 있는 원하는 목표에 더 가까이 가기 위한 강력한 초능력을 사용할 수 있게 된다.

셋째, 전략을 진술하라.

목표를 이루기 위한 구체적인 전략에 대해 반복해서 생각하고 말과 글로써 표현하는 것이 중요하다. 부정적인 현재 상황에서 벗어나 긍정적인 목표 달성 상황으로 이동하기 위해 당장 무엇을 준비하고 실천해야 하는지에 대한 전략을 수립해야 한다. 아무리 좋은 목표가 설정되어있다 하더라도 그것을 달성하기 위해 필요한 구체적인 전략이 없다면 헛된 망상이나 작심삼일로 끝날 수 있기 때문이다. 이미 목표를 향해 초점이 일치된 상황에서 구체적인 전략까지 수립한다면 목표에 보다 더 가까이 갈 수 있는 내비게이션을 갖게 되는 것이다.

넷째, 결과를 진술하라.

목표가 성취된 이후의 모습을 오감적으로 생생하게 시각화하여 실제 목표가 성취되었다고 뇌를 착각하게 만드는 것이다. 뇌는 착각의 챔피언이다. 목표가 성취된 이후의 모습을 오감적으로 생생하게 시각화하여 실제 목표가 성취되었다고 착각하게 만들면 자신의 모든 자원과 에너지를 일치시켜 목표를 향해 나아가게 만든다.

우리의 순진한 뇌는 목표를 성취한 미래에 대해 생생한 상상을 반복하게 되면 신경망에 흔적을 남기게 되어 자신의 미래 기억을 만들게 된다. 반복적으로 생생한 상상을 하게 되면 그와 관련된 신경회로를 만들고 활성화시켜 자기 안에 먼저 성취를 만들어버린다. 이것이 우리가 원하는 그 무엇을 이루기 위해서 먼저 자기 안에 원하는 성취를 만들어야 하는 이유이다.

똑똑한 뇌는 본능적으로 고통을 회피하고 즐거움을 추구한다.

그래서 자신이 간절히 원하는 목표가 성취된 즐겁고 행복한 미래에 대해 생생한 경험으로 상상하게 되면 목표를 성취하기 위한 초점이 모아지게 된다. 목표가 이미 성취된 이후의 결과에 대해 반복해서 생각하고 말과 글로써 표현하는 것이 중요하다. 지금 현재 상황에서 이미 목표가 달성된 자신의 모습을 생생하게 결과적으로 진술하게 되면 뇌는 착각을 하게 되어 그것을 선명하게 프로그래밍시킨다. 자신이 원하는 목표가 이미 달성된 것으로 생생하게 시각화하고 암송함으로써 목표를 뇌에 강하게 기억시키는 것이다.

뇌가 가진 별명이 착각의 챔피언이다. 그것이 과거이든 현재이든 미래이든 현실적 경험이든 상상이든 상관없이 목표에 대해 반복해서 오감적으로 생생하게 떠올리게 되면 뇌에 그대로 프로그래밍되어 목표 달성을 위한 행동을 하게끔 만든다. 그래서 이미 목표를 성취한 자신에 대해 선명하게 상상하고 진술함으로써 그 느낌을 실제처럼 가질 수 있게 뇌를 착각시켜야 하는 것이다. 자신이 간절히 원하는 목표가 달성된 즐겁고 행복한 미래에 대해 지금 현재의 경험으로 반복해서 상상을 하여 뇌에 프로그래밍시키면 강력한 믿음이 생기게 되어 스스로의 행동까지 통제하게 된다.

다섯째, 증거를 제시하라.

증거는 확실히 굳히기를 하는 것이다. 결과 진술에 의해 목표가 성취된 이후의 모습을 증명해주는 증거를 인위적으로 만들어 뇌가 완전한 믿음을 가지도록 해야 한다. 우리의 뇌는 현실과 가상을 구분하지 못하기 때문에 증거를 만들면 꼼짝없이 목표를 향해 나아가도록 자신을 세팅한다. 착각의 챔피언이라는 별명을 가진 똑똑한 뇌는 증거에 대한 완전한 믿음을 만들어 그 믿음이 자신을 통제하게 하여 목표 성취를 앞당기는데 도움이 되는 초능력을 가지게 되는 것이다.

여섯째, 이해관계를 진술하라.

목표가 성취되었을 때 얻는 성과가 무엇이며 어떤 것을 잃게 되는지 진술함으로써 긍정적인 성과를 추구하는 지향적 동기와 부정적인 상태에서 벗어나고 싶은 회피적 동기를 사용하게 된다. 목표를 성취했을 때 얻게 되는 자존감, 성취감, 자신감, 물질적 보상, 자기 발전 등을 반복해서 진술함으로써 설렘을 느끼게 되어 지향적 동기를 갖게 만든다.

반대로 목표를 성취했을 때 잃게 되는 무능감, 불안, 열등감, 가난, 무시, 우울, 좌절 등을 반복해서 진술함으로써 고통스런 현재 상황을 벗어나기 위한 회피적 동기를 갖게 만든다. 인간의 뇌는 본능적으로 쾌락을 추구하고 고통을 회피하도록 프로그래밍되어 있기 때문에 이해관계를 진술하면 자동적으로 목표를 향해 나아가게 되는 것이다.

원하는 목표를 달성했을 때 얻게 되는 것과 잃게 되는 것을 반복해서 생각하고 말과 글로써 표현하는 것이 중요하다. 원하는 목표 달성을 했을 때 긍정적인 자원을 얻는 상태를 상상하면 지향적 동기를 갖게 되고 부정적인 자원을 잃게 되는 상태를 상상하면 회피적 동기를 가지기 때문에 원하는 목표에 더 가까이 다가가게 된다. 지향적 동기와 회피적 동기가 원하는 목표 달성을 위한 방향으로 초점을 일치시키게 될 때 뇌에 강한 전용신경회로가 만들어져 성공을 위한 초능력을 얻게 되면서 원하는 목표를 성취할 수 있게 되는 것이다.

목표에 초점을 일치시키기 위한 6단계 멘탈훈련 프로그램을 반복하게 되면 뇌에 전용신경회로가 만들어져 목표가 우리를 이끌어주는 강력한 힘을 얻을 수 있다. 우리는 목표가 없어 성취하지 못하는 것이 아니라 목표 달성을 할 수 있는 전용신경회로를 만들지 못해 원하는 성취를 이루지 못하는 것이다.

우리 안에 이미 목표를 달성할 수 있는 자원이 충만해있지만 그동안 목표를 달성할 수 있는 구체적인 멘탈훈련방법을 몰라 활용하지 못했을 뿐이다. 그 방법을 알고 자신의 삶에 활용할 수만 있다면 목표가 끌어당기는 강력한 자성에 의해 누구나 원하는 목표를 달성할 수가 있다. 중요한 것은 성취를 위한 자원은 이미 자신이 가지고 있기 때문에 뇌에 목표 달성을 위한 전용신경회로를 만들기만 한다면 누구나 원하는 미래의 목표를 달성할 수가 있다는 사실을 알아차리는 것이다.

자신의 삶에서 원하는 목표를 이루고 싶다면 목표 성취와 관련된 전용신경회로를 구축하여 성취하는 삶의 결과를 앞당길 수 있다.

다시 한번 강조하지만 많은 사람들이 멘탈의 힘을 긍정적이고 창조적으로 사용하는 방법을 몰라 탁월한 성과를 창조하지 못했을 뿐 누구도 그러한 자원을 갖고 있지 않는 사람은 없다. 탁월한 성취를 위한 답은 뇌의 전용신경회로에 있으며 전용신경회로의 구축은 초능력을 활용하는 성공전략인 TESA의 생각과 정서, 말, 행동을 반복하는 것이다.

자신이 간절히 원하는 행복한 삶을 현실에서 이루기 위해서는 먼저 자신이 진정으로 무엇을 원하는지를 알아야 하고 그것을 이루기 위한 구체적이고 분명한 목표를 설정해야 한다. 그다음에 목표를 어떻게 실행할 것인가에 대한 단호한 결심과 구체적인 실행방법 및 전략을 세우고 그것을 실천하기 위해 전력을 다해야 한다.

만약 자신이 진정으로 원하는 것이 무엇인지를 잘 모른다면 선명하고 구체적인 목표를 가질 수 없기 때문에 그 어떤 성공도 불가능하다. 성공이란 자신의 목표를 이루고자 하는 강렬한 열망이 있을 때 이루어질 수 있는 것이기 때문이다. 그래서 자신이 간절히 원하는 것이 무엇인지도 모르고 목표를 가지지 못하는 사람에게는 그 어떤 성공의 결과도 주어지지 않는 것이다.

구체적이고 선명한 목표는 자신의 삶을 주도하고 성공을 실현시키는 강력한 에너지가 된다. 그 에너지는 누구에게나 공평하게 주어진 성공의 자원이지만 소수의 선택받은 사람만이 그것을 자신의 성취 에너지로 활용할 수 있을 뿐이다. 우리가 살아가면서 구체적인 목표를 갖지 못할 때 자신의 포지션을 잃어버리고 방향성을 상실하기 때문에 완전한 자신의 삶을 살아갈 수가 없게 된다. 그렇게 되면 구체적인 목표를 가진 다른 사람의 성공한 삶을 위해 조력자의 신분으로 살아가는 처량한 신세가 될 가능성이 높아진다.

우리의 삶은 어떤 면에서 보면 두발로 달리는 자전거와 비슷하다고 할 수 있다. 자전거를 탈 때 넘어지지 않기 위해서는 앞을 향해 쉬지 않고 페달을 밟아야만 한다. 넘어지지 않고 균형을 유지하며 자전거를 타기 위해서는 페달을 밟으며 앞으로 계속 달릴 수밖에 없는 것이다. 두 바퀴로 달리는 자전거는 앞으로 나아가지 못하고 제자리에 멈추게 되면 균형을 잃고 흔들리거나 넘어지게 된다.

자전거가 목표를 향해 앞으로 나아가지 못하고 제자리에 멈추게 되면 균형을 잃고 넘어지듯이 우리의 삶도 마찬가지로 분명한 목표를 설정하여 앞으로 계속 나아가는 힘을 갖지 못하면 제자리에 정체되거나 퇴보할 수밖에 없어진다. 삶에서 구체적인 목표를 갖지 못하면 방향성을 잃어버리고 변화와 성취를 위한 그 어떤 도전과 행동도 하지 못한 채 혼돈을 경험하게 된다. 많은 사람들이 현재에서 미래로 나아가야 할 방향을 잃어버린 채 지금 여기에서 무엇을 해야 할지도 모르는 삶을 살아가는 이유가 구체적이고 선명한 목표를 상실했기 때문이다.

뇌에는 천억 개가 넘는 뇌세포 간의 시냅스 연결이 만든 수많은 신경회로가 있다. 그 많은 신경회로 중에 구체적인 목표와 관련된 전용신경회로를 굵게 만들 수 있을 때 목표를 성공적으로 이루는데 필요한 모든 자원과 에너지가 동원된다. 우리 삶에서 선명하고 구체적인 목표는 자동차의 내비게이션과 같이 우리를 성공으로 안내해주는 중요한 길잡이 역할을 해준다.

전용신경회로에 굵게 형성된 구체적이고 선명한 목표는 자동적으로 우리를 목표쪽으로 끌어당기는 강력한 힘을 가지고 있다. 일단 분명하고 구체적인 목표가 설정되면 그 목표에 대해 끊임없이 반복적으로 생각을 하고 그 목표가 성취되었을 때의 생생한 느낌을 가져야 한다. 그리고 그 목표 성취에 대해 끊임없이 말을 하고 목표 성취와 관련된 행동을 반복하는 것이 필요하다.

선명하고 구체적인 목표에 대한 반복적인 생각과 정서, 말, 행동이 일치될 때 우리 안에 숨겨져 있는 초능력을 사용할 수 있게 된다. 이 초능력이 목표를 이룰 수 있도록 도움을 주기 때문에 원하는 성공의 결과를 얻을 수 있다. 결국 사람들이 성공을 할 수 있는 조건이 부족해서 성공하지 못하는 것이 아니라 분명하고 구체적인 목표가 없기 때문에 성공하지 못하는 것일 뿐이다.

그래서 선명하고 구체적인 목표에 TESA의 생각과 정서, 말, 행동이 일치될 때 목표가 우리 앞에 더 가까이 다가오게 된다는 사실을 알아차리는 것이 중요하다. 목표가 우리에게 다가온다는 것은 우리가 목표를 향해 그만큼 다가갔다는 뜻이고 이것은 목표가 우리를 끌어당겼기 때문에 나타나는 결과인 것이다.

전략

우리는 저마다의 사명과 목표를 성취하기 위해 자신의 초점을 일치시키고 가장 알맞은 전략을 선택하여 언제나 그 전략에 최선을 다한다.

자신의 사명과 목표를 이루기 위해서는 자신이 하고 싶은 것을 먼저 선택하는 것이 아니라 지금 바로 꼭 해야만 하는 것이 무엇인지를 깨달아 그것을 먼저 선택하고 행동하는 것이 중요하다.

지금 자신이 꼭 해야 할 일을 바로 실천하지 않고 미루면서 적절한 핑계와 합리화를 통해 회피하게 되면 5년 후, 10년 이후의 미래에 혹독한 대가를 치르게 될지도 모른다. 미래의 성취결과는 지금 현재에서 자신이 어떤 전략을 선택하여 그 전략에 최선을 다했는지의 행동에 따라 얻게 되는 것이기 때문이다.

성공한 사람은 성공에 대한 확고한 신념을 가지고 최상의 성공전략을 선택한다. 그리고 그것을 성취하기 위해 초점을 일치시키고 자신의 행동에 최선을 다하여 성공이라는 결과를 얻는데 성공하게 된다.

실패한 사람은 성공에 대한 확고한 신념을 갖고 있지 못하기 때문에 성공과는 거리가 먼 엉뚱한 신념을 가지고 최상의 실패전략을 선택한다. 그리고 그것을 성취하기 위해 초점을 일치시키고 자신의 행동에 최선을 다하여 실패라는 결과를 얻는데 성공하게 된다.

성공한 사람과 실패한 사람의 차이점은 서로의 선택한 전략이 다르다는 것이고 공통점은 자신이 선택한 전략에 모두가 최선을 다하고 있다는 것이다. 자신의 사명과 목표를 성취하기 위해 서로 다른 전략을 선택하여 그 전략에 최선을 다하기 때문에 삶의 성취결과는 전혀 다르게 나타날 수밖에 없다. 자신의 사명과 목표, 신념에 초점을 일치시켜 원하는 성취를 실현하기 위해서는 그것을 성취하기 위한 최상의 전략을 세워 그 전략에 최선을 다해야 한다.

우리 삶의 전략은 배우가 연극 무대에서 훌륭한 연기를 할 수 있게 만들어주는 시나리오에 비유할 수 있다. 우리의 삶이 연극 무대가 되고 우리는 연극 무대에서 연기를 하는 연극배우가 되는 것이다.
배우는 연극 무대에서 훌륭한 작품을 완성시키기 위해 자신이 맡은 시나리오에 최선을 다해 모든 재능을 발휘하게 된다. 무대에서 보여주는 배우의 연기는 시나리오에 의해 표출되는 결과물일 뿐이다.

물론 배우의 실력에 따라 연극의 수준이 차이가 있을 수는 있지만 무대 위에서 보여주는 연기는 시나리오대로 진행될 수밖에 없다.
만약 무대의 연극 작품이 성공적이지 않거나 완성도가 떨어진다면 시나리오를 바꾸어야 한다. 다행히 시나리오에 문제가 없다면 배우가 시나리오에 초점을 맞추고 자신의 연기실력을 잘 보여줄 수 있도록 피드백을 해주면 된다. 이것이 연극에서 훌륭한 작품을 연출하는 가장 기본적인 성공전략이라고 볼 수 있다. 우리 삶에서도 마찬가지로 현재 삶의 결과가 마음에 들지 않는다면 피드백을 통해 자신이 선택한 전략을 바꾸거나 행동을 수정해야 한다. 근본적으로 우리의 전략이 잘못되어 있다면 피드백을 통해 더 나은 전략을 선택할 수가 있기 때문이다.

성공한 모델에 대한 모델링을 통해 가속 학습을 할 수 있다면 성공한 모델의 성공전략을 자신의 성공전략으로 만들 수 있다. 모델링은 성공한 모델이 어떤 사명과 목표, 신념을 가지고 있었는지 어떠한 생각과 정서, 말, 행동을 반복했는지 알아내어 그것을 자신의 성공전략으로 사용할 수 있게 해준다. 모델링의 장점은 성취한 모델과 비슷한 성취를 위한 가속 학습을 가능하게 하면서도 시행착오를 최대한 줄일 수 있는 가장 좋은 성공전략이라는 것이다.

성공한 모델에 대한 모델링을 잘 활용하기만 한다면 가속 학습을 통해 우리가 원하는 성취를 얼마든지 더 앞당길 수가 있다. 모델링을 통한 성공전략을 선택하게 되면 사명과 목표와 관련이 없는 사소한 일에 목숨을 거는 어리석은 전략을 선택하지 않아도 된다. 올바른 전략의 선택으로 자신의 성공과 거리가 먼 엉뚱한 곳에 초점을 일치시켜 소중한 에너지를 소진하며 방황하는 어리석음에서 자유로워질 수가 있게 되는 것이다. 우리 주변에 훌륭한 모델링 대상은 차고 넘친다.
우리는 자신의 분야에서 탁월한 성취를 이룬 훌륭한 모델을 선택하여 자신만의 성공전략을 만들어야 한다.

■ 건강하고 싶다면 건강전략을 선택하면 된다.

- 성공하고 싶다면 성공전략을 선택하면 된다.
- 행복하고 싶다면 행복전략을 선택하면 된다.
- 사랑하고 싶다면 사랑전략을 선택하면 된다.
- 도전하고 싶다면 도전전략을 선택하면 된다.

- 실패하고 싶다면 실패전략을 선택하면 된다.
- 불행하고 싶다면 불행전략을 선택하면 된다.
- 가난하고 싶다면 가난전략을 선택하면 된다.
- 우울하고 싶다면 우울전략을 선택하면 된다.
- 불안하고 싶다면 불안전략을 사용하면 된다.

우리가 어떤 전략을 선택하든 우리는 선택한 전략에 최선을 다하기 때문에 선택한 전략에 의해 삶의 성취결과를 얻을 수밖에 없다.

진정 우리가 원하는 것을 이루고 싶다면 그것을 이룰 수 있는 자신의 분명한 전략을 세우고 행동해야 한다. 우리 삶의 모든 성취결과는 우리가 선택한 전략에 최선을 다해 창조된 것일 뿐이다.

가치와 기준치

　내가 자주 책을 출판하자 누군가 나에게 어떻게 책을 그렇게 많이 출판할 수 있는지 비법을 좀 가르쳐 달라고 했다. 내가 남들보다 더 많은 저술활동을 계속하면서 왕성한 활동을 하는 것을 보고 그렇게 물어오는 것도 크게 이상한 것은 아니라고 생각한다. 짧은 기간에 남들보다 책을 많이 출판할 수 있었던 비결은 나 자신의 사명과 목표에 초점을 일치시키고 그것에 대한 가치와 기준치를 높여두었기 때문이지 특별한 비법이 있는 것은 아니다.

　특히 매일 새벽에 일찍 일어나서 나의 사명과 목표 실현을 위한 기준치를 충족시켜줄 수 있는 공부를 하며 글을 쓰는 작은 습관이 큰 도움이 되었다. 새벽 4시에 일어나서 글을 쓸 때 하나의 제목에 약 4시간 동안 글을 쓰고 수정 작업을 하기 때문에 3개월이면 책 한 권의 분량이 충분히 쌓인다. 이것을 출력해서 편집과 교정을 여러번 거쳐 책을 만들기 때문에 원하는 만큼 책을 많이 낼 수가 있었다.

　나 자신이 책을 많이 출판할 수 있었던 비결은 내가 천재적인 능력을 가졌거나 남다른 비법을 가진 것이 아니라 새벽에 공부하는 작은 습관 덕분이었다. 이처럼 일상생활 속에서 내가 어디에 가치와 기준치를 두는가에 따라 현실에서의 성취결과가 전혀 달라지게 된다.

나는 대한민국 멘탈혁신이라는 나 자신이 세운 사명을 실현하기 위해 목표를 설정하고 그것에 초점을 일치시켜 지속적인 변화를 창조해 나가고 있다. '하마 돼지'라는 별명을 가진 나는 평범한 사람일 뿐이며 결코 다른 사람보다 비범한 재능을 가진 사람이 아니다. 다만 나 자신의 사명과 목표에 초점을 일치시켜 기준치를 높임으로써 변화를 위한 강력한 힘을 사용하고 있을 뿐이다.

성공을 위한 자원은 어느 누구나 공평하게 가지고 있지만 많은 사람들이 자신의 초점을 목표에 일치시키지 못해 그것을 성취 에너지로 사용하지 못하고 있다. 내가 아주 존경하는 대학교수 중에 초점 일치시키기를 통하여 학문탐구와 연구활동에 탁월한 성과를 이룬 기인이 있어 소개한다. 스포츠심리학을 전공하고 동아대학교에 재직 중인 임철호 교수다. 나도 나름대로 나 자신의 사명과 목표에 초점을 일치시키고 그것을 실현하기 위한 성공전략을 선택하여 그 전략에 최선을 다하며 초능력을 사용하고 있다고 자부하지만 임철호 교수에 비하면 나는 '새발의 피'로 비유할 수 있을 정도다.

그는 학문탐구에 대한 기준치와 기대치가 높아 초능력적인 열정과 몰입 능력으로 탁월한 학문적 성과를 내고 있다. 그를 보고 있으면 나 자신이 학문을 탐구하고 저술활동을 하는데 모델이 되어준 역사 속 인물인 다산 정약용 선생이 떠오를 만큼 학문에 대한 그의 열정은 정말 대단하다. 대학 연구실에서 책에 파묻혀 오로지 뇌과학과 사람에 대한 학문적 탐구와 연구에 몰두하는 모습이 조선 후기의 위대한 실용학자인 다산 정약용 선생과 이미지가 너무 닮았다는 느낌이 든다.

매주 1회 스터디를 함께 하면서 뇌과학에 대한 그의 넓고 깊은 학문세계와 지식의 체계에 경이로움을 가지며 마음에서 존경을 보내게 된다.

수백 권의 뇌 관련 서적을 10회 이상씩 정독하는 독한 몰입 능력을 가진 그의 모습을 지켜보며 학문에 대한 강한 집념과 학습목표에 대한 높은 기준치를 엿볼 수 있다. 사람들이 책 한 권을 처음부터 끝까지 다 읽기도 힘든데 그는 자신의 높은 기준치를 충족시키기 위해 10회 이상 정독하며 자신의 학문과 지식체계를 넓히고 자신만의 학문적 체계를 세워나갔던 것이다. 임철호 교수의 공부습관과 태도는 우리가 깊이 있고 의미 있는 공부와 지적 성장을 위한 배움의 습관과 태도가 어떠해야 하는지를 잘 보여주는 훌륭한 모델이라고 할 수 있다.

사람들은 누구나 자신만의 학습목표와 기준치를 다르게 갖고 있으며 자신의 기준치를 높이는 만큼 학문적인 성취가 더 지속성을 가지게 된다는 사실을 알아야 한다. 우리 곁에 이렇게 훌륭한 학습의 모델이 있다는 것만으로도 공부에 큰 자극이 되고 격려가 된다.

우리가 공부나 일에 주의의 초점을 모으는 것은 그것과 관련된 뇌신경회로를 활성화시키는 것이다. 그리고 그것을 얼마나 오랫동안 지속시키고 반복하는가에 따라 의해 전용신경회로가 구축되어 개인의 존재와 정체성까지 결정짓는다.

우리 뇌는 목표에 반복적으로 주의의 초점을 모으고 집중하게 되면 관련된 전용신경회로가 강하게 형성되어 그것과 관계없거나 불필요한 정보간섭을 차단하게 된다. 완전한 주의집중이나 몰입 상태에서 원하는 것에 초점이 모아지면 놀라운 성취결과가 만들어지는 이유가 초점 모으기에 의해 강하게 형성된 전용신경회로가 방해되는 불필요한 자극과 정보를 차단하기 때문이다.

만약 현재 하고 있는 공부나 일에 완전히 자신의 초점을 모으지 못하게 되면 불필요한 정보간섭이 생겨 엉뚱한 신경회로가 자극되어 활성화될 수도 있다. 이와 같이 주의집중에 의한 초점 모으기가 안되면 정보간섭을 일으키고 불필요한 신경회로가 활성화되어 새로운 학습과 경험을 방해하게 된다. 그것은 우리 뇌가 불필요한 정보간섭에 의해 엉뚱한 신경회로가 활성화되면 역치를 뛰어넘을 수 있는 새로운 자극을 만들지 못하기 때문이다. 이렇게 되면 필요한 자극과 정보가 뉴런에 전달되지 않아 새로운 전용신경회로를 만들지 못하게 된다.

외부의 어떤 자극과 정보가 뇌에 입력되어 새롭게 프로그래밍되기 위해서는 자극과 정보가 일반적인 역치를 뛰어넘을 수 있을 정도의 강력한 강도를 가져야 한다. 주의집중에 의한 초점 모으기는 뉴런의 일반적인 활성화 역치를 뛰어넘을 수 있는 강한 강도의 자극을 만들어주어 신경회로를 활성화시킨다.

일이나 공부, 운동을 할 때 주의집중과 초점 모으기가 중요한 이유가 바로 여기에 있다. 초점이 모아지지 않는 상태에서의 공부는 자극과 정보가 역치를 뛰어넘을 수 없어 뉴런의 시냅스 연결을 형성하지 못하기 때문에 새로운 학습에 의한 기억을 만들지 못하게 된다.
그렇기 때문에 우리가 원하는 새로운 학습과 성취를 이루기 위해서 효율적으로 뇌에 기억시킬 수 있는 주의의 초점이 모아진 상태를 만드는 반복적인 훈련이 필요하다.

완전한 초점 모으기는 뇌가 주변의 불필요한 정보간섭을 차단함으로써 현재에 주의의 초점을 모으고 관련된 회로만을 활성화시켜 완전한 학습을 실현하는데 도움을 준다. 일이든 공부든 원하는 것에 주의의 초점을 모으고 관련된 전용신경회로를 만들기만 한다면 누구나 성공을 위한 초능력을 사용할 수 있게 되는 것이다.

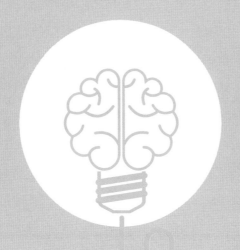

부록

멘탈용어

가치(value)

명예, 부, 사랑, 건강, 행복과 같이 자신이 중요하게 생각하거나 행동하는 것이다.

감각양식(sensory mode)

외부의 정보나 자극을 받아들이고 경험하는 시각, 청각, 촉각, 후각, 미각의 다섯 가지 감각통로를 말한다.

감각적 민감성(sensory acuity)

오감을 통한 감각정보를 보다 세밀하고 디테일하게 구분하여 유용하게 해석하는 과정이다.

거울신경(mirror neuron)

다른 사람의 특정 움직임을 관찰할 때 활동하는 신경세포이다.
이 신경세포는 다른 사람의 행동을 거울처럼 반영한다고 표현한다.

기억(memory)

과거의 학습과 경험을 신경망에 저장하고 재현하는 것이다.

결단(decision)

결정적인 판단을 하거나 단정을 내리는 것이다.

모든 변화의 시작은 결단이다. 좀 더 빨리 결단해야 한다.

기저선 상태(baseline stae)

평상시에 익숙하고 편안한 습관적인 마음상태이며 개인의 유전과 학습, 경험에 의해 형성된다.

계측(calibration)

상대의 비언어적 신호나 단서를 디테일하게 관찰하고 그 관찰을 바탕으로 상대의 심리상태를 알아맞히는 것을 말한다.

과정(process)

코칭은 결과도 중요하지만 과정을 더 중요하게 여긴다.

과정은 코칭이 어떻게 이루어지는지를 의미하며 최종적인 성취결과를 가져다주는 실행이나 활동, 단계를 말한다.

관점 바꾸기(reframing)

특정 기억이나 사실을 여러 관점에서 바라보고 다른 의미를 부여하게 되면 자신의 상태가 바뀌는 기법이다.

긍정적 의도(positive intention)

신념이나 행동 이면에 가려져 있는 긍정적인 마음 또는 목적을 말한다.

내면집중상태(downtime)

내면의 생각과 느낌의 방향으로 주의가 모아진 트랜스 상태를 말한다.

내적 표상(internal representation)

세상모형과 같은 개념으로 현실을 지각하고 경험하는 주관적 세계를 말한다. 자신의 과거 경험과 가치, 신념, 교육, 종교, 정서, 기억, 문화 등에 따라서 동일한 현실적 상황에서도 서로 다르게 지각하고 이해하여 내면적 경험을 다르게 하는 것이다.

능력(ability)

어떤 일을 수행하기 위한 성공전략으로서 과제를 성공적으로 수행할 수 있는 기술이다.

닻(anchor)

특정한 기억과 반응을 일관성 있게 재창조해내는 모든 형태의 자극을 말한다.

라포(rapport)

모든 관계의 시작이며 신뢰관계, 협응관계, 촉진관계를 말한다.

리딩(reading)

라포를 유지하며 특정 방향으로 상대를 유도하는 것을 말한다.

마음(mind)

뇌가 만들어낸 산물이며 천억 개가 넘는 뉴런이 전기적 신호를 주고받으며
형성된 신경회로에서 만들어진다.

매칭(matching)

자세, 몸짓, 손짓, 표상체계, 목소리 톤, 리듬, 언어사용법, 이야기 내용,
표정, 호흡 등을 상대와 맞추는 것을 말한다.

메타모형(meta model)

언어를 경험과 연결시키는 일련의 언어양식과 질문을 총칭한다.
커뮤니케이션과정에서 생략, 왜곡, 일반화된 정보를 구체적이고 세밀하게
복원하는 언어표현 방법이다.

메타프로그램(meta program)

인간이 지닌 생각과 행동을 결정짓는 상위 프로그램을 말한다.

맞추기(pacing)

상대를 이끌기 위해서 라포를 형성하는 과정이다.

모방하기(modeling)

성공한 사람의 핵심기술을 추려내어 그대로 따라하여 그와 같은 성과를 이루는 과정이다.

목표(goal)

활동을 통하여 성취하거나 도달하려는 실제적 대상이다.

미래가보기(future pacing)

불확실한 미래를 상상하여 체험함으로써 뇌에 미래기억을 남기고 현재에 영향을 미친다.

무의식(unconsciousness)

의식상태에서 접근할 수 없는 잠재된 의식이다.

밀턴모형(milton model)

추상적이고 모호한 표현으로 상대를 트랜스 상태로 유도하는 최면적 언어 패턴이다.

ㅂ

비일상적 실재(non-consensus reality)

눈으로 확인할 수 없고 만질 수 없지만 존재하고 있는 가상적인 거대한 실재이다. 도덕, 사명, 영감, 신념, 가치관, 준거, 나무의 뿌리, 자신감 등은 비일상적 실재이지만 일상적 실재와 연결을 통해 삶의 중심이 된다.

분리(dissociation)
기억을 재생할 때 방관자로서 외부에서 바라보는 상태를 말한다.
실제 그 장소에 있을 때의 감각을 느끼기 어려워지며 자신을 비추는 영상
을 바라보는 느낌이 든다.

삼차적 입장(third position)
상황과 분리상태에서 관찰자의 관점으로 세상을 인식하고 경험하는 것을
말한다.

상태파괴(break state)
특정한 감정과 정서상태에서 벗어나는 것을 말한다.

상태(states)
사고, 느낌, 감정, 신체적, 정신적 에너지의 총체를 말하며 상태에 따라 경
험이 달라진다.

생태(ecological)
상호관계와 상호의존성을 말하며 하나의 모든 생명체는 서로 간에 유기적
인 관계를 맺고 있어 영향을 미친다는 것을 전제로 하고 있다.

생략(deletion)

경험을 표현하거나 입력할 때 정보의 일부만이 전달되는 과정이다.

선호표상체계(preferred representational system)

내적으로 사고하고 자신의 경험을 조직화하기 위하여 시각, 청각, 신체감
각 중에서 대체적으로 많이 사용하는 표상체계이다.

세상모형(model of the world)

내부표상과 같은 개념으로 현실을 지각하고 경험하는 주관적인 세계를 말
한다.

성과(outcome)

목표보다 더 구체적인 개념으로 목표를 달성한 후 무엇을 보고 듣고 느끼
게 될지에 초점을 맞춘다.

성장(growth)

사람이나 동물이 자라서 점점 커지는 것을 의미하며 자신의 생각과 느낌,
말, 행동을 활용하여 긍정적으로 변화하는 것이다.

심층구조(deep structure)

내면의 경험을 말하며 생략, 왜곡, 일반화가 되기 전의 마음상태이다.

신경가소성(neuroplasticity)

새로운 정보의 입력이 뉴런의 연결을 바꾸는 것을 말하며 사람이 변화하는 것은 신경가소성이 있기 때문이다.

신경망(neural network)

뉴런과 시냅스가 연결된 형태의 그물망을 구성하여 뉴런간의 신호전달 역할을 한다.

신경언어프로그래밍(neuro linguistic programming)

우수성과 탁월성에 대한 연구로서 언어와 관련된 두뇌사용설명서이다.

신경회로(neural circuit)

뉴런과 뉴런의 병렬적인 시냅스 연결에 의해 만들어지며 생각과 정서, 말, 행동은 모두 신경회로에 뿌리를 두고 있다.

신념(belief)

자신과 타인, 세상에 대해 변하지 않는 믿음으로 일반화의 개념이다.

신체언어(body language)

신체적 움직임을 통해 커뮤니케이션을 하는 것이다. 자세, 눈빛, 표정, 몸짓 등을 말한다.

연합상태(associated state)
직접적 경험으로서 마음의 눈으로 보고 모든 감각을 동원해서 경험하는 것으로 일차적 입장이다.

왜곡(distortion)
편향된 시각으로 정보를 사실과 다르게 파악하는 것을 말한다. 자신의 주관적인 경험에 의해 정보를 처리하기 때문에 생기는 현상이다.

의미기억(semantic memory)
특정 시점이나 맥락과 연합되어 있지 않은 대상간의 관계 또는 단어 의미들간의 관계에 관한 지식을 말한다. 기억유형 중 일반적인 지식형태로 저장되어 있는 기억이다.

의식(consciousness)
깨어있는 상태에서 자신과 타인, 환경을 지각할 수 있는 상태를 말한다.

이끌어내기(elicitation)
행동을 통해서 특정한 상태를 유도하거나 끄집어내는 것을 말한다.

이차적 입장(second position)
상대의 입장과 관점에서 이해하고 바라보는 입장이다.

일관성(congruence)

자신과의 라포가 이루어진 상태로서 신념, 가치관, 기술, 행동의 일관성을
말한다.

일반화(generalization)

하나의 경험이 다른 모든 경험을 대표하게 되는 과정을 말한다.

일상적 실재(consensus reality)

신체, 물질, 나무의 줄기와 가지, 돈, 직장 등과 같이 현실적이고 물질적이
며 눈으로 확인이 가능한 드러나 있는 실재이다.

일차적 입장(first position)

자신의 입장에서 상대와 세상을 지각하는 것을 말한다. 자신의 내면적 실
재와 접근하고 있는 상태이다.

일치시키기(matching)

상대의 신념이나 행동에 대한 수용과 맞추어 주는 기법이다.

일화기억(episodic memory)

개인의 경험 즉, 자전적 사건에 대한 기억으로 사건이 일어난 시간, 장소,
상황 등의 맥락을 함께 포함한다.

자원(resources)

성취와 긍정적 상태를 만드는데 도움이 되는 자신과 상대, 환경이 갖고 있는 모든 것이 자원이다.

잠재의식(subconsciousness)

의식이 접근할 수 없거나 부분적으로 의식되지 않는 정신영역이다.

전략(strategy)

결과를 달성하기 위해 실행하는 정신적, 행동적 일련의 단계이며 바람직한 성과를 내기 위한 과정이다.

전제조건(presuppositions)

사실과 진실에 관계없이 그것을 사실과 진실로 믿고 그대로 행동하게 되면 변화와 성과를 낼 수 있다는 전제된 생각이나 신념을 말한다.

준거(criterion)

어떤 판단의 틀이나 기준이 되며 특정한 맥락에서 중요하게 생각하는 것을 말한다.

정체성(identity)

스스로 자기 자신을 어떻게 생각하는지 자아상을 말한다.

재연(encore)

한번 하였던 행위나 일을 다시 되풀이 하는 것을 말한다.

ㅌ

테사(tesa)

일상적으로 사용하는 생각과 정서, 말, 행동을 목표에 일치시켜 초능력을 발휘하여 성취를 실현하는 성공전략이다.

트랜스(trance)

일시적으로 자신의 내부에 확고하고 일정한 주의를 집중함으로써 일어나는 변형된 의식 상태로서 몽환상태라고도 한다.

트레이닝(training)

트레이닝은 코치나 트레이너가 중심이 되어 대상에게 특별한 지식과 기술을 전수하는 것이다.

ㅋ

코치(coach)

멘탈과 성공전략, 기술 등을 훈련시키고 지도하는 사람이다.

코칭(coaching)

현재의 상태에서 원하는 목표상태로 가는데 필요한 잠재된 내적자원을 발견하여 성공을 위한 긍정적인 변화와 성장을 지원해주는 코치의 총체적인 행위이다.

ㅍ

표상체계(representational System)
오감적 감각양식을 사용하여 내면에서 정보나 경험, 기억을 드러내는 여러 가지 통로를 말한다.

표층구조(surface structure)
심층구조의 반대 개념으로 밖으로 드러난 표현이다. 생략, 왜곡, 일반화된 상태이다.

ㅎ

하위양식(submodalities)
사고나 감정, 믿음의 가장 작은 기본단위이다. 표상체계 내에서 더 구체적이고 섬세하게 구분된다.

헵의 원리(hebb's Rule)
함께 활성화된 뉴런은 연결이 강화되고 사용하지 않는 회로는 쇠퇴한다.

현실지도(map of reality)
현실을 지각하는 주관적인 세계로서 세상모형과도 같은 개념이다.

당신의 초능력

초판 1쇄 발행 2019년 9월 20일

지 은 이	박영곤
총괄디자인	맑은샘
편집디자인	차지연
본 문 편 집	강윤정
펴낸곳주소	도서출판벗
주 소	부산광역시 해운대구 해운대로 233 제이원빌딩 3층
전 화	051) 784-8497
팩 스	051) 783-9996
이 메 일	mcc7718@hanmail.net
등 록	2019년 7월 24일
I S B N	979-11-955753-8-1
정 가	18,000원